古田武彦
歴史への探究
5

古田武彦［著］
古田武彦と古代史を研究する会［編］

古田武彦の古代史百問百答

ミネルヴァ書房

「論理の導くところ」――新しいシリーズに寄せて

青年の日、わたしは聞いた。「論理の導くところへ行こうではないか。たとえそれがいかなるところに到ろうとも。」と。この一言がわたしの生涯を決定した。

ところは、広島。あの原爆投下の前、一九四三年（昭和十八）、皆実町の旧制広島高校の教室の中である。

岡田甫《はじめ》先生はこの一言を、黒板一杯に大きく書かれた。そしてコツコツと生徒の席の間をゆっくりと歩いてゆき、わたしたちに問いかけた。「この中で、一番大事なところはどこか、分るかい。」みんな、沈黙していた。先生は、その沈黙を見定めるようにして言葉を継がれた。「たとえそれがいかなるところに到ろうとも、だよ。」と。そのときは、もとの教壇へ帰っていた。その黒板の最後には、「ソクラテス」と書かれている。

後日、調べてみたけれど、プラトン全集には、直接このままの表現はなかった。先生が全集の中の師弟の対話篇の中から、その真髄を趣意された。まとめたのである。それはどこか。もちろん、あの『ソクラテスの弁明』だ。わたしの生涯の、無上の愛読書である。

だから、一冊の本から「抜き書き」して引用したのではない。己がいのちを懸けて、真実を未来の人類に向けて静かに語りかけて、ためらうことなく死刑の判決を受け入れて死んでいった、そのソクラテスの精神を、右の一言として表現したのであった。

やがて広島を襲った、一九四五年の原爆も、この一言から脱れることはできなかった。誰が投下したのか。誰が被害を受けたのか。彼等が人類の悠大な歴史の中で下される、真実の審判は何か。ソクラテスはすでにそれを見通していた。未来の人類に警告したのだ。

それはわたしの生涯をも決定した。学問のありかたをハッキリとしめしたのである。いかなる地上の権力も、「時」の前では空しいのである。それは倫理（「道義」と改称）の一時間の教育、忘れることができない。

二〇一三年一月

古田武彦

はしがき

藤沢　徹

敗戦後、節操なき「思想の裏切り」に絶望した旧制高校生が、老年に至るまで反骨の「真理の探究」に没頭した。

この古田武彦先生は不世出の思想家、古代史研究者であります。そして東京古田会は、古田武彦先生と共に古代史を研究する有志の会です。

二〇〇四年（平成十六）東京古田会創立二十五周年記念行事として「古田武彦と『百問百答』」を企画、会員の質問を集めて古田武彦先生に回答をお願いし、二〇〇六年（平成十八）に完成、発刊いたしました。内容としては、百三十一項目の、古代史を中心とする古田先生の学問の各分野を網羅するものでした。

お蔭で、会員各位の絶大なご好評を得、これを会員内部に留めず、広く世に問い古田先生の歴史学を広める一助にしてはという御要望を多く頂いたので、ここに改訂版としてミネルヴァ書房から出版させていただくこととなりました。

東京古田会では古田史学を分かりやすく世に問うため、『古田武彦の古代史入門』という古代史初学者向け「通史的アプローチ」と、古代史をある程度ご存じの方用に「テーマ別アプローチ」に分けた事典的編集を試みました。本書は「テーマ別アプローチ」の分類に入ります。もっと深い学問的論証などは、ミネルヴァ書房刊のシリーズ「古田武彦・古代史コレクション」を参照されるようお勧めします。

改訂の内容は次の通りです。

⑴旧版の質疑応答については、できるだけ原型にとどめる。
⑵古田先生の研究の進捗により、必要な個所を削除・訂正・追加を行う。
⑶同種の質問は一カ所に集め、できるだけ年代順にする。
⑷表題について、何についての質問か分かりやすくする。
⑸追加質問については、今日まで八王子大学セミナーハウスその他で古田先生の講演の際の質疑応答で、まだ他の出版物に掲載されていないものを採用した。その結果百八十七項目となった。初版の答の補足には「武彦今言」を付加した。

この本の特徴は、広範囲にわたり一つの項目に違った立場、角度から複数の質問を浴びせる論議を通じて、古田史学の全容が明確にされている点です。

古田先生の回答は、⑴明確な論証と主張、⑵反論、⑶保留、⑷逆質問、⑸肯定、⑹不明告白、等を含んでいます。分からないことは分からないとハッキリ認め、今後の研究課題とするなど、学問的良心に満ちています。出典もかなり詳しく紹介してありますので、なお不明な点は原点にさかのぼって研究されることを望みます。

「古田武彦と古代史を研究する会」（略称：東京古田会）は、古田武彦先生と共に古代史を研究してきたもっとも古い団体です（創立一九八二＝昭和五十七年）。巻末に会則を載せました。入会、研究会、研修旅行への参加をお待ちしています。

より詳しくは、充実したホームページ http://tokyo-furutakai.jp/ または、検索で「東京古田会」にアクセスしてください。隔月刊会報として『東京古田会ニュース』があります（二〇一四年十一月一五九号発行）。

（古田武彦と古代史を研究する会会長）

付記

出版物の引用については、できるだけ全表題を掲載するよう努めましたが、引用例の多いものは、たとえば「岩波日本古典文学大系」は『岩波日本書紀』、諸橋轍次大漢和辞典は単に『諸橋大漢和』のように略記しました。

古田武彦の古代史百問百答　目次

Ⅰ　神話・民話に学ぶ歴史と真実……………………1

目次

I　神話・民話に学ぶ歴史と真実

1　「八百万の神」について

質問　日本に、もともといたと言われる「八百万の神」は、いつ頃、どんな人によってそう伝えられたのですか。

回答　わたしの理解は、左のようです。

①原型は「八十神《やそがみ》」。「八（や）」は「社《やしろ》」の「や」。「そ」は「神」の古名。「阿曽部（アソベ）族」「木曽」「阿蘇山」「浅茅《あそう》湾（対馬）」「アソウ湾（京都府の舞鶴湾。明治以前）」「久曽神（クソジン）（きゅうそじん）」（姓）などの「ソ」です（古賀達也氏に八十神説話〈出雲、古事記〉の分析あり。『多元』二〇〇六年一月、発表）。

②右の「社曽《やそ》神」を原点として、次のような「発展」があったと思います。

ⓐ右を「八十神」と表記。

ⓑ右から「八十八重（やそやえ）神」（八丈島）へと発展。

ⓒさらに「八百万（やほよろず）神」へと次々に発展。

右のように考えていますが、その詳細な「展開」は、今後明らかになるでしょう。

「耶蘇《やそ》教」の「やそ」も、これではないか、との指摘があります（高木博さんによる）。十分、その可能性はあると思いますが、今後の興味深い課題です。〝古い神〟を「侮辱語」として用いる例は少なくありません。

「つぼけ」（青森・宮城）、「たわけ」（大阪）、「（こな）くそ」（高知県）など。

2　「ヤマタノオロチとスサノオ」について

質問　ヤマタノオロチは、スサノオの命に征伐されますが、これは天孫族による土蜘蛛など原住民の討伐と考えるべきでしょうか。それとも、北方少数民族のオロチ族（トナカイ飼育の民）と、南太平洋から日本に来た海人族との戦いと考えるべきでしょうか。

回答　興味深いテーマですが、今のところ、わたしの認識の到達点は次のようです。

①「ヤマタノオロチ」について、これが「カミ族」ではなく、「チ族」であることは確かです。「チ」も「ミ」も、〝神〟を意味します（梅沢伊勢三説）。

これに対して「スサノオ」の方は、「チ族」ではなく、「カミ族」の方です。明らかに「言語圏・文化圏」を異にしているのです。

②この「ヤマタノオロチ」が、日本海対岸のハバロフスク州、沿海州（北部）に分布する「オロチ族」と関係があるのではないか。

これが、二〇〇三年の九月、ウラジオストックへ向った際の、「動機の一つ」でした（他に、「〜カ」の形の地名調査・黒曜石の探究等）。

③ハバロフスク州のオロチスヤカに到着し、オロチ族の方々の歓迎を受けました。特に、ソビエツカヤ・ガバニーでお会いしたヤムーヌカ・アナートリーさんからは、オロチ語について数々のご教示をいただきました。オロチ族の協会長さんです。

「ナ」は〝大地〟「ム」は〝水〟「ナム」は〝海〟です。すなわち、わたしたちのよく知っている「オオナムチ」の「大」は美称ですから、「大いなる海の神」となります。それで、「決定」とは言いませんが、今まで、通例の「日本語」で解けなかったものが〝解ける〟のです。注目しないわけにはいきません。他にも、この類の「発見」に、断片的ながら、お目にかかりました。

まだ、まだ、「途中」ですが、

「日本海を中にはさんで、一方の『ヤマタノオロチ』と他方の『オロチ族』と無関係ではないのではないか。」

このような、わたしの「問い」は、いよいよ深くなっているのです。

新雑誌『なかった――真実の歴史学』にもオロチ語の辞書（フレーズ集）が連載されています。これで、「すぐ」どうこうというものではありませんが、探究の「一つの発端」として、参考にしてください。
④他方の「スサノオ」。これについては、まだ「不鮮明」です。しかし、ほぼはっきりしていること、それは彼が「チ族」ではなく、「カミ族」に属しているらしいことです。より正確に言えば、「非、チ族」であることです。
おそらく、「海人族」に関わる人物（そして神）でしょう。

『日本書紀』に、この「スサノオ」について、「海人《あま》国→新羅→出雲」の順に「天下った」ことが述べられています。この場合も、「新羅、原点」ではなく、「海人国、原点」です。

けれども、これ以上に「立ち入る」ことは、今のわたしには不可能。今後の探究テーマです。

3　「ヤマタノオロチと酒と縄文人の血」について

質問　ヤマタノオロチは、八つの瓶に入れた酒をたらふく飲んで酔いつぶれ、スサノオの命に殺されますが、これは日本民族の特性を象徴しているように見えます。欧米人や中国人は大酒飲んでも顔に表われませんが、日本人は少量の酒ですぐ赤い顔になります。この話は縄文人と弥生人の違いを表しているようにも思えますが、それにしては日本人の血の中に、縄文人の血が色濃く残っているように見えます。先生はいかにお考えですか。

回答　おっしゃる通りですね。異議なし、です。「酒の受容量」についての研究データ、いただいたことがあります。この問題と「民族（種族）の個性」と関係があるようですね。

4　「国引き神話と日本海の海流」について

質問　「出雲風土記」の国引き神話により、先生は「志羅紀の三埼」を朝鮮半島の東岸の地、「北門の佐伎の国」を朝鮮のムスタン岬、「北門の良波の国」をウラジオストックとされて、我々はびっくりしつつも、なるほどなと思いました。これは縄文時代の話とされていますが、縄文時代の丸木船によって、日本海を巡るこのような大交流が可能だったのでしょうか。

回答　日本海には、当然ながら海流があります。対馬海流以外にも、東鮮暖流、北鮮寒流等、絶えず「周回」しているわけです。海洋民や漁民は、これらの知識なしには「生活」ができません。

その上、季節によって「嵐」や「津波」の類が変動すること、周知です。わたし自身、最初ウラジオストックへ行ったとき、七月下旬から八月上旬にかけてでしたが、往還とも、海面はまさに「油をしいた」ような〝なめらかさ〟でした。わたしは終始、甲板から海面をみていましたが、「飛び込んで泳ぎたい。」という誘惑にかられつづけていました。

要は、季節や気候の問題を「前提」としてですが、それを知悉した人にとっては、十分に可能。これが結論です。

なお、ご質問にちなんで、最近重要な、興味深い問題が出てきましたので、簡明に記させていただきます。

第一、一九八五年、島根県の斐川町で、出雲風土記の「国引き神話」の分析を発表。

第二、一九八七年、ウラジオストックへ渡航。

第三、一九八八年四～五月、ソ連のノヴォシビスクのワシリエフスキー氏等来日。

ウラジオストック周辺約一〇〇キロ内の遺跡（十数遺跡）出土の黒曜石約七〇個を持参。立教大学の鈴木正男教授に鑑定を依頼。

第四、鈴木教授の判定では、

ⓐ約五〇パーセントが、「出雲の隠岐島産」。

ⓑ約四〇パーセントが「男鹿半島産」。のち、「北海道赤井川産」に訂正。

とされた。

第五、この鈴木鑑定を、ソ連の学者（持参者）が早稲田大学の考古学の大実験室で発表。わたしはその場でこれを聞いた。

第六、わたしは右を、わたしの「国引き神話」の〝裏づけ〟として、その後、各所（「朝日カルチャー」や各種講演会、会誌等）で発表した。

第七、わたしはさらに、二〇〇三年九月、ウラジオストックへ行き、極東大学の考古学研究室で現地（ウラジオストック）の「黒曜石の鏃」を十数包（一包に複数の黒曜石の鏃、内包）を入手し、それぞれその「産地」（現地産とする）も記してあった。

このとき、わたしは極東大学の考古学研究室は、これらを「現地産」と見なしていることを知った。

なお、ハバロフスク州の地質研究所からも、「黒曜石（そのもの）」を数個（やや大きなもの）を「寄贈」された（これはカムチャツカ方面の産）。

第八、その後、京都大学の藁科《わらしな》哲男教授（原子力研究所）が、問題の（ウラジオストック周辺遺跡産の）黒曜石の鏃を「地場産」（ウラジオストック産）とする発表をされた（鈴木教授よりの情報）。

以上が、現在までの「経過」です。

わたしにとって、この問題は、一段と深い興味をもって、立ち現れています。

（甲）極東大学の考古学研究室の「所見」のように、ウラジオストックに黒曜石の出土があり、その周辺出土の「黒曜石の鏃」が「現地産」であるとすると（藁科教授の見解と一致）、
（a）ウラジオストック
（b）出雲の隠岐島
の両地は、ともに「黒曜石の産地」となる。両地は〝南北一直線〟の地であるから（和田峠や腰岳など以上に）、地質上（共通性格）をもっていることとなろう。〝自然〟である。

（乙）同じく、北朝鮮の白頭山もまた、黒曜石の産地であるとされる（同じく、極東大学考古学研究室の「所見」）。

もし、この（甲）（乙）の事案が確認された場合、きわめて興味深い事実が「看取」される。

（丙）「国引き神話」は、次の四カ所からの「国引き」と考えられる。
①「志羅紀の三埼」　―　新羅
②「北門の佐伎の国」　―　ムスタン岬
③「北門の良波の国」　―　ウラジオストック
④「高志の都都の三埼」　―　能登半島
けれども、正確には、①と④は「国」とされていないで、②と③のみが、「国」とされている。したがっ

て、正確に、「国引き」といわれるのは、この二カ所からの「国引き」である。（丁）ところが、この二カ所と出雲の隠岐島と、いずれも「黒曜石の産地」となる。すなわち「黒曜石のデルタ（三角形）」をもとにして、語られた説話だったこととなろう。――「黒曜石神話」である。

このような帰結を、「確認」するためにも、（甲）（乙）二カ所の「産出黒曜石」を確認すべく、あらゆる努力を傾けたいと思います。

このような、古代史上、考古学上のきわめて興味深い「現象」の存在を知らず、これを表面的に否定している「考古学者」がいるようです（網野善彦・森浩一『この国のすがたと歴史』朝日新聞社、二〇〇五年刊）。

5　「出雲王朝の出自」について

質問　出雲王朝の出自はどこですか。津軽か、ウラジオストックか、あるいは出雲地方からの発展としてとらえられますか。

回答　この「王朝」の用語を「弥生期の中心権力」としてとらえれば、当然「出雲」における成立となります。

しかし、「出自」という表現は、その「成立」の、さらに淵源ということでしょうから、それは、当然「縄文」にさかのぼりうる概念です。

ですが、「縄文」というのも、決して「単一の時期」ではありません。一万数千年にわたる「時間帯」ですから、きわめて〝複雑〟かつ〝重層的〟です。

その中にすでに、「ち神」や「かみ神」の段階、また〝それ以前〟の「そ神」の段階もあります（「八十

（やそ）神」古賀達也説）。

それらの中には、

①「黒竜江流域→樺太→北海道→日本列島各地（出雲）」

②「沿海州・北朝鮮→出雲」

③「南方流域→日本列島（九州）→出雲」

その他の各コースがありましょう。もちろん、

④「瀬戸内海領域→出雲」

のコースもありえます。

いずれも、今後の課題です。

6 「出雲王朝の成立年代」について

質問 出雲王朝の成立年代はいつ頃ですか。

回答 出雲を中心とする「弥生の土笛（陶塤《けん》）」を〝メルクマール〟とすれば、「弥生前期」の成立です。

右を「前王朝」として、金属器（銅鐸や銅矛〈剣〉）などの時代とすれば、「弥生中期」です。

しかし、筑紫中心の「弥生中期」より、やや「早い」と思います（「出雲→筑紫」の「国ゆずり神話」による）。

絶対年代は、例の「C14、放射性測定」から見ると、「BC一〇〇〇年」に〝近い〟かもしれません。

とすると、中国の殷・周の「陶塤」より、出雲の方が、「早い」こととなります。

殷・周の「陶塤」が、〝初期〟に「丸底」、〝後期〟に〝平底〟である点から見ると、従来、わたしの考えてきたような、

「殷・周の陶塤→出雲の〝弥生の土笛〟」の順序ではなく、

「出雲の〝弥生の土笛〟→殷・周の陶塤」の順序だと考えるようになりました（平成十六年、大学セミナーハウスでの講演の際、発表）。

出雲の「弥生の土笛」はすべて「丸底」です。すなわち、「果実の実」からの〝くり抜き工作〟という、本来の性格を、よく「保存」しているのです。

出雲王朝の「成立」は、予想以上に古い。――そういう感じですね。

7　「津軽弁」について

質問　「津軽弁」に関して、津軽・出雲・ウラジオストックが共通の言語圏としたら、その発生地はどこですか。たとえば津軽が発生地として考えられないですか。

回答　分かりません。目下の研究課題です。現在のわたしは、大陸の黒竜江流域のツングース族の系列の言語ではないかと思っています。いわば、「研究上の仮説」です。たとえば、オロチ語にも、ロシア人に〝発音できない〟音《おん》があるようです。彼等、諸語族の「発音」研究が肝要ですね。誰か、やっていただけませんか。

8　「出雲王朝以前の交流と〝津軽弁〟」について

質問　出雲王朝以前の交流、「津軽弁」はその時の遺産ではないですか。

回答　わたしも、そう思います。ただ、〝津軽弁〟というより、〝ずうずう弁〟ですね。そのもとは、ツングース言語の中の一部、――それが今のわたしの「作業仮説」です。
目下「言語学」の研究に〝夢中〟です。いずれ、その〝成果〟を報告する「機」がくれば、と思っています。

9　「お日様と比留」について

質問　子供は太陽をお日様と呼びます。つまり、日＝太陽で神様です。天照大神は太陽神なのになぜ「日」でないのでしょう。別名も聞かないですし。

ところで、神奈川県内には比留の字を使った地名や苗字が点在します。比留の比は日で、昼間は日留＝蛭の間ではと勝手に想像しています（蛭神は昼神で、原始太陽神なのでは？）。

回答　「子供は太陽をお日様と呼びます。」とありますが、わたし自身子供時代「お日様」という言葉を使ったことがありません。自分の子供も、そうです。

おそらく、「広島（わたし）」、「高知（父母）」「京都（子供）」とも、そういう〝言い方〟はない、と思います。

「関東近辺」の子供たちの言葉か。大変興味深く感じました。

もっとも、「おてんとさま」という言葉は使います。何か〝秘密でうしろ暗い〟ことをすれば、「おてんとさまが見ている。」というのです。あるいは、関東近辺では、「お日さまが見ている。」と言うのでしょうか。

「オホヒルメムチ」というのは、太陽神です。

この「ヒル」は〝太陽が照る〟という動詞。「ヒ」は名詞です。現在の「昼」も、同源でしょう。

一方の「天照（アマテル）大神」は、弥生の女性のリーダーです。もちろん、本来「人間」です。それが、「神」と祭られ、やがて「大神」へと〝昇格〟したのです。

その「人間の天照（大神）」を、遠き昔の太陽神としての「オホヒルメムチ」と〝等置〟したのです。もちろん「人間・天照」を〝神格化〟したのです。

神奈川県内の「比留」は、当然「ヒル」すなわち〝太陽が照る〟という意味の言葉でしょう。「オホヒルメムチ」の「ヒル」。すなわち、太陽神の女神です（男神は「ヒルコ」）。

これを「蛭」に当てたのは、「同音」による〝当て字〟もしくは〝当て言葉〟でしょう。

つまり、ここには、

（A言語）「ヒル＝太陽神」

（B言語）「ヒル＝蛭」

という、二種類の言語が存在し、それが現在の日本語の構成分子となっているのではないか、と思います。複合言語です。

どちらが、より古い言葉か、といえば、不明です。しかし、（今のところ）「ヒル＝蛭」の方が〝より古い〟かも。そう思っています。太陽には、他の表現（たとえば「くさ」）もあるからです（「日下〈くさか〉」など）。

しかし、それは今後の課題です。

10　「蛭《ひる》神と縄文遺跡」について

質問　蛭神と縄文遺跡に相関関係があるのではないでしょうか。

回答　その通りです。「蛭神」は〝太陽神〟ですから、縄文遺跡の中に生きていた人々が「蛭神」の信仰者であった可能性は十分あります。

「蛭神」の分布（神社の祭神等）を調べ、その分布表と縄文遺跡との関連を調べてみて下さい。

11 「神様の名前」について

質問 神様の名前が長すぎて呼びづらいし覚えにくいのですが、日本語ではないのではないですか、また、本当にそう呼ばれていたのですか。

回答 個々のケースの検証が重要です。たとえば、

①天照大神

（イ）本来は「アマテル」。「阿麻氏留」です（対馬の神社名）。

（ロ）「アマ」は「海士」。漁民のこと。

（ハ）「テル」の「テ」は〝手〟「縄手」「山手」など。

（ニ）「テル」の「ル」は「クシフル」「ツル」など、地名語尾。

これに「敬語」を付して「アマテラス」といった。「後代の発展」です。

右は、もちろん、日本語です。あえて言えば〝漁師言葉〟でしょう。

②八束水臣津野命

（イ）「八束」の「や」は〝社《やしろ》〟の「や」（「しろ」は「代《しろ》」。神聖な、芽生えの地）。

（ロ）「つか」の「つ」は「津」。「か」は、神聖な水の出るところ。「かは」の「か」。伊豆半島の「大川」の〝river〟ではなく、〝浄らかな水をたたえた泉（池）〟の称。したがって「か」は〝港のある、神聖な地〟の意。

（ハ）「水臣」は「みづおみ」。「み」は〝女神〟「イザナミ」の「ミ」。「いさな」は鯨。「つ」は「津」。したがって「みづ」は〝女神のいたまう港〟。
（ニ）「おみ」の「お」は「小」か「尾」。「み」は〝女神〟
（ホ）「津野」は「つ」（港）と「の」（野）。
右のように、この神名には〝三重〟ないし〝四重〟の神名が〝重ね〟られています。この神名成立の「歴史上の重層」を示していると思います。今後、明らかになってゆくでしょう。

わたしの考えでは日本語は日本の歴史を反映しています。そこには、各地（大陸側や太平洋側）からの人間の流入にともなって、言語が「複合」し、「重層」して成立しています。

どの民族にも、その言語には「神名」がありますから、それらの「重層」した神名が成立するのは、当然です。

それらを研究すれば、日本人の真の淵源が明らかになる。わたしはそう思っています。

このような研究方法は、「日本語」だけではなく、人類の各言語に共通するのではないか。――そう考えています。

12　「天孫降臨の時代特定」について

質問　いわゆる「天孫降臨」の時代特定は？　ニニギは何時の時代の人ですか。それが分かれば天照の時代特定もできるのですか（注＝『古事記』では邇邇藝命と表記し、『日本書紀』では瓊瓊杵尊と表記しているが、本書ではニニギと略記する）。

回答　弥生前期末です。「中期初」以降、「三種の神器」をもつ弥生王墓が叢出します。吉武高木（福岡

市)・三雲(前原市)・須玖岡本(春日市)・井原(前原市)・平原(前原市)です。

『古事記』『日本書紀』の「天孫降臨」が「三種の神器(銅剣・勾玉・銅鏡)をともなって語られていること、周知。これと合致しているからです。

この合致は、いわゆる津田左右吉の「六世紀初頭、大和の史官の造作」という説が「非」であることを示しています。そんな、後世に「造作」して、右のような「合致」が偶然見られる、などということはないからです。

その「弥生前期末」とは、いつか。従来の考古学編年では、「BC一世紀初頭」でした。最近はそれを「BC二世紀初頭」としています。

けれども、例の「弥生初期」とされていた土器が、「BC一〇〇〇年前後(八〇〇年より前)」となると、必然的に「天孫降臨」の「弥生前期末」も〝変動〟します。

しかし、考古学界はいまだにこの問題に「ノータッチ」を〝きめこんで〟います。「天孫降臨」問題を〝別〟にしても、

「弥生前期末は、いつか。」

これに答える、あるいは〝答え直す〟義務は当然あるはずです。これは重要なテーマです。

13 「海幸・山幸説話」について

質問 「海幸・山幸説話」について、『盗まれた神話』で筑紫から日向(宮崎県)への「舞台回し」の役割をしていると書かれていますが、その後、神武は筑紫の日向から出発と訂正されました。神武の出自を誇らしく語るように挿入されたこの説話を、どう理解したらよいのでしょうか。「幸」は「さ」+「ち」で神と

思われますが、「海」と「山」は壱岐・対馬海人族の主流部と、九州に侵入、征服した先行分遣勢力との権力の交替を表現しているのでしょうか。

回答　これはわたしにとって年来「宿題」とし、楽しみとしてきたテーマです。

この説話は、一見〝素朴〟に見えますが、その実体は大変複雑なのです。とても今、そのすべての分析をすることはできませんが、その骨格を示させていただきます。

(一) この説話の「原型」は、縄文期に成立したものです。その理由の一は、主体をなすのが「玉」や「釣針」などで、「銅矛」や「鉄剣」などが〝主役〟になってはいないからです。

(二) しかも、この説話の原型は「神話」つまり「かみ」の話ではありません。「かみ」のことを「ち」と呼ぶ言語世界の中で成立したものです。「あしなづち」「てなづち」「おおなむち」「やまたのおろち」などの「ち」です。

たとえば、「海佐知毘古」「山佐知毘古」の「ち」。肝心の〝中心〟をなす物を「佐知」と言っています。釣針を「神」(ち)と見なしているのです。

また「呪文」として、

「此の鉤は、淤煩鉤《おぼち》、須須鉤《すすぢ》、貧鉤《まぢち》、宇流鉤《うるぢ》」

と言われているところにも、「〜ち(ぢ)」の形の文句が用いられています。

さらに「一尋和邇《ひとひろわに》」のことを「佐比持神《さひもち》」と呼んでいるのも、その一例でしょう。

また『日本書紀』の方でも、「針鉤」を「ち」と呼び、「美知」「須須能美膩《すすのみぢ》」「干樓該膩《うるしぢ》」(神代下第十段一書　第三)など、「ち」の氾濫です。

ですからこれは「神話」以前の「〝ち〟神話」なのです。

(三) この「〝ち〟神話」の中の宝器は「玉」です。「赤玉」「白玉」「玉器」「豊玉毘賣命」「玉依毘賣」などに「玉」の字が用いられています。本来は「金属器以前」の「宝器」です。

（四）次の問題は「塩盈《みつ》珠」と「塩乾《ふる》珠」です。これは当然ながら、海においての「干満の差」が背景となっているのです。

日本列島は黒潮とその分流としての対馬海流に囲まれています。その各所に「干満の差」があります。瀬戸内海の中も、そうです。

ですから、この説話の背景となるところは、どこでもいいわけです。ですが、中でも、一番「干満の差」の見られるのは、あの「有明海」です。この海あたりが、この説話の誕生の地ではないか。そのように考えました。

（五）けれども、この説話の全体は、決して「縄文」にとどまってはいません。

「天津日高日子穂穂手見命」と「天津日高日子波限《なぎさ》建鵜葺草葺不合命」という、地上の権力者、弥生の首長の名と「等置」されています。

「天津」は「海の港」。「日高（ひたか）」は比田勝（ひたかつ）の、上部三音です。対馬の北端（東海岸）の地名です。

そして、「日子穂穂手見命」が、

「高千穂の宮に伍佰捌拾歳（五八〇歳）坐《ま》しき。」

という「高千穂の宮」は、福岡県の高祖山連峯の地でしょう（東麓に飯盛神社、西麓に高祖神社）。

「御陵は即ち此の高千穂の山の西に在り。」

というのは、「三雲・井原・平原」などの弥生王墓の林立する地帯を指しています。真実（リアル）です。

このような、弥生における九州王朝の王者、それを〝飾る〟説話として、先述の「縄文の『チ話』」が、再利用されたのです。新しい権力を、古い説話によって〝聖化〟しようとしているのです。

（六）壮大なイメージに目を向けましょう。

第一、縄文早期、一万二千年前から九州では縄文文明が芽生え、栄えはじめた。その後、南九州の鹿児島県を中心として広汎な縄文文明の存在が、近年次々と発見されはじめた。それが六三〇〇年から六四〇〇年前（縄文早期末、注＝東大名誉教授藤井敏嗣氏は約七三〇〇年前とする）の硫黄島の鬼界カルデラの大爆発がおきた。

第二、その結果、鹿児島県（西北部を除く）の縄文人は〝全滅〟した。

第三、熊本県と鹿児島県（西北部）、すなわち有明海周辺は、半分生き残り、半ば死滅する状態となった（この時期の、この地帯の縄文土器と、南米エクアドルの土器との「文様」が酷似。――エストラダ・メガーズ・エヴァンズ説による）。

第四、そのさい、ほとんど被害を受けず（若干の火山灰のみ）、全体が〝生き残った〟のは九州では福岡県・長崎県。中国地方では島根県・山口県であった。

第五、『古事記』・『日本書紀』の神代巻では「筑紫」（福岡県）と「出雲」（島根県）が中心となって〝伝承〟され、〝記述〟されている。

右の第四の「結果」と、おそらく〝偶然でない〟関係が観察される。

以上です。

今、問題の「海幸・山幸〝チ〟神話」は右の第三の時期から〝生き残った〟説話なのではないでしょうか。あまりにも壮大なスケールの〝イメージ〟ですから、もちろん「断言」すべきものではありません。今後の研究に対する、一つのイメージの「提案」にすぎません。

（なお、『古事記』と『日本書紀』の各一書〈本文から一書・第四まで〉の話「海幸・山幸〝ち〟神話」の比較・検証はまたの機会といたします。）

質問　ニニギの侵入の後、海佐知毘古、山佐知毘古ののんびりした話になりますが、これはこの説話が先にあって、そこにニニギが侵入したと考えられないですか。これは、九州の出雲神話に匹敵する伝承と考えられないですか。

回答　この説話の意義は重大です。前項で述べた通りです。「記紀神話、以前」の〝母胎〟をなす「〝ち〟神話」です。

14　「三輪山伝説と九州の三輪町」について

質問　三輪山伝説について九州の三輪町に少彦名の神を祭る社があり、これは出雲から九州に伝わっていると思いますが（注＝『古事記』では少名毘古那）。

回答　九州の場合はおっしゃるとおりで、九州は出雲の支配を天孫降臨という名の征服で横取りしたわけです。第一、少彦名というのは九州の神様です。須玖岡本と言うように、須玖のスクナです。固有名詞はスクです。スクナヒコナはどこかと言うと博多湾岸の人物です。大汝《おほなむち》の方は出雲です。ですから九州にスクナヒコナを祭る伝承があるというのはおっしゃる通りです。

もう一つ言えば大国主命よりもっと前から出雲との関わりを九州は持っているわけで、吉野ヶ里の所に日吉神社があって、そこに大山咋《おおやまくい》の神を祭っている。大山咋のオオヤマは鳥取県の大山です。

松本郁子さんが書いているオロチ語ではアイヌ人のことをクイ族といいます。クイというのは日本列島ざっとみて東北から九州までいっぱいクイがあるわけです。羽咋とか上九一色のクイ。福井のクイ、神武天皇の皇后の父（の父）は三島溝咋《みしまのみぞくい》といいました。

九州にもクイがあります。日本列島中クイがいっぱいあって、日本列島を貫いているのです。クイというのは称号であると思います。ところが天皇家はクイという称号を作ったことはない。九州王朝も作ったことはない。もっと古いものです。そのオオヤマクイがあるわけです。これは大国主神や少名彦名のような弥生時代のような遅い時代のものではないのです。やはり縄文からクイという称号が南下してきたのでしょう。そういうことで吉野ヶ里もオオヤマクイを祭っているということになるわけです。ですから今おっしゃった九州の大穴牟遅、少名彦名が、出雲の関係であろうというのはその通りです。

15　「お祭りと鬼、鬼夜」について

質問　お祭りには鬼がよく出てきますが。

回答　お祭りも面白い問題です。お祭りに出る鬼は征伐される、というテーマですが、ここでいう鬼とは一体何かを考えねばなりません。また、鬼に関する地名が、周囲にいくつかあります。久留米の大善寺玉垂宮には鬼夜《おによ》という有名な火祭があります。現在ではだいぶ圧縮された状態で鬼夜は行なわれるようになっているが、それでもお昼ぐらいから始まって真夜中まで延々と行なわれる、壮大な火のドラマなんです。お昼に、ご神体の鬼面《きめん》の入った箱を本殿から拝殿近くに宮司さんが移すのですが、あとは宮司さんは関与せず、地元の人達によって鬼夜は行なわれます。

ここでは鬼は追いまわされる対象ではなく、鬼が主人公になっているお祭りのようです。太宰府のすぐそばで表と裏のようなお祭りをしているのが面白い。表裏一体となったところに歴史の真相があると思われます。

話のついでに、大善寺玉垂宮と関連して、「あらたまの」という枕詞について説明します。

大善寺玉垂宮には祭神が二つありまして、一方が住吉神となっています。住吉神を『万葉集』では「あら

ひと神」と呼んでいます。外洋では鯨が大きいのですが、内海では「あら」という魚が大きい魚の代表となっています。それを祭ったのが「あら神」です。荒神信仰《こうじんしんこう》を中国に結び付けている人がいますが、中国には荒神信仰などはありません。鯨を神様にした「いざなぎ・いざなみ」は外洋の神様。内海の神様は「あら神」です。大善寺玉垂宮のもう一つの祭神は玉垂命《たまだれのみこと》。江戸の終り頃、天皇の世の中になりそうだというので、宮司さんが氏子から了解を取って祭神を武内宿禰《たけのうちのすくね》（注＝『古事記』では竹内宿禰であるが『日本書紀』の用法に統一した）に変更した。敗戦後また玉垂命に戻したという歴史があります。そういう歴史の文書が残っていることが貴重だと思います。そうすると、ここの神様は「あら神」の「あら」と「玉垂」の「玉」で、「あらたまの」となる。鬼夜の祭りは、実際には年末から始まっていて、年を越して一月七日に火祭が行われます。「あらたまの年をへて」となる。大和では開けない鍵が、舞台を九州にして、初めて開けるのです。

Ⅱ　実在した神武神話

1　「饒速日命《にぎはやひ》の天下り」について

質問　奈良盆地への進出は、神武より物部の方が早かった事蹟は記・紀ですら消すことができなかったと思います。ニギハヤヒを祖神とする物部氏はアマテラスを祖神とするニニギ一行が博多湾沿岸に天下りするより早く遠賀湾沿岸に天下りしていたのではないですか。

回答　それは、ありうると思います。しかし、わたしはその「史料」を知りません。知っているのは、「籠神社」（京都府）に、その同類の伝承のあることです（ニニギの兄の天火明命の「天下り」）。

大和でも、神武の前に「ニギハヤヒ―ナガスネヒコ」の「天下り」のあったこと、記・紀の述べるごとくです。

「海士《あま》の国」の人は、自分の根拠地以外の領域に行き、「定着」（「征服」か）することを「天下り」と称したのですから、その「定着地」が、日本列島各地にあって〝当り前〟。――そう思っています。

2　「神武東行の出発地」について

質問　「神武東行」の出発点は宮崎県の日向とされ、景行天皇が神武天皇東征出発の聖地たる日向に来ながら何らその点に関する反応を見せていないところから「別史料挿入」のための断層と見なされる論拠となっていました。宮崎県は狭野命（神武）の兄五瀬命の名にちなんだ五瀬川があり、神武宮崎説の論拠の一つでした。

神武の出発地が福岡県志摩の地とすると、前の論拠が崩れるのではないですか、どう説明するのですか。

さらに、神武の居住地は可也山の麓、志摩町小金丸一《いち》の町《まち》遺跡（弥生時代の中期後半約二千年前——福岡県志摩町教育委員会、二〇〇一年一一月二一日発表）だったのではないですか。

回答　おっしゃる通りです。まとめてみます。

①『盗まれた神話』では、「記・紀」をあわせ読む、従来の立場から、神武の出発地を「宮崎県の日向（ひゅうが）」とした。

②その後、『古事記』の場合「日向」は「ひゅうが」ではなく「ひなた」であるから、神武の出発地は「ひなた」（博多湾岸、吉武高木近辺。日向川、日向山等あり）とした。

③現地（志摩町）へ訪れたとき（可也山に登るため）、現地の方（町の教育委員長—司法書士）から、

「神武は子供の頃、しばしば可也山に登って周囲を見晴らしていた。」

という伝承があり、そのため（「紀元二千六百年」のとき）、可也山の頂上の巨石（信仰対象—縄文）を除き、「神武天皇を祭る神社」に代えた（巨石は、横に〝どけて〟あった）。

すなわち、「神武幼児伝承」をもつ土地だった。

④したがってわたしは、右の①を改め、②③の立場を『盗まれた神話』の文庫本（朝日文庫）の解説に書き、また講演会でも、しばしば話しました。

⑤また、門司（北九州市）では、

「神武の軍が攻めてきたとき、ここ（門司）で、それを拒んで戦った。ここにその戦場があった。」

との話を、商工会議所の世話役（中年）の方から聞きました。これも、「造作」しえない話です。《『古事記』の場合に妥当。日向（ひなた）→筑紫（太宰府近辺、筑紫野市）→（陸路）→宇佐（大分県）→（陸路）→岡田（福岡県遠賀郡芦屋）→（略）の途中、「宇佐→岡田」の中の〝途中〟（陸路）です。》ここを「海路」と思っていたのは、『日本書紀』の「宮崎県の日向」出発と考えていたためでした。

⑥したがって貴説のように「可也山の麓」説が、近来のわたしの立場でした（ただ、一つの遺跡に「特定」はむずかしいと思いますが）。

⑦最後に「方法」の問題について申します。

ⓐ最初、わたしが（甲）宮崎県の日向（ひゅうが）説をとったのは、「地名あわせ」（たとえば、（乙）「五瀬命─五瀬川」など）を「論拠」にしたのではありません。逆です。（甲）にもとづいたから、その近隣の「類縁地名」として、（乙）の判断をもったのです。

ⓑですから、先述のように、（丙）「日向（ひなた）＝博多湾岸」説に立った場合、（丁）「五瀬命─伊勢（糸島郡、唐津湾寄り）」となります（神武歌謡の「伊瀬の海の…」と歌われた「伊勢」です）。（丙）に依拠すると、（丁）になるのです。

以上、「同音地名」「類縁地名」の〝こわさ〟ですね。〝面白さ〟でもありますが――。

3　「神武の出発地等」について

質問　『盗まれた神話』で「神武の兄弟や子たちの名前に日向国から豊国、つまり九州東岸の地名がついている」ことから「神武発進地」を日向の国にしています。『神武歌謡は生きかえった』で「日向国から竺紫国」を「竺紫の日向から竺紫の筑紫へ」と訂正されました。「神武の兄弟や子たちの名前」つまり「九州東岸地名がついている」点は、どういうふうに考えたらいいのでしょうか。

回答　すでに前に述べた通りです。

＊武彦今言（現在のわたしの感想）

これは前からのわたしの理解ですが、豊前（大分県）の「京都（みやこ）」は、倭人伝（三世紀）以前の一中心地と考えています。

4 「神武東侵」について

質問 『古代に真実を求めて 第六集』(明石書店、二〇〇三年)の「狗奴国」の話はまさにわたしの想像(大国魏の干渉をも招いた狗奴国との抗争。これが日本史書、伝承上残像を残していないわけがない。俾弥呼がそうだったように)どおりでした。となると、狗奴国は銅鐸圏以外に考え難いと思います。ただ、わたしは、狗奴国は倭国の南にあると思っていました。里程も読み替えざるをえない。だから長年の疑問が解決したわけです。

しかし、ここで今の疑問から話を進めると、神武東侵は倭国反主流派の大和盆地進攻の側面もありますが、国家の存亡を賭けた大戦争の一局面ではないかとの疑問が生じます。でないと大和盆地に侵入したものの四方は敵、銅の産出もなく(鋳潰しには限界があるのでは?)奇襲のうえ土地の者を騙し討ちにしては民心も簡単にはなつかないであろう、などの諸点を解決して九代にわたり大和盆地に君臨したうえ十代目には近畿一円に進出するなどありえないと思うのですが。

回答 次のように考えています。

①神武の「大和侵入」に関しては、次々と〝救援の手〟が加えられています。

イ、熊野の高倉下(たかくらじ)

ロ、八咫烏(やたがらす)

ハ、井氷鹿(ゐひか)

ニ、石押分之子(いしおしわくのこ)　(『古事記』)

このような「在地勢力」の協力なしには、この「一大遠征」は不可能だった、と思います。

右のイ、は、おそらく神武の「筑紫時代」、「すせんじ（周船寺）」などと同類の「じ（寺）役所」に属し、出発前から〝連絡〟のあった相手だったと思います。海上勢力の長としていきなり、ここへ来て「はじめて会った相手」ではない、と思います。

右のロ、はもちろん「人間」です。関西に「八咫烏の子孫」と称する方々がいます。偶然でしょうが、「市民の古代」初代会長の中谷義夫さんの奥様。そして現在の「古田史学の会」の代表、水野孝夫さん御自身がそうです。京都の上賀茂神社の有名な「加茂系図」の中にあるそうです。すなわち、奈良盆地、南端の吉野に近い「鴨公神社《かもきみ》」周辺の「鴨族の支配者たち」が、いわば〝内通〟して、神武たちを「迎え入れた」のです。

その点、神武たちは決して「大和盆地、内」で「孤立」していたわけではないようです。

②ここで、お書きになっていることは、その通りです。

「国家の存亡を賭けた」というより、神武たち「一族の存亡」を賭けて出発した。——それはまちがいないと思います。

その点、わたしは、あの「毛沢東の一大長征」を思います。「時代」も「思想」ももちろん「別」ですが、「断乎決心して〝新たな行動〟にいのちを懸ける」という一点においては、共通していた。——そう思います。

5　「神武と九州王朝と出身地」について

質問　神武の東侵が五〇年頃に比定されていますが、その時の九州王朝の王は誰ですか。神武は九州王朝の命を受けて東侵したのですか。そうならば、神武一族の九州王朝内でのポジションはどのようなものだったのですか、さらに神武たちの出身地は宮崎でよいのですか。

回答　次のようです。

①「神武東侵」は「弥生中期末」。大和盆地における「銅鐸の消滅」の時点です。

②従来の考古学編年では、この「弥生中期末」は「AD一〇〇」でした。

③最近の「修正」では「一〇〇年」さかのぼると、「紀元元年」頃です（「年輪年代測定」による「修正」）（「富本銭」問題でも、「年輪年代測定」に依拠）。

④「神武東侵」時点の、九州王朝の「倭王の名」は、不明です。

⑤「神武東侵」は、神武たちが「何地に坐さば、平らける天の下の政を聞し看《め》さむ」と言って、高千穂宮（高祖山連峯。高祖神社、あるいは飯盛神社か）を〝脱出〟しています。

ⓐ九州王朝の「倭王の命」によって「東侵」したのではない。

ⓑ九州王朝内の「権力と権威」保持ができず（傍流となり）、新天地を「東」へと求めたのです。

ⓒしかし、全く九州王朝の〝目〟を盗み、こっそり脱出したとは思いません。

ⓓなぜなら、神武たちは「天孫の子」であることを〝誇り〟にしているからです。——自分たちこそ、「本流」の気概はもっていた。——そういう可能性は十分あります。

ⓔそして客観的には「使大倭（したいゐ）」（倭人伝）の立場にあった、と思います（懿徳・孝安・孝霊・孝元は「大倭」を称した）。

ⓕ神武たちの出発地は「宮崎県」ではなく、「福岡県」です。「日向（ひゅうが）」ではなく「日向（ひなた）」です。

6　「火明命―消された本流」について

質問　『盗まれた神話』で「第八章　傍流が本流を制した」で本流が次々と削除されてゆくことを論証されています。火明命（天照国照彦火明命）についてはどのようにお考えですか。また、次々と消された本流の痕跡について、もし先生が見聞した中であれば教えてください。

回答　すでに述べた通りです。

この「消された本流」問題は、きわめて広いテーマを内蔵しています。たとえば、

①九州の縄文文明の「本流」というべき、南九州（鹿児島県の大半）中心の「縄文早期文明」。

②これに次ぐ、「有明海中心文明」。

③出雲における各文明段階。

㋑「八十（やそ）神」段階（大山〈だいせん〉等）。

㋺「オホナムチ」段階（「大国主命」以前。「大国主」と〝同格〟に結んだのは、後代（記・紀段階））。

㋩「スサノオ」段階。

㊁「オホクニ」段階。

㋭「天孫降臨」段階。

このように、各段階があります。

以上のような「筑紫、出雲」以外にも、各地に「失われた古代」があります。たとえば、「侏儒国」（高知県唐人駄場、足摺岬周辺）など。「東日流外三郡誌」の告知するテーマも、重要な「失われた古代」です。皆さんの〝競うて探究する日々〟の一日も早く、一人でも多く、到来することを望みます。

7　崇神記の「相津」問題について

質問　崇神記に大和外へ侵略が始まり、「東方十二道」へ征服軍が派遣され、高志(越)の国へ派遣された父の軍と、東方経由で派遣された息子の軍が相津(福島県)で出会ったとあります。福島県の会津というのが、ちょっと納得いかないような気がしますが。

回答　これは大変重要な問題です。今まで講演会その他で何回も出ていた疑問ですが、今のわたしの目から見ると、問題は簡明です。

①古事記の崇神記の場合、この「相津」を〝陸奥国の会津〟とする「通説」は無理だと思います。

②なぜなら、すでに『古代は輝いていた』Ⅱの第二部第四章の「沙本はどこか」(同書九二ページ)で論じたように、

㋑「『古事記』では、地名を書くとき『AのB』の形で書く」からです。たとえば、「吉備国の児島」(仁徳記)のようにです。

㋺ところが、近畿(大和・河内・摂津・和泉等)の場合、「─国の」というAを省くことが多いからです。

㋩この「相津」の場合、

「故、大毘古命は、先の命の随《まにま》に、高志国に罷り行きき。爾に東の方より遣はさえし建沼河別と、其の父大毘古と共に、相津に往き遇ひき。」(岩波『古事記』一八七ページ)

ですから、先のルールから見れば、少なくとも「近畿の相津」です。もし、東北地方「福島県」の「会津」なら、

「陸奥の相津」

とならなければならない。これが基本です。

③その点、この「相津」は「近畿の相津」ですから、やはり「近江の大津」だろうと思います。「アフミのオホツ」が「相津」なのかもしれません。「ミ」はもちろん〝女神〟のことです（「イザナミ」の「ミ」）。

④他でも、大阪府の「大山崎」は〝グレートな山崎〟ではなく、〝アフ山崎〟つまり「Aの山崎」と「Bの山崎」が〝相対している〟との意かもしれません。

⑤以上の、今回の見解を強く支持するもの、それは「古事記における東国」の領域です。もしこれが「陸奥の会津」なら、「東海・関東ルート」（甲）と「北陸ルート」（乙）と、二つながら、この二領域の記事がきわめて乏しい。もしこの「相津」が「陸奥の会津」なら、考えられないことです。

なお『古事記伝』では「陸奥の会津」と考えている表現です。

⑥本居宣長は「東の方十二道」について

「こころみに云ば、伊勢、尾張、参河、遠江、駿河、甲斐、伊豆、相模、武蔵、総、常陸、陸奥なるべきか。」（『古事記伝』）

と言いましたが、これは「こころみに云ば、――なるべきか。」とあるように、単なる「試案」であり、客観的な根拠はありません。むしろ、前述のように「東海道、関東」の記述なく、前のような「十二道＝十二国」の理解は無理です。

むしろ、たとえば「中海道」（京都府向日市）が、〝一つの通道〟の称であるように、もっと〝些小な、十二の通道〟を指していたのではないでしょうか。もちろん「近畿の東側の周縁地方への通路」です。

たとえば、大和から伊勢方面へ出る「通路」も何通りかあるのではないでしょうか。伊勢から駿河や信濃方面へ行く「通路」も、当然、一つや二つではありません。近江から尾張へ向う「通路」も、いくつかありましょう。「十二道」とは、これらの「通路」の総称ではないでしょうか。

⑦宣長は、一方では「『古事記』と『日本書紀』」とを〝併せ解した〟上、先の「相津」を〝陸奥の会津〟と〝決めた〟ため、その「結果」かもしれません。実証的な分析の方法とは反しています。

＊武彦今言

本居宣長には「九州王朝」の概念がなく、『古事記』と共に『日本書紀』全体を「わが国の正しい歴史」と見なし、それを大前提として古事記の注釈を行ったからです。その「歪み」の一つです。

Ⅲ　『史記』・『漢書』・『三国志』と神功紀の秘密

1　「前漢への倭の貢献」について㈠

質問　『漢書』に出てくる東夷の語を調べると韓半島であると思います。王莽伝に出てくる東夷の内容は韓半島か倭であるかは直接判断できませんが、『漢書』全体の用法から判断すると倭ではないと思います。したがって、前漢に倭国が貢献をしていないと考えてよいでしょうか。

回答　わたしの考えは次のようです。

①魏志倭人伝では

「旧百余国。漢の時朝見する者あり、今使譯通ずる所三十国。」

とあります。「漢」というのは「前漢と後漢」に通ずる概念ですから、ここからは、

「前漢には、貢献せず。」

という判断を下すのは、早計と思います。

②『後漢書』倭伝では、

「凡そ百余国あり。武帝、朝鮮を滅してより、使譯漢に通ずる者、三十許国なり。」

とあります。

「倭国、貢献」が、「前漢の武帝」に淵源すべきことを述べていますが、その具体的事実は示されていません。

③確かに、『史記』・『漢書』とも、明確な「倭国貢献」の記事はありません。

④しかし、『漢書』の地理志には、

（α）「楽浪海中、倭人有り。分れて百余国と為す。歳時を以て来り献見す、と云ふ。」（燕地）

（β）「会稽海外、東鯷人あり。分れて二十余国と為す。歳時を以て来り献見す、と云ふ。」（呉地）

とあります。

これらは「周代以来の伝来」を表現したものというのは、わたしの年来の主張です。

⑤しかし、逆に「前漢になって断絶した」ととるのは、いささか〝とりすぎ〟ではないでしょうか。

「歳時を以て、云々」の表現は、〝一定のルールによって、変わらず貢献がつづいていた〟ことを「示唆」する文章ではないでしょうか。

⑥この地理志の末尾に、

「武帝より以来、皆献見す。」

とありますから、これは、

「武帝以来、彼等（周辺の夷蕃の国）は皆献見している。」

の意味です。

この記事を「否定」するほどの史料は、わたしたちにはありません。

⑦新の王莽の時の「東夷の国王」もまた、

「倭人の王である可能性はあるが、断言できない。」

というところではないでしょうか。

⑧文献以外に注目すべきは、考古学上の遺物です。

ⓐ前漢式鏡が、糸島・博多湾岸から「多出」している。

ⓑ新の王莽の時の「貨布」や「貨泉」が日本列島西部（九州と瀬戸内海北岸部を主とする）から「多出」している。

ⓒことに「貨泉」が岡山県から「多出」していることも、注目です。「倭国王」ではなくても、たとえば

「吉備の国王（瀬戸内海の王者）」が、「貢献」していても、不思議ではありません。

⑨要するに、「断定」せず、興味深い、今後の課題とすべきでしょう。

2　「前漢への倭の貢献」について㈡

質問　『漢書』の地理志の倭人朝貢記事が周時代にさかのぼるとすると、「帝紀」に貢献記事がないのですから、前漢時代についての倭の貢献はないと考えます。

対談の際、地理志の記述は周代だけでなく、前漢時代を含むとされましたが、「帝紀」に記述がないことについてどう考えますか。

回答　すでに述べた通りです。ただ、「「帝紀」に貢献なければ、その事実なし」というのは、やや〝言いすぎ〟ではないでしょうか。

中国の史書において、「夷蕃伝中の貢献記事」に対して、「帝紀記載」は少ない。いわば「特出」記事ですから。

『三国志』でも、倭人伝に出てくる数々の「貢献」記事に対して、「帝紀」に出てくるのは、一回（「俾弥呼」記事）だけです。

3　「『史記』の西域伝の長老の言」について

質問　『漢書』の「日入るところに近し」の部分は一旦漢文として切れていますから、長老の発言には含まれないと思います。また、『史記』の長老の言には「日入る…」がないと思いますが、いかがですか。

回答　問題の文章は、次のようです。

（一）『史記』では「安息長老傳聞條枝有弱水、西王母、而未嘗見」とあります（『史記』「大宛列傳第六十三」中華書局版、三一六三ページ）。

（二）ところが『漢書』では、

（α）「師古曰、〈眩讀與幻同、解在張騫傳〉安息長老傳聞條支有弱水西王母亦未嘗見也」とあり、すぐそのあとに、

（β）「自條支乗水西行可百餘日近日所入云」とあります（『漢書』「西域伝上」中華書局版、三八八八ページ）。

右の文は、次のようです。

①（α）と（β）の間にも「師古注」（顔師古による）は、各所に挿入されています。必ずしも、「そこで、文意が一変する」しるしではありません（『漢書』各章節、参照）。

②本文（α）と（β）では「條支」問題が一貫しており、（α）だけでは、〝中途半端〟です。

③文型も、「（α）傳聞――（β）云」という形で、相呼応しています。

④そうでないと、（β）が「依拠者なき、著者（班固）の自由推定」となって、〝浮き上がって〟しまいます。班固の「書法」ではありません。

⑤（α）の「ここに西王母伝説はなかった」というほど、「否定」の論証（「伝承の不存在」）に注意している班固が、その直後、「乗水西行百余日、近日所入」というような、地理上の「重大情報」を、何の「依拠者（伝承者）なし」に〝書き付ける〟というのは、いかにも「不用意」。――わたしはそう思います。

⑥この記事が史記にないこと、これも重要です。司馬遷は、前のような「安息の長老の伝聞」にふれていなかったからです。

⑦この点からも、『漢書』の場合、

「司馬遷の及ばなかったところに、われわれ（『漢書』の時代の認識）は、達しえた。」それを誇っているのです。

＊武彦今言

このテーマは『古田武彦が語る多元史観』（ミネルヴァ書房）でも詳述。

4 「『漢書』匈奴伝の長老の言」について

質問 『東京古田会ニュース』六〇号の匈奴の長老の言を「辺の長老言う。匈奴陰山を失うの後、これを過ぐるもの未だ嘗て哭かざるなり」と解されていますが、同六一号に指摘しましたように「匈奴は陰山を通過する度に、その故地を奪われたことを思い出して嘆き哭かないことがない――復讐の可能性がある」と解すべきであり誤読ではないかと思いますが。

回答 次のようです。

①まず、その文面をあげます。

「辺長老言匈奴失陰山之後過之未嘗不哭也」（中華書局版、三八〇三ページ）

古田（現在）訳

「辺の長老言う。『匈奴、陰山を失うの後、之を過ぐるに、未だ嘗て哭かずんばあらざるなり。』」

②前の「未――不――」は「未だ――せずんばあらず」と読みます。ちょっと変な「訓み」ですが、漢文法の基本的な訓法です。

③ですから、はじめ、この質問者が書かれた、わたしの訓法を「見た」時、てっきり「誤植」かと思いました。しかし、実際に当該個所を点検すると、おっしゃる通り、大変な「わたしの誤読」でした。御指摘に

感謝します。

④けれども、これが「辺の長老の言」であるように、前に出た「條支より水に乗じて西行すること百余日、日の入る所に近しと云ふ。」は間違いなく「安息の長老の伝聞」ですよ。

＊武彦今言

隋書俀国伝中の「犬（イヌ）」をめぐって興味深い発見がありました（二〇一五年一月十日、古田史学の会、叙述）。

5 「『漢書』の大海」について

質問 『漢書』に出現する大海は黄海であると思います（『漢書』と『三国志』の用語内容には変化があると思います）。王莽の大海を渡るのも『漢書』全体の大海の用法として理解すべきですから、黄海を渡ったのに過ぎないと思います。もちろん倭も黄海を渡るでしょうが、韓半島の国の可能性が高いと思います。

回答 確かに、『漢書』の世界では「大海」の認識の〝出発領域〟は「黄海」でしょうが、さりとて「東シナ海を知らなかった」とは思えません。「呉地」のことも、書いているのですから。

その上、今わたしたちは「日本列島」の中にいますから、「黄海」や「東シナ海」は、「袋の中の海」のように見えていますが、逆に、中国大陸側から見れば、

「大海の中に、韓半島や種々の島々が分布している。」

そういう認識だったのではないでしょうか。

要するに、「その先」は知らなかった。

――それに対し、『三国志』は、

「わたしたち（魏朝）は、それ（大海の彼方）を明らかにした」

と、誇ったのです。

6　「『漢書』と『三国志』の言語差」について

質問　『漢書』の長老の語を『三国志』の用法により解釈しようとした点について『漢書』の用法と異なるのは不可とされましたが、臺も里も両者は異なり、長老が異なることはありうることではないでしょうか。

回答　おっしゃる通りです。具体的にいえば、

①『三国志』の著者は『漢書』を見ている。したがって『漢書』で「山」「川」「国」などという言葉が、『三国志』でも、そうである。――これが一般論、あるいは原則論です。

②しかし、両者にちがいはある。たとえば、「長里」（『漢書』）と「短里」などです（『後漢書』と『三国志』なら、「邪馬臺国」と「邪馬壹国」）。

③これに対し「長老」というのは、普通名詞です。「山」「川」「国」のように。「里」のような「単位」を示す術語ではありません。

しかし、「国」の場合でも、時代によって、その概念を異にするでしょうから、「長老」の場合も、時代や書物でちがいがあると考えるなら、それ自身を客観的に実証すべきだと思います。「A」と「B」と両書で〝ちがいうるだろう〟という一般論では、不可です。

7　「ナマハゲと漢の孝武帝」について

質問　秋田県の男鹿に伝わる「ナマハゲ」という行事があります。由来と伝説の中の一つに武帝説があり

ます。「武帝説とは、古代中国の前漢時代の武帝が五匹の鬼を引き連れて男鹿半島に降下してお山のカミとなったという。そのカミを赤ガミ（赤神）といっています。そして、それを祭る使徒となったのが武帝の連れてきた五匹の鬼で、それをナマハゲであると称する説である」（稲雄次『ナマハゲ』民族選書⑬、秋田文化出版社、一九八五年）。

この武帝説で言われているように、漢の武帝時代に、匈奴との戦いをして領土を拡張していったようですが、その頃、東方の国、倭国、日本国、東日流方面へ来た記録などが中国の書に書かれていないでしょうか。教えてください。

回答　全く知りません。感ずるところをあげさせてもらえれば、

（A）「ナマハゲ伝説」のすべてに、この「武帝」が関わって〝説明〟されているのか。それとも、「武帝系」と「非武帝系」とに分れているのか。そのパーセントは「何割」か。

このような疑問です。

（B）なお、この「ナマハゲ伝説」以外にも、「武帝伝説」があるのか、ないのか。教えてください。

（C）わたしとしては、かつてテレビでオーストラリアの原住民「アボリジニ」の神が、「ナマハゲ」そっくりだったのに、ショックをうけました。両者のつながり、有無に関心があります。

（D）同じく、「獅子舞い」の「獅子」は東北各地（岩手県など）の祭りに現われているようですが、この「獅子」と「ナマハゲ」との〝関係〟の有無。教えてください。

お答えではなく、質問になったこと、お許しください。

8　「東鯷国の献見」について

質問　弥生の繰り上げにより『漢書』地理志呉地の東鯷国も金属器の時代に入ることになります。その場合、銅鐸国家へ結びつけることは可能ですか。『後漢書』の献見記事の削除をどう見ますか。

回答　次のようです。

①「東鯷国」より「東鯷人」の方が正確ですね。
②この「東鯷人」を近畿の銅鐸国家に〝当て〟ていた時期が、わたしにはありました。
③けれども、その後、この見解を「撤回」しました。
④そして「東鯷人」を九州（特に南九州）の東岸部を中心とした領域の人々と考えています。
⑤すなわち、鹿児島県を中心とする「早期縄文文化圏の人々」です。
⑥「弥生前期」が「八〇〇～一〇〇〇年」早くなったからといって、「全面的な金属文明」に関する問題ではありません。
⑦一部分の「鉄器文明」などが「弥生前期」に〝ふくまれて〟いる可能性は、あると思います。
⑧『後漢書』の「（東鯷人）献見記事」の〝削除〟問題。――鋭い着目点です。

「少なくとも、後漢代には、その献見はなかった。」

范曄はそういう立場だと思います。おそらく、その通りではないかと思いますが、これも「断言」はできません（注＝『漢書』「地理志第八下」には「會稽海外東鯷人、分為二十餘国、以歳時来献見云」とあり前漢の時代までは献見していたことがわかります）。

9　「志賀島金印」について

質問　志賀島金印はなぜ、委奴国王なのですか。邪馬壹国ではなかったのですか。「漢の邪馬壹国王」なら納得できますが、あるいは「漢の倭国王」ですか。

回答　次のようです。

①『後漢書』倭伝の文面を左に掲げます。

「建武中元二年（五七）、倭奴国、奉貢朝賀す。使人自ら大夫と称す。倭国の南界を極むるや、光武賜うに印綬を以てす。」

従来の訓みは、次の二点があやまっています。

（A）「倭の奴国」→倭奴国

（B）「倭国の極南界なり。」→倭国の南界を極むるや。

②この問題についての従来説の矛盾は、次のようです。

（A）について

「倭の奴国」と訓んだ場合、「倭国の中の（一部分の）一国」としての「奴国」に「金印を与えた」ことになります。他の東夷の国（たとえば、朝鮮半島の国）、といちじるしく〝アンバランス〟です。

（B）について

「奴国」が倭国全体の「極南界」だなどというのは、〝とんでもない〟話。錯覚です。こんな「地理的錯覚」をおかしたまま、「金印を与える」とは、全くの「非道理」です。

③わたしの理解では、次のようです。

（Ａ）について

「倭奴国」というのは、「倭国」だけではなく、「倭人部族全体を代表する『倭国』」です。「奴国」一国理解とは、〝天と地の差〟です。

（Ｂ）について

わたしの理解の場合、その「倭奴」というのは、この「日本列島内」だけではなく、「太平洋の彼方の人種」をふくんでいます。

この『後漢書』倭伝には、

「朱儒より東南船（注＝百衲本では「東南行船」となっている）を行くこと一年、裸国、黒歯国に至る。使譯の伝うる所、此に極まる。」

とあります。「南界を極む」と同じ、「極む」の表現が出てきます。

これが「光武帝の金印授与」の背景です。

④以上によって、ご疑問の回答は明らかです。

⑤魏朝の使者が「侏儒国」へ行ったことは、「四千余里」という「里程記録」で明らかですが、その「侏儒国、行」の背景は、この「後漢の光武帝時点の、新情報」によるもの、と思われます。

10　狗奴国に関する説の変遷について

質問　『「邪馬台国」はなかった』初版では、狗奴国の位置を邪馬壹国の南とし、改訂版ではそれを訂正され、その後「60の証言」では邪馬壹国の防衛線を筑後川におき、その南に敵を想定しておられます。現在のお考えはどうですか、その根拠も併せてお願いします。

回答　わたしの「狗奴国」に関する説は、次のような「変遷」をとげました。

①不注意に「邪馬壹国の南」とする文章あり（『「邪馬台国」はなかった』）。

②読者からの注意によって訂正。『後漢書』倭伝の情報によれば、倭国（糸島・博多湾岸中心）の〝東〟にあり。瀬戸内海領域と考えた（「東、千余里」を「短里」によって理解）。

③「邪馬壹国の防衛線を筑後川におく」（「60の証言」）。——これは「中部・南部九州を敵国と見たもの」ではありません。

東には瀬戸内海（及び山口県）、西には長崎県、北には玄界灘、いずれも〝外敵が侵入してくる〟際の「行路」として、首都圏（太宰府と筑後川流域）を、これらへの「外」からの〝侵入〟を防ごうとしたものです。

したがって「筑後川以南にて〝狗奴国〟あり」の立場ではありません。

④第三の（最近の）立場、これは「千余里＝長里」の理解に立つものです。合田洋一さん（古田史学の会・四国）との会話（電話）の途中で気づきました。

ⓐ『後漢書』倭伝には、

(イ)『三国志』の魏志倭人伝の「引用」部分、

(ロ)『後漢書』独自の史料（後漢代の史料にもとづく）。——たとえば、有名な「（志賀島の）金印授与（光武帝）」の記事。

の「二種」がある。

ⓑ「狗奴国の位置」に関する記事は、『三国志』の魏志倭人伝には、ない。

ⓒしたがってこれは、あの金印の記事と同じく、「後漢代の史料」にもとづく「追記」と見るべきである。

ⓓとすると、「長里の一里＝短里の（約）六里」であるから、「糸島・博多湾岸」から東へ「千里」というのは、近畿の一端、大阪府の茨木市・高槻市あたりとなろう。すなわち、当時の「銅鐸圏の中枢部」（東奈

良遺跡等）となる。
ⓔ「狗奴」は「この」です。茨木市の東側、枚方市には「高野山《この》」があり、京都府の舞鶴湾近辺には「籠《この》神社」があります。これらとの関係が考えられます。

11　「親魏倭王の印」について

質問　『邪馬一国への道標』六九ページにのっている「親魏倭王の印」の写真（左上）は何でしょうか。

回答　次の通りです。

第一、おっしゃる印は、この本の第一章の「周代からの伝承」に出ているものですね（角川文庫版六五ページ・講談社版六九ページ）。

親魏倭王の印（宣和集古印史）
（古田武彦『邪馬一国への道標』より）

第二、その「解決策」は、第五章の「連続する謎」にあります。その個所、全体の写真つきで。これは「模印」です。中国側の好印家の手によるもの。『宣和印史、八』に収録されています。

そこには「銅印」と明記されています。この印が「金印」であることは、倭人伝に明記されてある通りです。それを知りながら、あえて「銅印」と書いたのは、

「これは本物ではありませんよ。」

という〝サイン〟なのです。中国の「好事家」の〝シャレ〟ですね。

一件落着してみれば、何ということはないのですが、問題の『宣和印史』（『宣和集古印史』）という本の所在をつきとめるのに、〝四

苦八苦〟したことを、なつかしく思い出します。

12　「邪馬台国近畿説が破綻しない理由」について

質問　邪馬台国・近畿説は、今なお、なぜ破綻しないのですか。

最近感ずるところがあって、書棚を整理しました。わたしの手元には五十数冊に及ぶ〝邪馬台国〟関係の本があります。古田説の登場と検証を経て「邪馬台国論争」は二〇世紀の遺物と化したと思いきや、二〇〇〇年を過ぎて発行された著作物の中に、未だに「邪馬台国」というタイトルが掲げられているのを散見します。近畿説も健在なようです。

先年、佐倉市にある国立歴史民俗博物館を訪れた折り、たまたま当時館長をされていた佐原真さんに食堂で隣り合わせ、歴博ブックレット「魏志倭人伝の考古学」に署名をいただいたところ、「考古学的事実は、魏志倭人伝の記述の正確さをますます明らかにしている」と認めて下さった。結論は別にあるようですが、その言葉には大変勇気づけられました。真実はもうすぐそこまできているように見受けられます。

その一方で、訳の分からない話も一向に減る気配がないのが残念です。博多の友人から、須玖岡本遺跡発見百周年を記念して開催された「奴国王の出現と北部九州のクニグニ」という特別展の資料を送ってもらって、そのタイトルを見て、春日市長及び春日市奴国の丘歴史資料館の館長さんに苦言を呈したことがあります。倭人伝には、奴国王がいたとは書いてないし、前の館長（亀井さん）が泣いているよ。ここが奴国だったら、いわゆる「邪馬台国」＝邪馬壹国は永遠に発見されないでしょうに、と手紙を出したものの、なしのつぶてで結局返事はきませんでした。

回答　これは、重要なご質問です。

①確かに、「近畿説」は〝破綻〟するどころか、時としてあたかも「定説」のように、新聞やテレビが取り扱っています。なぜか。

②その理由は簡単明瞭です。

「明治以降が天皇家中心の国家体制だから」です。

③もちろん、いわゆる「学問の自由」はありますが、それを〝付属品〟、いわば〝近代文明の飾り〟としつつ、中心は変ることなく、

「天皇家中心の歴史」

を貫きたい。若い心も〝洗脳〟しつづけたい。これが本心です。

④そのためには、やはり、

「近畿説が便利。」

なこと、言うまでもありません。

⑤しかも、反対側の「九州説」の場合、あの「邪馬台国、東遷」説のように、その「東遷」のあと「大和から九州への再移転」を企ててくれれば、いいのですが、それを「拒否」して論理と実証を貫けば、やがて結局、最後はわたしの「九州王朝説」に至らざるをえない。「学者」や「有識者」にそのような「論理の行方」が見えないはずはありません。

「だから、やっぱり」

終始、近畿説の方が〝いい〟のです。

⑥率直に見つめれば、「近畿説」に不利な論点は「山積」しています。たとえば、

第一、倭人伝には「矛」の存在が明記されています。

㋑宮室、楼館、城柵、厳かに設け、常に人あり、兵を持して守衛す。

㋺兵には矛、楯、木弓を用う。

この「矛」は、弥生時代ですから、「銅矛」でしょう。これは博多湾岸には〝多出〟しますが、近畿には、ほぼ〝なし〟です。

「宮室を常に守る」のですから、当然〝数多く〟存在するはずです。それが〝なし〟では格好がつきません（もしこれを、「鉄矛」と解しても、それが「弥生の近畿」に多出することなど、全くありません）。

第二、倭人伝には「三種の神器」の内実が出てきます。

㋑「銅鏡百枚」

㋺「五尺刀二口」

㋩「青大勾珠二枚」

先述しましたように、「勾珠」は縄文から珍重され、剣は各世の権力者の必須物ですが、その反映は右にも見られます。

では、「三種の神器をもつ弥生墓」の〝ありか〟はどこか。これはすでに、何回も述べましたように、「糸島・博多湾岸」です。「高祖山連峰の周辺」なのです。近畿ではありません。

第三、近畿説の場合、「里数」を無視せざるをえないのは、周知の通りです。「里数無視」は内藤湖南の説以来です。

しかし、内藤説の場合、わたしの提起した、
（A）周、魏、西晋——短里
（B）秦、漢、東晋以降——長里
の「分別」がありません。対抗した白鳥庫吉の場合、粗放な「誇張説」しかありませんでした。

「天子に倭国征服の企てをおこさせぬよう、あえて、誇大な里数で報告した」という類。いわば「子供だまし」の説です。いや、今では子供でも、こんな「珍説」にはごまかされませんよね。

すなわち、近畿説の学者は、わたしのような「短里説」に対して、一回も〝真面目に〟対応したことがないのです。

第四、倭人伝では、各国の「国名」について、九州の「不弥国」までは詳述していますが、それ「以後」は〝なし〟です。いわゆる「三十国」は、所在地不明の「集記」にすぎません（「三十国」については後述）。もし「大和」が倭国の中心部なら、その周辺の国名が、その〝位置〟と共に「明記」されているはず。そう考えるのは、不自然でしょうか。わたしには、そう考えない方が不自然だと思います。以上。他にも幾多あります。

これらの「困難点」は、近畿説の人にも、「よく分かっている」と思います。だからこそ、わたしと「対談」や「論争」をしたがらないのです。

おそらく、敗戦前の「津田左右吉に対する、学界側の対応」も、これだったと思います。『古事記』、『日本書紀』の「天孫降臨」神話。それも、文字通りの「天」（sky）から、この日本列島という地上への降下。それが現実の天皇家の淵源。そんな「お話」は、大人なら（子供でも）誰も〝信じていなかった〟と思います。だから、真面目に「論争」などしなかったのです。

だからこそ、蓑田胸喜《みのだむねき》（一八九四〜一九四六、原理日本社主宰）などが「不敬罪」呼ばわりで「攻撃」するにいい任せたのです。しかも、そのような「津田攻撃」や「津田無視」が〝終った〟のは、「占領軍の手」によってであり、「学界内の自己批判」の結果ではありませんでした。そして津田左右吉に「文化勲章」を与えたことによって、「中心学説の転換」を宣言したのです。すべて「政治的解決」です。

そのあと生じた、いわゆる「郡評論争」も、決してその帰結が、「津田説の外」すなわち九州王朝説などへ〝行く〟ことを「許し」ませんでした。

だからこそ、「九州王朝説」はもとより「反、近畿説」に対しても「学界」や「メディア」は〝冷い〟のです。

以上の状況は示しています。

「現在の権威・権力の思想的な脆弱性」を。だからこそ〝フェアーに〟ふるまうことができない。——臆病なのです。

しかし、わたしたちは今、スッキリと真実を求め、それに従う。そういう時代の前に立っている。そう思っています。

13　邪馬壹国の位置について

質問　邪馬壹国は近畿でも九州の山門でもなく博多湾沿岸であることを、みんなどうして分からないのでしょうか。

回答　邪馬壹国の位置は、誰にでも分かる論理と、誰もが否定できない考古学的出土品の両方によって決定されるべきもので、決して、よく似た発音であるから、邪馬壹国（邪馬台国）はここだなどという主張は断乎として排除しなければなりません。

第一の論点は、部分里程の総和は全里程に一致するということです。およそ世界の歴史書で行路里程を書いて、総里程を書いてない場合を知りません。魏志倭人伝の場合は総里程が一万二千余里です。一方部分里程を表面上合計すると一万六〇〇余里となりますが、その他に方四〇〇余里、方三〇〇里がありますが、方とは四角形の一辺を表す方法ですから、各々二辺を合計して一四〇〇里、総合計してぴったり、一万二千余里になります。このことは、帯方郡から不彌国までが一万二千余里で、不彌国がすなわち邪馬壹国の入口であることを意味します。従来の学者は「方」を読む方法を知らなかっただけなのです。

第二の論点は、水行十日陸行一月の始点です。大半の学者は、始点を不彌国または伊都国とします。しかし、これは第一の問題点と表裏一体をなし、帯方郡から不彌国までが一万二千余里と判明した以上、そこからさらに水行十日陸行一月ゆけば、一万二千余里をはるかに超えてしまいます。この水行十日陸行一月は、「帯方郡からの行路日程」と考えざるをえません。不彌国から近畿はもちろん九州の他の場所に行く論法は完全にアウトです。

第三の、そしてしばしば忘れられている論点は、考古学的出土物との整合性がなければならないということです。その代表は絹と鏡です。一方だけではなく、両者が出ることが必要であり、近畿の場合、三角縁神獣鏡が出るということを、金科玉条のように言いますが、三角縁神獣鏡は和製であるから論外であることを、一応脇に置いても、この時代の中国の錦や絹製品が全く出土しないことは、近畿説が成り立たないことを考古学的に証明しているのに、世の大半の考古学者が近畿説を取るのはどうしたものでしょうか。

14　「倭人伝の〝方向〟」について

質問　狗邪韓国から対海国への航路記事において「始度一海」とあり、行く方向を示していませんが、対海国から一大国への航路記事に「又南渡」とあるので南への航路と特定できます。しかし、末盧国への記事は方向が示されておらず距離のみ示されています。

倭人伝は冒頭に帯方東南とありますから、可能性としては南のほか、東南と東がありうると思います。末羅を松浦とするのは南というお考えでしょうか。

回答　次のように記されています。

「a狗邪韓国――b対海国（南北市羅）――（南）　c一大国（南北市羅）――d末盧国」

この「南北市羅」の「羅」は「擢」と同じ。「かひよわ――穀を買い入れる」です。

羅、市穀也、［説文］

羅、買也、［広雅］　（『諸橋大漢和』）

①これがただ「島の中」での〝南北の交易〟というのでは無意味です。対馬、壱岐とも、それほど「南北（島内）交易」のさかんな島ではありません。特に壱岐など、ほぼ「円形」に近く、全く適切ではありません。

したがってやはりこの「南北」は、「狗邪韓国と末盧国との間」の「南北」間の〝交易〟と考えるほかありません。

②「末盧」は「マツロ」です。「松浦」は「マツウラ」。接尾語の「ロ」と「ウラ」のちがいがあるけれど、「マツ（真津）」という語幹は共通です。やはり「末盧＝松浦」と見るのが、自然です。

③これは倭国の「中心国名」を「ヤマト」として、それを〝あらかじめ定め〟て、あとの〝つじつま〟を合わせる。そのやり方とは「別」です。

④倭人伝冒頭の「帯方の東南」は、「大海」の〝位置づけ〟です。当然「大方向」です。これを「部分」（たとえばaとbの間、またcとdの間）に〝適用〟するのは、やはり無理と思います。

⑤逆に、「狗邪韓国と末盧国の間」は「南北」ですが、「島」と「島」の間のケース（bとcの間）だけ、「南」と記した。

それは、「他の島」と〝あやまらない〟ための「念押し」。わたしは、そう考えました。中国人は「大陸人間」ですから、「島と島との間」は、〝不確定〟的に見えたのではないでしょうか。

15　「都支国及び好古都国」について

質問　「伊都国」について、第一書『「邪馬台国」はなかった』において「都に近い」の意を含めた名称としていますが、「都支国」及び「好古都国」の場合はどのように考えるべきですか。

回答　分かりません。あるいは「みやこ」に関わりがあるかもしれませんが、不明です。

この「三十国」の訓みについても、挑戦してみたいと思いますが、それでも、一つの「試案」にしかすぎません。

この問題について、一箇の「発見」がありました。それは「都支国」です。

確かに、廿四史百衲本では、

「都支国」

ですが、本来の紹熙本（皇室図書寮部＝現・宮内庁書陵部蔵本）では、

「郡支国」

なのです。この発見者は、天文学者の難波収さんです。実は（神戸の白鶴美術館）で講演したとき（二〇〇三年五月四日）、御注意をえて、気づきました。

これは、わたしには全く意外な発見でした。なぜなら、中華民国の学者、張元済が、百衲本の跋文として、この『三国志』の善本を求め、日本の帝室図書寮に「紹熙刊本」があるのを知り、日本をたずねた、というのです。

「然れども、戊辰（一九二八）の秋、余は中華学芸社の為に、日本に訪れて書を訪ね、獲て帝室図書寮の旧

蔵宋本を見、借影して攜《たずさ》え帰る。」
とありますから、てっきり、
「廿四史本＝帝室図書寮本」
と思っていました。
ところが、『倭人伝を徹底して読む』（大阪書籍、一九八七）を出版するとき、「朝日カルチャー」のとき使ったわたし自身の所有写真を提供しました。これはわたしが皇室図書寮（書陵部）へ行って「入手」したものです。
これには、
「郡支国」《α》ところが、廿四史百衲本では、
「都支国」《β》
なのです。
張元済が言うように、
《α》原本
《β》写本
ですから、両者に〝くいちがい〟があれば、当然、
《α》—正
《β》—誤
です。なぜ、このようなことになったか。その〝秘密の鍵〟は、先の「借影」の二字にあると思います。
（右の本が「朝日文庫」に入れられたとき〈一九九二年七月一五日〉、不用意にも、廿四史百衲本の方を「使用」したようです。）

――「写本、恐るべし」の一言ですね（注＝「好古都国」及びその後の研究の成果については、八王子セミナー講演をまとめた『古田武彦が語る多元史観』一九五ページ以下に詳しい）。

16　「百衲本『三国志』」について

質問　張元済は皇室書陵部の『三国志』の紹熙本を全部写真に撮って行きましたが、それをそのまま百衲本『三国志』に収めたのではない、のではないでしょうか。

回答　おっしゃる通りです。張元済は、百衲本を編集する際、既に多くの資料をあつめておりました。武英殿本、明南監本、明北監本、元本、汲古閣本などです。そのうち日本の帝室書陵部に紹興年間の刻本（正確には慶元本）があることを知り、来日してすべて写真に撮り、それを底本として、民国二五年（一九三六）に編纂しました。ただし一部欠落があるため、紹熙年間の刻本で補っている。編纂に際して、『百衲本二十四史校勘記（三国志校勘記）』を残し、底本（宋本）と諸本の間には、四六〇五カ所の相違があり、そのうち一三三七カ所、底本を修正したと書かれています。校勘記の備考欄に「修」と表記があります。なお、初版本には乱頁のものがありますが（例、東大蔵本）、内容そのものについては、以後の諸版と相違ないものと考えます。

17　「対馬南島及び其余傍国」について

質問　魏志倭人伝の魏使の行程にある対海国を対馬南島とする第一作の考えの場合、対馬北島は其余傍国に該当するのですか。

回答　おっしゃる通りです。その後、「対海国」は〝浅茅湾《あそう》をふくむ、両岸部〟と考えるに至りました。倭人伝に書かれているのは、魏使の進んだ「行路の国」だ、と気づいたからです。
この場合、「対海国」の両側に、「其余傍国」があることになります。

18　「『三国志』の孔明伝全集序文」について

質問　全集の序文を掲載したのは、孔明全集の編纂の際に陳寿の才能を理解した上司から、対立した上司に代わったことによる編纂方針に対する抑制——司馬氏への非難の採録拒否——に対する批判を込めたものではないですか。
回答　おっしゃる通りだと思います。全集の「全体」を見ることができないのは、残念ですね。

19　「東夷伝序文の『長老』」について

質問　『三国志』の中では粛慎は二度貢献しているが、その地は魏軍東征の北限の北側であり、偉大な粛慎の時代ではない。挹婁の地は粛慎の血統は継ぐが粛慎とは称していません。粛慎の長老の言はあり得ないと思いますが。
回答　今まで、種々の「思考の変転」を経てきました。今のわたしの考えを書きます。今まで、思いもよらなかった、新たな「視点」です。
①この個所は「東夷伝の序文」ですから、これは「東夷の長老」です。
②ここは、次の文面になっています。

「粛慎の庭を践み、東のかた大海に臨む。長老説くに、異面の人あり、日の出づる所に近し。」
ここでは「長老」の直前にあるのは、「粛慎の庭に面した大海」です。
③倭人伝は「倭人は帯方東南、大海の中に在り。」で始まっています。
右の②の「大海」の中にあるとされているのは「倭人の領域」です。とすれば、いわば「大海の中の長老」というのは、いいかえれば、「倭人の長老」となります。
④したがってこの「異面云々」の〝伝承〟は、「倭人の中の伝承」となります。
⑤これは倭人伝の中の「また裸国、黒歯国あり、またその東南にあり。船行一年にして至るべし。」を指す（予告する）一節となります。
⑥倭人伝のハイライトは（中国側にとって）右の一節です。「女王国」は、その〝通過地〟にすぎない。
――それを「予告」していたのです。
⑦これと、例の「浦島伝説」との関連、改めて論じます。

20　「一大国からの千里」について

質問　一大国から末盧国は千里とされています。他の千里の水行航路と比べて短すぎると思います。上陸地点を遠賀川周辺とする論者の考えについてどう考えますか。

回答　わたしの考えは次のようです。
①中国側には、「海上の里程を測定する」方法はなかった。
②『海島算経』という本があるが、これも「陸地」を測る方法のみである。
③したがって「海上は概算」と考えざるをえない（推定値）。

④これに対し、先述のように、狗邪韓国—対海国——一大国—末盧国の間は、二回にわたる「南北市糴」の中に入る、と考えた。
⑤さらに「末盧—松浦」の同一音問題も、回避できない。
⑥したがってすでに出ている（たとえば高木彬光氏の『邪馬台国の秘密』）、この「東行説」は、わたしには「NO！」です。
⑦「遠賀川周辺説」も、その一つですね。

21 「『其余傍国』の位置関係」について

質問 女王国以北の国の「其余傍国」の位置関係をどう考えますか。
回答 分かりません。「分からないものは、分からないとする。」それが正確だと思います。
「狗（拘）奴国」の場合、『後漢書』によれば、「東、千余里」です。

22 「俾弥呼の恋人」について

質問 俾弥呼は恋人や夫はいなかったのですか。
回答 魏志倭人伝に関する限り、残念ながら、分かりません。
「夫婿」なしとあるだけです。つまり、「独身」ということです。ですが「心の恋人は？」といわれれば、これはこの歴史書の範囲外です。『なかった——真実の歴史学』に出ている俾弥呼の「漫画」を楽しみにしていてください。

（注＝「俾弥呼」の名前が出て来るのは、『三国志』巻四、三少帝紀第四、正始四年冬十二月一カ所であり、『三国志』でも、他のカ所では「卑弥呼」が使われている。しかし、「俾弥呼」が「帝紀」に出てくることから、これが正式の名前であるという立場にたち、古田武彦氏は『俾弥呼』〈ミネルヴァ書房、二〇一一年刊〉以来、特定の場合以外「俾弥呼」を使っておられる。本書もこれにならって統一した。）

23　「壹と一」について

質問　邪馬壹国はなぜ、邪馬一国でなかったのですか。音は本当に「ＹＡＭＡ」なのですか。

回答　次のようです。

①『三国志』では「壹」は「貳」「ふたごころ」に反し、「ひとつごころ」の意。「壹徳」は〝魏の天子に対して、二心をいだかぬ〟ことを指す。

②本来の国名は「邪馬（ヤマ）」。それに「倭（＝委）」（wi）に近い「壹（邑）」の字を〝当て〟たもの。

③意味は「一」とほぼ同じですから、「邪馬一国」と書いたものも、あります（静嘉堂本）。「宋本」の復刻本です。

＊武彦今言

「邪馬壹国」は「ヤマイチコク」です。日本語を漢字表記したものです。もちろん右に述べた「貳」の反対語の意義も承知の上です。「イ」は〝神聖な〟、「チ」は神の古名です。『俾弥呼』『真実に悔いなし』参照。

④ですから「邪馬一国」と書いても〝ＯＫ〟です。

⑤「邪」を「ヤ」以外に「ジャ」などと読むことも、自由です。それで〝筋が通れば〟いいだけです。たとえば「ジャバ」と呼んでスマトラ島の近くへ〝もっていった〟人もいますが、「では、中国の鏡は出土す

るか。」と言えば「NO!」ですよね。

24 「豊前王朝論」について

質問 この数年、大芝英雄・室伏志畔さんの豊前王朝論が注目されています。この説論に対する古田先生のご意見を是非お聞かせいただきたいと存じます。

回答 端的に申します。

（A）わたしは「九州王朝以前」の「前王朝」としては、いわゆる「豊前王朝」もありうると思います。

（B）しかし、「弥生前期末」以降の「倭国」と「九州王朝」（いずれも、筑紫中心）の時代に、このような存在（豊前王朝）を考えることは難しい。そう思っています。

（C）わたしは「王朝」と称する場合、一定の考古学遺物がその「王朝」（中心）から周辺に分布していること、それが不可欠と思います。

（D）たとえば、豊前は、「銅鉱」をもっているから、弥生前期時代、その銅器を中心とする「中心」と「周辺分布」があるか否か。それによって、「豊前王朝」の〝有無〟が検せられねばならないと思います。

（E）これが「銅器」でなく、縄文時代であっても、たとえば「黒曜石」のような出土物の「中心」が実証されなければ、「王朝」あるいは「前王朝」ということは、言いえないであろうと思います。

（F）豊国（豊前・豊後）の場合、国東半島の姫島の「白曜石（白っぽい黒曜石）」の分布が注目されます。

要は、もし「豊前王朝」を称する論者は、前のような「王朝の実体」あるいは「王朝の痕跡」を、実証的に示す必要がある。それが不可欠です。

25　「大和＝ヤマト」について

質問　大和朝廷の「大和」はなぜ「ヤマト」と読むのですか。また、いつからそう呼ばれるようになったのですか。

回答　次のように考えています。

①「大和」の字のもとは「大倭」です。本来は、「ダイヰ」ですが、「倭」を「ワ」と訓むようになって、「大和」と書き変えました。

②「大倭」は「使大倭《しだいゐ》」です。倭人伝にいう「交易の監督官」です。

③これは、九州王朝（倭国）からの〝任命〟です。

④今、大和に「大和神社」がある（桜井市）のは、その痕跡です（大和古墳群もあり）。ここは奈良県（大和）の一部です。この「使大倭」の拠点の称だと思います。

⑤一方の「ヤマト」という「発音」の方は、博多湾岸の「下山門」（地下鉄の駅にあり）からの「地名移転」。

⑥「虚空満《そらみ》つヤマト」全体が、ここ（下山門）からの（奈良県への）「地名移転」です。

⑦下山門に近く「麁《そ》」「ソバル」という地名（字《あざ》）があります。「みつ」は〝御津〟。これは室見川の下流。上流に「吉武高木」の遺跡あります。

⑧ただし、吉武高木は「三種の神器」の最古の遺跡です。

⑨「そ」は「神」の称（「アソベ族」「木曽」「阿蘇」「浅茅《あそう》湾」などの「そ」）です。

以上、現在までの帰着点です。

＊武彦今言

右の「下山門」と並んで「上山門」（筑後）もあり、「山（ヤマ）」と呼ばれる中心部の周辺です。張莉「『倭』『倭人』について」『立命館大学白川静記念東洋文字文化研究所紀要』第七号、二〇一三年七月、参照。

26　「九州王朝の成立年代」について

質問　九州王朝の成立年代はいつですか。

回答　次の二つの問題があります。

第一、「天孫降臨」を「成立時点」と見る場合。

「三種の神器」群（福岡市、前原市、春日市）は、「弥生中期初」以降です。「吉武高木」が最初です。

考古学編年によると、「ＢＣ一〇〇年」だったのですが、最近では〝一〇〇年早く〟して、「ＢＣ二〇〇年」頃とすることができます。

しかし、「例の縄文水田」問題で、「弥生前期、初頭」が「ＢＣ一〇〇〇年前後」となると、当然「弥生前期末（中期初）」もずっと〝さかのぼる〟でしょう。今後の課題です（この「縄文水田」の時期が「ＢＣ一〇〇〇年」前後になるべきこと、わたしは早くから提言していました）。

第二、平安時代の「二中歴」中の「年代歴」の冒頭に、次の一文があります。

「年始五百六十九年内丗九年　無号不記支干其間結縄刻木以成政」。

「解明」しにくい文面ですが、一応の「試案」をしめしておきます。

①「年始」は、九州年号の最初（「継体元年」――二中曆。五一七年）から遡ること、「五百六十九年」である。

569－517＝52

すなわち、「BC五二年」前後が「年始」である。

②前の「BC五二年」前後とは、前漢の宣帝の甘露二年（BC五二年）前後となる。

③前の頃、中国へ使者を送り、中国の「冊封体制」すなわち「年号」との〝関わり〟ができた。

この「二中歴」で「年代歴」といっているのは、今日一般的に言う「年代」ではなく、「中国の年号による、紀年の時代」に入った「はじめ」を言っているのではないでしょうか。

④ところが、当方（倭国）の方は、いまだ、いわゆる「年代」ではなく、右の「BC五二年」前後の「冊封体制の貢献」以後も、「三九年間」はやはり「年号」も「支干」もわが国にはなく、いわば、

「縄を結びて木を刻み、以て政を成す。」

の時代の〝延長〟下にあったから、依然、中国風の紀年（「年号」「支干」）は、用いられなかった。

⑤それを、実際に用いはじめたのは、

52－(39－1)＝14

すなわち、「BC一四年」頃である。これは、前漢の成帝の「永始三年」頃を指しています。

有名な、前漢の武帝は、「建元元年（前一四〇）～後元二年（前八七）」の間ですから、その武帝の没後「三十五年」くらいして、この、いわゆる「年始」をむかえたこととなろう。

以上は、あくまで、一つの「試案」に過ぎません。この場合、

㋑この「年始」と、あの「天孫降臨」とは、まったく〝別個の概念〟です。

㋺この「年代歴」の著者は、「中国年号や中国干支」尊崇者であり、それ以前の倭人の歴史を、やや〝一括〟して、「未開」視し、〝軽視〟しているようにも、見えます（もしかすると、外国人〈中国人、朝鮮半島人など〉かもしれません）。

＊武彦今言

この「年始」問題は、現在なお〝不分明〟です。断定を避け、今後の研究テーマとしたいと思います。

27 「張政と近畿」について

質問 張政は、近畿に出陣したのですか。

回答 倭人伝には書かれていません。「行かなかった」と思います。なぜなら「里程」が書かれていませんから。

①中国の使者が行ったところ——里程あり。

②中国の使者が行かなかったところ——里程なし。

これが原則です。

＊武彦今言

このテーマにつき、新しい発見あり。別述します。

28 「『一大率』は『天国』側の軍団」について

質問 「一大率」＝「一大国の軍団」と理解すれば、「天孫降臨」の地が糸島半島周辺地域であることを考えると、倭人伝記載の「世有王、皆統属女王国」という伊都国は、「天孫降臨」以前の先住王家（「降臨」時以降の被征服国）、「一大率」は「天国」側の軍団、女王国は「天国」直系ということになるかと思います。このような理解でよろしいでしょうか。

回答　その通りです。異言なし。

29　「景初二年と三年」について

質問　倭人伝の「景初二年」か「景初三年」かの問題は既に決着がついた論点だと考えておりましたが、最近でも、しばしば、「景初三年」説を眼や耳にすることがあります。魏志の明帝紀を読めば「明帝景初三年十二月」がありえないのはもちろん、魏の遼東戦略において、景初二年の夏から秋にかけて戦いの山場があり、九月末頃までに勝敗が決し、冬十一月に論功行賞があった訳ですから、倭人伝が「景初三年」であれば、倭国の行動と魏の詔勅は間の抜けた話になること甚だしく、版本原文通り、「景初二年」が適切で、版本の誤りとする論拠はまったくないはずです。「景初三年」論者の単なる怠慢かとも思いますがこの点、論点が明晰な割には、共通認識となりにくいのはなぜなのでしょうか。

回答　これも、おっしゃる通りです。彼等（景初三年論者）は、わたしと「論争」を避けていますから。「邪馬壹国」を「邪馬臺国」のあやまり、とする上でも、「他にも、あやまり多し」としたいのでしょう。「論争」すれば、「一年の誤差」問題も出てきて、〝面白い〟のですが（暦の問題にも、波及します）。

30　『三国志』の「狗奴国」と『後漢書』の「拘奴国」について

質問　女王国の東千里を長里とすると、侏儒国はその南ではなくなります。短里と見、范曄の『三国志』の女王の東千里倭種の誤読と見るべきではないですか。

回答　次のように考えます。

①『後漢書』倭伝には、
A魏志倭人伝よりの「引用」部分
B『後漢書』倭伝の独自資料、部分
の二つの部分があります。たとえば、有名な「光武帝の金印授与」の記事はBです。
②同じく、「拘奴国」の記事もBに属する。
――そう考えたのです。
③ですから、『後漢書』の著者、范曄は、
A―短里
B―長里
を「混用」していたことになります。
④この点、本質的には、『史記』も同じです。
A周代の記事―短里
B秦・前漢代の記事―長里
が「混在」しています。
⑤今の問題としては、「拘奴国」の記事をBと見なすことによって、その「拘奴国」の中心領域を、近畿地域と見なすことが可能となったのです。

31 「大作家」と『礼記』の記述について

質問 魏志倭人伝に次のような一節があります。「卑弥呼以死、大作冢、径百余歩、殉葬者奴婢百余人」。

この文脈に対し、『「邪馬台国」はなかった』では、「大作冢」の大は冢の大きさを表すものではない、そうであれば「作大冢」でなければならないと思います。「陳寿が『大』という表現を与えているのは国家と民衆が寄りつどうて俾弥呼の墓を作った儀礼・労働全体の動きに対してである」と述べておられます（『「邪馬台国」はなかった』ミネルヴァ書房復刊本、一二三四ページ）。

しかし、『礼記』檀弓下に次のような部分があります。

「陳乾昔寝疾。属其兄弟。而命其子尊己。曰。如我死。則必大為我棺。使吾二婢子夾我。陳乾昔死。其子曰。以殉葬。非礼也。況又同棺乎。弗果殺」（中華書局版『禮記譯解』上、一三七ページ）。

これによって見るに、棺に三人を容れるために大きく作らせようとしたのであって、棺を作る行為を〝大いに〟行ったのではありません。

『礼記』は陳寿の時代、共通の教養に属しましたから、『三国志』の記述に影響したと考えられます。また、この部分は葬送に際して「殉」を用いることに対する批判を含んでいるので、「殉葬者奴婢百余人」という俾弥呼の葬儀に対し思い出されて不思議はないのでしょうか。したがって「大作冢」の語順を冢の大きさの傍証とするのは適当でないと思われます。

回答　次のようです。

①『礼記』檀弓の文章についての解読法に、やや「問題あり」と思います。

（a）父親の「陳乾昔」が要求したのは、「吾が二婢子をして我を夾けしめよ」ということです。

（b）その場合、

（イ）「主棺」(自分)のそばに「(左)傍棺」と「(右)傍棺」をおくことを求めたのか、

（ロ）「一棺の中に、三人を入れる、大棺」を要求したのか、

が問題です。

（ハ）「殉葬」の場合、むしろ（イ）のケースが普通です。古墳の場合も、「殉葬墓」の場合、中心の王墓のそばに、それを造墳するのが通例です。一墓の中に、「主人の遺体」と「家来の遺体」を〝並べて入れる〟というのは（絶無ではないでしょうが）珍しいでしょう。

（ニ）また、事実上、技術的にも、「墳墓内に、大棺を入れる」のは、やや困難があります。

（ホ）その上、「主棺」と「傍棺（左右等）」の方が、より〝丁寧〟なのではないでしょうか。

（ヘ）子供の方も、「大棺」か「小棺」かの議論はせず、もっぱら「殉死の有無」を問題にしています。これも、前のわたしの理解の〝裏づけ〟です。

②問題のキイ・ポイントの一つは、「文法問題」です。

（a）「大作冢」と「作大冢」の構造の〝ちがい〟を無視するのは、不可。

（b）同じく、「大為我棺」と「為我大棺」とを〝同一視〟するのも、無理です。

（c）文法上、その修辞が修飾しているのが「動詞」か「名詞」かのちがいです。いいかえれば、「副詞」か「形容詞」かの〝ちがい〟です。漢文法の基本です。

③キイ・ポイントの二つは、「里と歩」の関係です。「短里と短歩」、「長里と長歩」。『三国志』は、どちらの立場か、の問題です。

わたしは当然「短里と短歩」です。

④キイ・ポイントの三つは、「冢と墳」です。従来説の立場なら、ここは「冢」ではなく「墳」でなければなりません。

以上の論点を無視すること、それは決して「フェアー」とは言えない。わたしはそう思います。

32　「倭人の文字使用」について

質問　『古代史をひらく――独創の13の扉』で、「一大国」は倭人が命名した、倭人にも漢字能力があったとありますが、倭人はいつ頃から文字を受け入れ、文字の使用が可能になったとお考えでしょうか。

回答　次のように考えています。

①倭人が文字を受け入れる段階は次のように考えられます。

(A)　中国に「漢字」(次項、参照)が存在したとき、倭人がそれに接したならば、必ず「それ」の存在を知ったはずです。

(B)　ですから、夏、殷、周の間でも、前の事情は、原則として同じです。

(C)　しかし、それが「倭国内の文字の出現」という形になるかどうか、「?」です。

(D)　文字が「形」に現われたものとしては、

第一、前漢式鏡。

第二、金印(後漢の光武帝)。

第三、倭人伝の詔書と上表があります。

②各々の段階をくわしく見てみましょう。

右の第一について、そこに書かれた「文字」を、〝単なる飾り〟と思っていたはずはありません。当然「文字」と認識していたはずです。それを「読む」ことのできる人も、「倭国内の中国・朝鮮半島人」や「倭人」の中に、必ず〝いた〟と思います。

これに対して、第二の金印の場合、当然その字面の意味を、倭国側は「知っていた」と思います。また

「文字」に対する関心は、一挙に〝高まった〟こと、確実です。

したがって、第三の場合、中国（魏朝）側が「倭国側は文字を知っている。」と考えていたことは当然です。それなしに、倭王（俾弥呼）に「詔書」など渡しても、文字通り「猫に小判」です。ナンセンスという他ありません。

また、俾弥呼が「上表」を送ったことも、当然ながら「倭国側の造文能力」の証明です。

さらに「俾弥呼」の「俾」は、周代に、倭人の「使者派遣」に対し、周公が喜んだときの文面（「周礼」）の「俾（＝使者）」を、倭国側があえて使い、「俾弥呼」という「自署名」を用いているのです。「文字認識」のみならず、「歴史認識」の証明です。

③こうしたものの中で特に鏡は重要な金石文です。
糸島・博多湾岸に分布する、いわゆる「前漢式鏡・後漢式鏡」が、実は「倭国製」であること、わたしが再三強調してきた通りです（『ここに古代王朝ありき』朝日新聞社、一九七九年）。
たとえば、博多湾岸出土のＬＶ鏡（同書一二一ページ、第一七図）。そこには、

日有熹月内富
憂患楽巳未口

という「文字」があるけれど、その「文字」は、〝くずれた字形〟であり、到底「中国製」とは言いがたいのです。わたしはこの「原物」を〝見る〟ために、韓国のソウルに行き、「実見」することができました（敗戦前は、日本の総督府の側の所有。戦後、韓国側に移管）。
たとえば、立岩（福岡県）の「前漢（式）鏡」。見事な「漢詩」が刻されているけれど、そこには「韻律」を示す「末尾の文字」が〝削られ〟ています。中国側の「作製」としては考えがたい。完全な「倣製」です。

この点も、前掲書でわたしが「強調」したところですが、考古学界は一切これに〝答え〟ません。

逆に、その後、「三角縁神獣鏡」や「銅鐸」や「銅矛（剣）」等の〝銅器の成分分析〟を行うさい、これらの「博多湾岸とその周辺出土の『漢式鏡』」を以て、「通説」通りに、これらを「疑いなき中国鏡」とみなし、この成分を基準としたために、その後の「判定」上、重大な「誤判」「錯定」を生ぜしめることとなったのです。遺憾です。

今回（二〇〇六年）「国宝」とされた、平原遺跡（前原市）出土の「四十面の後漢式鏡」にも、同一の問題があります。すなわち「文字ある後漢式鏡群」です。けれども、「通説」では、いわゆる「超、大型鏡」（四面か）以外は、「すべて中国製」の立場をとっています。錯覚です。（注＝『平原遺跡』前原市文化財調査報告書第七〇集では、大半を仿製鏡とし漢鏡は二面のみと推定している〈柳原康雄氏〉）

いずれも、わたしの「異議提出」に対して、一顧だにせず、の〝かたくな〟な立場、〝非学問的〟な立場を一貫しているのです。学問の本質は、「異議を尊重する」という一点にあります。「異議との真摯な対面と応答」が肝心です。それなきは、「近代以前」の封建の学にすぎないでしょう。

日本の近代的国民は、これをいつまでも「許し」つづけてはならないのではないでしょうか。

33　「前漢代の倭人の文字認識」について

質問　小学生の時、先生に「漢字はなぜ漢字というのですか。中国文字が正しいのでは。」と聞きましたら、先生は、「中国は昔、漢と呼ばれていたから」と答えましたが、納得できませんでした。それなら、漢字でも宋字でも明字でも良いのではないか。唐辛子も同じです。宋辛子でも明辛子でも良いはずです。

漢字は漢代に伝わったから漢字なのではないですか。それとも魏晋代の倭使の上表文、後漢代の金印の文字を倭国が模様と思っていたとは考えられないことから、前漢代の可能性が高いのではないでしょうか。

回答　おっしゃる通りです。前項に述べたとおりです。後漢の光武帝が、あの金印を〝送って〟くれたのは、「倭人の文字認識」を前提にしていること、当然です。

ただ、「漢字」という言葉は、中国の南北朝時代、北朝側は、自分（北朝）側の文字や発音を「漢字」「漢音」といったようですから、この「文字の用法」が、すなわち「文字の漢代渡来」の証拠、とは言い難いようです。

けれども、御趣意には全く賛成です。

34　仲哀天皇・神功皇后について

質問　豊浦の宮に「あまのしたしろしめすすめらみこと」というのが『日本書紀』に出てきます。近畿天皇として一人いて、名は「たらしなかつひこ」諡は仲哀天皇ですが、出てきたのは近江のほうからですが、研究してみると内容が分からない（注＝「知天下」は『古事記』では大国主命のところ、『日本書紀』では仲哀天皇のところだけである）。

それから奥さんの神功皇后は「おきながたらしひめ」で、角鹿の方からわざわざやってきて一緒に暮らす、というのですが何をやったのかさっぱり分からない。その前の景行天皇もヤマトタケルと九州征伐を除けば何をやったのかさっぱり分からない。神功皇后もひと皮むけば、三韓征伐に行ったと言いますが、どうもよく分からない。

そうすると景行、仲哀、神功あたりが、応神を正当化するための手段としてそこに作られたような、実はなかった天皇ではないか、という感じがしています。豊浦の宮にいたということは九州王朝の天皇のことを取って、仲哀天皇の記事にしたのではないでしょうか。

回答　「いた、いなかった」の議論で用心しなければならないのは、これをいなかったとしたら、それ以外は、いたとしてかかるのか、という問題が出てくるわけです。何をもっていたと考え、何をもっていなかったと考えるかという起因をしっかりしていないと簡単にはそれは言えない。疑う方が勝ちでは困るわけです。これは一般論です。

今の件は確かにおっしゃるように、豊浦の宮で天の下しろしめす仲哀がいたと書いています。おかしいと言えばおかしいのですが「天の下しろしめす」の意味が問題です。

「天の下しろしめす」を我々は八世紀以後の用法で天下を統一・支配したという意味に慣らされているわけです。しかし実際は天の下しろしめすはそう言う意味ではなくて、アマ国（九州王朝）が、アマ国のもとにある、ある分国を支配したという意味なんです。そういう本来の意味で考えれば、別に天の下しろしめすということはどういうこともなく、あちこちに天の下しろしめした連中がいていいわけです。

ということで、仲哀が豊浦で、全体から言えば九州へ行く経過地に過ぎないのですが、かなりの期間、もしいたとすれば、そこで天の下しろしめしたと言って言えないことはないわけです。そういうレベルです。

それでは仲哀や神功皇后が架空か実在かということになると、これも『古事記』と『日本書紀』ではだいぶ違うわけです。要するに仲哀は九州の勢力と戦ってその矢で射殺されて死んだとなっている。そういう点では知らないものを勝手に作って勝手に死んだことにした、と言えないこともないけれど、ちょっと苦しい。それならそれの論証が要るのではないでしょうか。

特に仲哀が死んだ後、神功皇后が武内宿禰と一緒になって近江へ攻めて行きます。あの時神功は仲哀のお妾さんです。本妻さんは近江にいるわけです。その若いお妾さんを連れて仲哀が出かけて九州で死んだわけですから。そのお妾さんが武内宿禰のバックアップをえて本妻さんの近江への襲撃を図るわけです。それで倒したと言っています。それは一つの非常に具体的な話です。具体的だから本当だとは言えませんが、それを架空の話だと、もし言いたいならその証拠を挙げる必要があるのではないかと思います。

もう一つは、神功は出身地が分かっているわけです。今の滋賀県米原の近くに神功皇后の墓（円墳）があります。小さくもないがそんなに大きくもない。中型の格好の良い円墳があり、ここで神功皇后の一族は生まれたという伝承になっている。だからわたしは、神功皇后はそういう意味では、はっきりしているとまでは言えませんが、一つの土地勘に基づいているわけです。大和に作っている神功皇后のでかい墓、あれは後で作ったもので、何のために作ったかはまた別の問題ですが（本書八〇ページ参照）。

そういう面で元に戻りますと今の『日本書紀』では豊浦というのはまず、仲哀、神功に関係して出てくるわけです。それからもう一つは白雉が、豊浦で出たという話があります。そこで白雉という年号になった。つまり代々祥瑞であるという形で出てくる。この方は九州王朝の資料からはめ込んでいるわけです。

（注＝『広辞苑』によれば白雉元年＝大化五年で、白雉〈＝六五〇年二月一五日～六六四年四月一〇日？〉は孝徳天皇の時の年号としている。二中歴では六五二年。なお、白雉は穴戸から献上されたとあり、豊浦とは出てこない。）

この項は九州王朝の資料をはめ込んである。白雉ですから孝徳天皇の時代にはめ込んだわけです。ということで九州王朝の都が豊浦にあった、白雉という九州年号が作られた、それに関わりある話ではないかとわたしは理解しています。

そこへたまたま人麻呂の問題が出てきて、その豊浦が都と考えれば都へ行ったという話が理解できる。山口県に人麻呂神社が集中していることも理解できるというわけです。

35　神功皇后について（補足）

質問　『日本書紀』の構成について神功皇后紀を読んでいきますと、腑に落ちない所がたくさんあります。

仲哀も、景行も、内容がはっきりしたものがありません。これは神功皇后を作るための一つのプロセスではないか。応神天皇が本当の天皇であって、それを作るためにどうしても神功皇后がいなければならなかった。そうすると神功皇后の存在は『日本書紀』の中で重要なポイントをなすのではないか。神功皇后をあの時代に俾弥呼と壹與とを一緒にした注がある。これは成功であると同時に大失敗ではないか。成功というのは確かに客観的に外国に対して日本に神功皇后という立派な女王がいたのを示すことができます。

と同時に絶対年代を三世紀にして縛ったということは応神天皇が四世紀であるとするならば神功皇后は二運、一二〇年降ろさなければ合わないということになる。そうするとこれは大失敗ではないか。大成功と大失敗が一緒に入っているのが、『日本書紀』の要をなす時期です。いかがでしょうか。

回答　おっしゃる通りだと思います。ただ若干重要な補足をさせていただきたいと思います。

『日本書紀』にとって神功紀が大事だというのはその通りです。ある意味で『古事記』に満足できずに、『日本書紀』を書かねばならなかったのは神功紀を作るためであったという言い方もできなくはないわけです。『古事記』には神功紀がありませんから。応神のお母さんや仲哀の奥さんの神功皇后はいるけれど、いわゆる『日本書紀』に書かれたような神功紀という長い期間の天皇代理のような、神功紀はないわけです。あれがないとなぜ困るかというと俾弥呼・壹與に当たる人物がいないことになる。ところが東アジアで日本の歴史で一番知られているのは俾弥呼・壹與です。その俾弥呼・壹與のない日本の歴史はインチキではないか、我々が知っている日本とは違うよ、と言われるに決まっています。『古事記』がそうです。だから俾弥呼・壹與のいる歴史書を作る必要があった。これは『日本書紀』を作るためのキイ・ポイントをなす、必要条項でした。そこで俾弥呼と壹與の二人を一人にして、そこに入れたわけです。そうするとそれに基づく矛盾が次々に出てきた。それは二倍年暦というものを、彼等は、元明、元正、太安万侶は理解していなかった。（百日までに禁書をもってこいと言って）九州王朝の歴史書を手に入れながら、そこにある二倍年暦で書いてあるものを、違う王朝だから、二倍年暦として理解できなかった。そこへそのままはめ込んでしまったわけです。倭人伝に倭人は長生きだと書いてあるのをそのまま信じ込んだわけです。だから神武天皇がＢＣ六六〇年に跳ね上がってしまった、とこうなるわけです。

そこで、話したかったことを初めてお話ししますが、要するに神功皇后というのは俾弥呼・壹與を代名詞に使っています。ということは現在不思議なことに俾弥呼・壹與の遺跡は全くないわけです。日本中どこを探しても、あれだけ東アジアで有名で轟いている女王の遺跡が一切ない、遺跡好きの日本でありえないことです。何に化けたのかというと、神功皇后の遺跡に化けているわけです。つまり、俾弥呼・壹與とあったものを、あれは、これからは神功皇后と言わなければならなくなったよ、と伝えるために、『日本書紀』を作り全国に書生を遣わしています。これは意味があるわけです。ただ旅行させて喜んだのではなく、これから俾弥呼・壹與の遺跡とあったら、今後は神功皇后の遺跡と見直さなければダメだよ、という指示を徹底的に行ったわけです。ということは逆に言うと、今残っている神功皇后の遺跡はやたらにあるわけです。『日本書紀』からいうと神功皇后が行ったはずがないような所まで遺跡があるわけです。たとえば五島列島とかです。神功皇后の遺跡は、みな俾弥呼や壹與、それ以前の女王の遺跡です。

そうすると、俾弥呼の本来の遺跡はどれだ、ということになりますと、わたしは香椎宮だと思います。香椎の宮が神功皇后の御廟となっている。神功皇后は『日本書紀』ではあそこで死んだわけではなくて、大和へ帰って死んでいるわけです。

滋賀県米原の近くに神功皇后関連の立派な古墳があります。直径二、三十メートルで、いい感じのたたずまいの古墳です。神功皇后の墓（滋賀県神社庁ウェブサイト、二〇一四年現在）となっています。奈良県には大きな神功皇后陵があります（注＝奈良市山陵町字宮ノ谷。佐紀盾列古墳群の中の一つ五社神古墳。全長二七三メートル）。

ですから今更九州の香椎に御廟がある必要はないわけです。それをあえて神功皇后の御廟と言っているのは俾弥呼の御廟ではないかと、内心そう思っています。

あそこについて面白い話があります。井戸を掘った宮司さんから聞きました。そうすると下から五色の石が出た。それはただ事ではないのです。五色の石で葬られたのは尊重するべき王者の井戸があった証拠だと思います。

わたしは俾弥呼の金印につきましては、どこにあるかというのは、いつも関心あるテーマですが、香椎宮のすぐそばに印鑰《いんにゃく》神社というのがあります〈印鑰神社の〔印鑰〕とはその〔印〕と〔鑰＝かぎ〕のこと〉。福岡近辺には印鑰神社だらけなのです。福岡県の人は日本全国に印鑰神社だらけと思っている人が多いのですが、印鑰神社があるのは福岡県とその周辺だけです。観光の解説では大和朝廷からいただいた印を宝物としたものであろうと言われていますが、これはおかしいのです。大和朝廷が九州福岡県だけを贔屓して、印と鑰を与えることなどは、するはずがないのです。

〈注＝インターネットでは、印鑰神社は九州各県では熊本・久留米の他に壱岐や志賀島〈志賀海神社摂社〉、佐賀の大和町大字尼寺、宮崎の西都市三宅二八四四番地にもある。本州では、伊甘神社　島根県浜田市下府町九〇三—一、大御和神社　祭神＝印鑰大明神　徳島県徳島市国府町府中六四四、印鑰神社　石川県七尾市府中町二一三、伊和神社〈印→伊鑰→輪→和と変化〉長野県松本市惣社五三九、などにあることになっている。〉

ここから先は推量ですが、金印がないというのは分かるのですが、もっと分からないのは銀印や銅印がないことです。倭人伝では銀印や銅印を結構貰っています。それを捨てたり、溶かしたりするはずはないですから、どこかにあるわけです。もしかしたら印鑰神社に祀られているのではないかと思います。志賀島の金印は糸島市三雲の細石神社の社宝であった、という伝承があります。それがいつか盗まれて、志賀島で発見されたようにされた。神社の社宝になって伝わっていた可能性も十分あるわけです。

香椎宮の御廟の所の印鑰神社にあるのではないかと思っています。特定の氏族の方が一年に一回お祭りをしています。そこの印鑰はなにものか担当者は知っているのではないかと思われます。しかし、今のわたしから見ると、これはちょっと違うのじゃないか。印鑰神社は香椎宮のそばにある。そばというのは中心ではなくそばです。俾弥呼の金印ならそばにあるのではないか。五色の石の中に埋められている可能性がある。

俾弥呼のキイ・ポイントは香椎神宮そのものではないか、と現在は思っています。これを御廟というのですから、墓とは限らないが俾弥呼に対する祭りの場であると思います。墓は一番近いのは須玖岡本の弥生墓。これも農家の倉庫になっていたところで、建て直すとき、地下からでかい甕棺が出てきました。その中から三種の神器がたくさん出てきました、その中で唯一中国の錦として布目順郎さん（元京都工芸繊維大名誉教授。著書に『絹の東伝』他）が鑑定されたのが、あそこから出てきた錦です（『俾弥呼』ミネルヴァ書房、口絵写真参照）。

布目さんは鏡の紐ではないかと言っておられたのですが、疑問で、他の所から出てきた絹とは異なった上等の絹です。綾絹が出てきたのは須玖岡本です。倭人伝を見るといろんな絹や錦をくれて、俾弥呼には特に与えると言っています。今出てきているもので一番それにあたるものは須玖岡本です。吉武高木に出ていない。吉野ヶ里からは出ているが質が落ちるわけです。布目さんが取り出したら実に真っ青のすばらしい色だった。それが、あっという間に色が変わりました。鮮やかな錦です。ここは俾弥呼に一番近い場所です。

さらにあそこから鳳のデザインのある鏡（夔鳳鏡）が出ているわけです。それに対して最初は時代が合わなかったのを梅原末治さんが改めて考え直して、（その同類のデザインを求めて世界中回られた）あれは間違いない、二世紀終わりから三世紀初めの鏡です。もっと早い時期というのは間違いですと（注＝古田武彦『古代史をひらく』二〇一ページ以下に詳しい）延々とお話しになったのを記憶しています。時期は俾弥呼の直前です。遺跡そのものは近代的な住宅になっています。あそこが俾弥呼の墓に一番近い墓です。

＊武彦今言

現在「奴（ナ）国の丘歴史資料館」（福岡県春日市）という〝奇怪な〟命名がされています。イデオロギー優先の「公的命名」です。中村通敏著『奴国がわかれば「邪馬台国」が見える』（福岡市博多区、海鳥社、二〇一四年九月）参照。必ず当歴史資料館名の「改名の日」が来るでしょう。イデオロギー優先主義の撤回される時。

36　雷山の上社・上宮について

質問　雷山の上社に石造りの社があって「三韓征伐祈願」と彫ってあるように見えました。しかも「韓」の字を削り取ってあるように見えました。この神社はいつ頃誰がつくったのでしょうか。

回答　上社・上宮には石作りの社の残骸のようなものがあります。中宮のところに現在の雷神社があり、おそらく「三韓征伐祈願」とあったのを削った可能性が高い。削ったのは第二次世界大戦敗戦後でしょうね。「『三韓征伐』という言葉はけしからん」という声が高まりましたから、それで削ったのかも知れません。三韓征伐関係、あるいは異国との戦闘関係の文書は県の図書館にいくと纏まって残っています。こちらから行っただけではない。朝鮮半島からも攻めて来て、戦ったり被害を受けたことも書いてあります。そういう文書は、敗戦後あまり注目されていませんが、大事な文書です。

ついでに言えば、大分県の英彦山《ひこさん》にも、その関係の文書が沢山あります。九州年号が載った文書が随分含まれています。その中に八幡様が朝鮮に征伐に行く伝承や記録が沢山残っています。それは九州王朝の王の誰かが朝鮮に行ったのを、その名前じゃ具合が悪いから八幡様が行ったことに書き換えているんです。主語を取り替えているんです。実在の人物の行なったことと考えると、リアルな史料になるはずなんです。昨年、九州に行ったときにそこにも寄れないか問い合わせてみましたが、文書館に行く道が壊れて行けない状態とのことで断念した。西暦三一六年の西晋滅亡を機にして、北朝側をバックにした高句麗と、南朝側をバックにした倭国との激突が始まるわけです。倭国は百済と手を組み、高句麗は新羅と手を組み対抗する。その時期、死闘が繰り返されているのです。

37　千如寺と二倍年暦について

質問　「千如寺《せんにょじ》」について教えてください。開山された方は長寿と聞きましたが。

回答　千如寺の初代は、インド人なんです。西暦一一四八年（寺伝）に、インドから直接清賀《せいが》上人がやってきて博多湾に着くと、雲たなびく雷山があってそこに開創したという。最初にお伺いした時に、わたしと住職さんが同年ということで非常に話が合った。住職さんが仰るには、「わたしは先代と喧嘩したんだ。なぜかというと、先代が『清賀上人は、百二十歳近くで亡くなられた。』というので、そんなはずはないと喧嘩した。」そこでわたしは、「それは本当かもしれません。」と二倍年暦の話をした。

清賀上人が持って来た、仏像があるとのこと。仏像といっても、持仏といって運びやすい小さな仏像ですね。本堂の鎌倉時代の仏像の額の中に埋め込まれているが、修理した時に写真を撮っておいたとのこと。何度目かに伺った時に、写真が出てきて福岡で行なわれた「千如寺展」に出品しているとのことで、写真を見せてもらうことができました。その写真の顔を見ると昔見た、イギリス軍のインド人兵の顔に似ている気がします。

洛陽に仏教のお寺が建てられたのが一世紀のことだから、それに近い時期に日本に仏教が伝わっていても不思議ではない。中国の権力者により仏教が受け入れられお寺が建てられたのが、一世紀ということであって、それ以前に民間レベルで仏教が広まっていたはずです。ここから先は想像になりますが、インドでは仏教はあまり広まらなかった。そういう時に、洛陽の天子が白馬寺を建てたというニュースが伝わって、さらにその東に仏教を伝えようという若い僧がインドからやってきても不思議ではない。そこに二倍年暦の話が出てきた。江戸時代に二倍年暦の話を作るはずはないから、開創年代に真実味が出てきます。

清賀上人のお墓は、千如寺から雷神社に行く道の途中にあります。石を積み上げているだけのお墓だったので、リアリティがあると思います。発掘の許可は得たが、すでに盗掘されているという話です。しかし盗掘する人は、金目の物を狙うのだから、インドからやってきた証拠となるものは残っているはずと思いますが、まだ発掘できていません。

38　倭の五王について

質問　倭の五王を日本の歴史に当てはめると誰に比定されるのですか。

回答　いわゆる倭の五王として中国の史書に出て来る「讃」「珍」「済」「興」「武」の諸王は、『日本書紀』には一切その名が出てきません。その最大の理由は、近畿王朝の「王」ではなかったからです。九州王朝にはこの五王に該当する王がいたのですが、七〇一年以降は九州王朝の歴史書は禁書となったため、完全に抹消されてしまいました。

これについて古くから疑問を持っていたのは本居宣長でした（『本居宣長全集第八巻』「馭戎慨言上」三六ページ以下）。この辺の説に関しては宣長も読み解くことなく無視されています。

参考のため、通説を掲げますと、「讃」→履中、「珍」→反正、「済」→允恭、「興」→安康、「武」→雄略等の説が一般的です。宣長の言を待つまでもなく、『日本書紀』と一致しているところは全くありません。

通説もこのように、比定することによって、自己満足しているうちはまだ無害なのですが、悪いのは

「武」のように、鉄剣・鉄刀銘文（稲荷山古墳鉄剣銘文で言われる「獲加多支鹵大王」と江田船山古墳の鉄剣の銘文「獲□□□鹵大王」）から「わかたける」と無理やり当てはめ、鉄剣の銘文・年代・天皇を特定してしまうことです。これによって古墳の年代も特定し、近畿王朝を盤石なものにしようとすることです。

（注＝倭の五王は継体以前ですが、「継体」の項でも説明がありますので、併せてご参照ください。）

Ⅳ　継体と王朝の交代

1 「成務・反正記事の欠落」について

質問　『日本書紀』・『古事記』で成務・反正の記事が共通にないのはなぜですか。特に『日本書紀』はなぜこの記事を創作しなかったのですか。

回答　次のように考えます。

①津田左右吉の「造作」説の場合は、おっしゃるように、この「欠落」は、矛盾です。

②しかし、わたしは津田説には「反対」です。

③まず、『古事記』の場合、「あった伝承」の記載です。ですから「成務・反正」にない（より正確には、「乏しい」）のは、「伝承がなかった（「乏しかった」）ためです（この点「九州王朝・南朝系史実のカット」問題とは矛盾しません。新撰姓氏録などとの関係は、別述）。

④『日本書紀』の編者は、当然ながら「『古事記』を見ていた」と思います。そしてこれを〝もと〟にし、〝なぞった〟のです。この〝やり方〟が「『日本書紀』にも少ない」結果となったのです。

⑤しかし、他方、『日本書紀』が「禁書」（「山沢亡命」の人々から入手。九州王朝の歴史書等）によって、新たに〝書きかえた〟個所の多いことも、ご存知の通りです。

⑥『日本書紀』には、右の④と⑤の二面があります。この問題です。

⑦右の点、成務記の、

「大国小国の国造を定め賜ひ、亦国国の堺、及大県小県の県主を定め賜ひき。」（注＝『岩波古事記』二一七ページ）

が『日本書紀』でも、

理解では）当然です。

⑧しかし、この「制度」の、真の「施行主体」が、近畿天皇家ではなく、九州王朝であること、（わたしの

問題として、〝承述〟されているのも、その例です（注＝『岩波日本書紀』上、三一八ページ）。

「国郡の長」「県邑の首」

2　「倭彦皇子」をめぐって

質問　五〇六年武烈天皇が没して次の日嗣皇子である倭彦皇子を、大和の豪族、大伴の金村らが迎えに行きますが、何を考えたのか皇子は逃げてしまいます。古代人だから、知能が低いからこんなことが起こってしまうのでしょうか。それとも倭彦皇子では何か都合が悪いのですか。

回答　おっしゃる通りです。この点、西村秀己さん（古田史学の会）の提言があります。この「倭」は「チクシ」ではないか、というのです。

確かに、もし通説のように「ヤマト彦」なら、こんな「大和を代表する」ような名前の人物が、この個所（継体紀）以外に、一切出現しないのは不思議です。

これに対し、「チクシ彦」なら、これも「チクシを代表する人物」が、つまらぬことで〝恐れ、逃げ隠れる卑怯者〟となります。

「熊襲建」や「磐井」などと同じく、

「九州の人間は醜い。」

という、イメージ「偽入」のための一環です。

これは「九州王朝の歴史を消し去る」ための〝うしろめたさ〟の「反映」でしょう。もちろん、史実では

なく、「イメージ操作」のための「造作」です。
したがってこの「倭彦皇子」問題も、きわめて重要です。

3　『上宮記』について

質問　『釋日本紀』が引用する『上宮記』によって、「応神天皇の五代の孫」が詳しく記載されていますが、これは後世の人の「偽作」と考えてよろしいでしょうか。

回答　まず『上宮記』を引用している『釋日本紀』ですが、卜部兼方によって鎌倉中期に著された『日本書紀』の注釈書ですが、基本的には平安時代初期以来『日本書紀』を解読してきた、諸博士の説と、卜部家の家学を集大成したものです。中には『上宮記』や『大倭本紀』や各種の風土記の逸文があり、大いに参考になる書であることは間違いありません。

問題の継体天皇ですが、『釋日本紀』巻十三第十七に「男大迹天皇。誉田天皇五世孫。彦主人王子也。母曰振媛。」とあり（『新訂増補国史大系第八巻』一七二ページ）、その次に「上宮記曰。一云。……」として、『日本書紀』の五代の空白を埋めています。これを完全に後世の人の偽作とは断定できませんが（専門家は、固有名詞の表記の方法で推古朝遺文と共通している点を強調して、記紀以前の古い資料とする）、いわゆる万世一系的な継続は見当たりません。

＊武彦今言

①『古事記』側の伝承（「天皇記」など）になかった。

②「上宮記」所引は「国記」側の史料。

この二点のため、と思われます。

4 「継体の大和入り」について

質問 継体天皇は二十年掛かってやっとの思いで（五二六年）大和入りを果たします。なぜ、当時の大和の主力豪族である大伴、許勢、物部達がついていていながら大和近辺を二十年も放浪したのですか。

回答 継体天皇の実体は、北陸の豪族です。「応神天皇の五世の孫（『古事記』）あるいは六世の孫（か）（『日本書紀』）」としていますが、このような〝系列〟なら源氏や平家も、そうです。その上、記・紀では〝全国の各豪族はすべて、天皇の系列（血筋）下〟という「血族国家」観に立っていますから、この「筆法」なら、全国のどの豪族の子孫でも、すべて「～天皇、何世の孫」になるわけです。

ですから、実体は「北陸の豪族による奪権」です。スムースに「大和に入れる」はずはないのです。「放浪」などではなく、「大和の（天皇家周辺の）豪族」との、〝血みどろの闘い〟の日々だった、と思います。「二十年」も、むしろ〝短すぎる〟のかもしれません。

それを「表面」だけ、

「継体天皇は、正統。」

という立場に立とうとするから、〝解釈〟の無理が生ずるのです。

一つの王統に対し、別個の「周辺の豪族」が侵入して「奪権」する。そういう事例は、人類の歴史上、極めて普通の現象です。

むしろ、この「継体系列下の王朝である」天武・元明・元正の「手」によって、このような「継体に関する記述」が記・紀に残されていること、これが貴重です。

ここでもやはり、記・紀のもつ「プラス」と「マイナス」の両面が見えます。

これに関して、もう一つの注目点があります。

それは、この継体天皇が前代の武烈天皇の妹の手白髪命《たしらか》（注＝『岩波日本書紀』下では手白香皇女）との間にもうけた子孫、それが「天国押波流岐広庭命」つまり欽明天皇となっていることです。

その前の「広国押建金日命（安閑天皇）」や「建小広国押楯命（宣化天皇）」は、いずれも、日子郎女《ひこのいらつめ》（注＝尾張連の祖、凡連《おほしのむらじ》の妹。『日本書紀』は安閑天皇の母のみを「目子媛」としている）を母としていますから、「父系」（継体天皇）も、「母系」も、共に「正統の天皇家の血」ではありません。

もし継体天皇が「天皇の血」をうけついでいるとしたら、平清盛や源義家も、「桓武天皇」や「清和天皇の子孫」として、継体天皇より〝もっと濃い、天皇の血筋〟となります。清盛や頼朝の子孫が「天皇」を継承しても、何も問題なし、となります。他の、いかなる地方豪族の場合も、同じです。

いわゆる「男系天皇論」は、これらの歴史事実から故意か不用意か「目」をそむけている。そう思います。

＊武彦今言

明治以降の「男系天皇論」は、逆に天照大神など「女系天皇」の伝承・事実と矛盾しています。

5　「継体天皇による結束力」について

質問　継体天皇が大和入りしてまもなく、五二七年六月筑紫の磐井が反乱を起こします。就任すぐで遠く九州の反乱を鎮圧しますが、二十年も大和入り出来なかった天皇にどうして急に結束力が出来たのですか。

回答　言われる通りです。その点も、

「いわゆる『磐井の乱』は架空の造作だった。」

という命題によってのみ、解決するのです。

『失われた九州王朝』以来、この一点に、読者からの質疑が一番〝集中〟していました。その帰結を、（わたしにとっては）二〇〇四年に初めて得たのです（ウラジオストック行きの直前）。

継体天皇の「陵墓」問題も、ここに発します（別述）。

＊武彦今言

たとえば「武烈天皇の墓がない」という問題も、「万世一系論」はもちろん、津田左右吉の「造作論」からも説明不可能です。「武烈と継体との間」の〝断絶〟は、もっとも重要な歴史事実なのです。

6 「磐井と継体」について

質問 『日本書紀』の上では、継体の乱で磐井は殺され（継体二十二年〈五二八〉『岩波日本書紀』下、三六ページ）、九州王朝は存亡の危機に直面したかのように感じます。それなのに葛子の「糟屋の屯倉献上」という、ほんのささいな貢物で事態はあっさり終結しました。戦乱というより、せいぜい「磐井暗殺事件」という感じです。九州王朝はその後も存続し、七世紀には中国に遣使し、ますます繁栄しています。しかし、一方、風土記逸文には、大戦乱があったことを示す多数の負傷者が語られています。「継体の乱」とは一体何だったのですか。全体像をイメージできません。記・紀の継体死去年月のズレの問題、紀の「百済本記」の引用の意味するもの、など疑問な点も多く、すっきり理解できません。もう一度先生のお話を聞かせてください。

回答 これは重要なテーマです。ですから、この二〜三年間、各地の講演会や各会誌等でくりかえし、述べてきました。

しかし、改めての御要望ですから、重複を恐れず、要点を整理して、簡潔に述べたいと思います。

第一、わたしは最初、『失われた九州王朝』でこの問題を扱い、『日本書紀』の継体紀に言う「磐井の乱」とは、その実「継体の乱」である、としました。大義名分の「逆転」です。

第二、しかしこの「逆転」にもかかわらず、まだ問題は残されていました。否、〝山積〟していたのです。なぜなら、『日本書紀』のこの「乱」の叙述には、「矛盾」が多すぎるのです。たとえば、

①継体が「乱前」に物部麁鹿火との間で「戦後分割案」を述べている。たとえそのようなものがあったとしても、それは事後、公表すべきものではないであろう。あくまで〝未実行のプラン〟にすぎぬのですから。しかも、〝分取り〟案など、いささか品がない。

②しかも、そのプランは結局、実行されなかった。磐井の子、葛子による「糟屋の屯倉献上」という、わずかな〝代償〟によって終結させられたという。「磐井を斬った」という、決定的な「戦果」に比し、あまりにも〝釣り合わない〟のです。

③その後のわたしの目から「再思」してみれば、「九州年号」の存在とはやはり、根源的に〝矛盾〟している。わたしは『失われた九州王朝』などでは、その第三番目の年号「発倒」に対し、「倒れたるを発《おこ》す」と解し、以て「磐井被斬」の悲劇からの「再興」の意と見なしました。

しかし、もし右のような「不名誉な敗北」のあと、年号のみ保持して、さらに連続年号をつづける。そのような事態はやはり〝ありにくい〟のではあるまいかと考えました。なぜなら、「年号」とは、少なくとも、国内（その統治域内）で、自己が〝名誉ある中心軸〟であることをしめしつづけるものだからです。その国内により有力な「敵手」（継体等）がいたのでは、およそ〝さま〟をなさないからです。

この点、白村江の敗北のあと、なお三十数年、九州年号が存続しえたのは、「国内の権威」がなお存続しえた期間を示しています。「外圧」すなわち、戦勝者の唐（則天武后）が倭国の王朝（九州王朝）の交替を求めたことによって、九州王朝は名実ともに崩壊しました。大宝元年（七〇一）、近畿天皇家の成立です。

この事情と、いわゆる「磐井の乱」の状況と〝似て非〟なるものがある。もし、それ（右の「乱」）まで、九州が中心だったとしても、「それ以後」は、近畿中心の時代へと〝移行〟せざるをえないのではあるまいか。

もちろん「九州年号」の存続など、ありえません。すなわち一方の「磐井の乱」あるいは「継体の乱」と、他方の「九州年号」とは、二者択一。両者を〝並び肯定する〟ことは不可能なのです。

④まして「日出ず（づ）る処の天子」問題。隋書の俀国伝の中の著名な一節です。その文の直前には「阿蘇山有り。」の文言があり、これが九州王朝の〝最盛期〟を示すこと、『失われた九州王朝』に明記した通りです。

結局、問題は次の点です。六世紀前半に、もし〝磐井が斬られ〟て、子供の葛子が「屈辱の和議」に応じたとして、そのわずか数十年あとに、はれがましく、あのような「日出ず（づ）る処の天子」を称しうるものかどうか。――わたしには率直な話、「ノー！」としか言いようがありません。そうではありませんか。

やはり「磐井の乱」問題と、「日出ず（づ）る処の天子、九州王朝説」とは、両立不可能なのです。今のわたしの目から見れば、かつて（『失われた九州王朝』）は、『日本書紀』と『隋書』俀国伝の両者の〝妥協〟と〝接合〟をはかったのは甘かったのです。

⑤本が出たあと、長年の間、読者の方々からのお手紙の中でも、一番多かったのはこのテーマでした。わたし自身も、絶えず〝気になって〟いたのです。それが〝ほどけた〟のは、二〇〇三年の八月三十一日。ロシアのウラジオストックへ向う直前でした。

「『磐井の乱』全体が〝虚像〟である。」

と。

すでに敗戦前、大正から昭和初頭にかけて、津田左右吉は「記・紀造作説」を発表し、学界を驚かせました。しかし、坂本太郎氏を除き、学者一般はこの津田説を論争の対象とせずに、敗戦の日を迎えたのです。

それから学界は一転し、「津田支持」の大勢が築かれてゆきました。有名な「郡評論争」を眼下に見つつ、津田左右吉は文化勲章を受章。学界の「定説」の支配者となったのです。ですから、「敗戦前」も、「敗戦後」も、津田提言の一つひとつが厳格に〝点検〟されることはなかったようです。たとえば、記・紀が「六世紀前半の大和の史官の造作」とされながらなぜ「六世紀中葉の『磐井の乱』はリアル」なのか。その信憑性が真剣に問われることはなかったのです。

「敗戦前」も、そして「敗戦後」も。——今に至るまで。

風土記の史料批判について

わたしが踏み切ったのは、風土記の史料批判からでした。筑後国風土記です。
(一) それは次の三部分から成っています。
①「上妻の県、県の南二里に筑紫君磐井の墓墳あり。(中略)其の処に立つ石馬三疋・石殿三間・石蔵二間あり。」
②古老の伝へて云へらく「雄大迹の天皇のみ世に当って、筑紫君磐井、豪強《つよ》く暴虐《あら》くして、皇風に偃《したが》はず。(中略)ここに、官軍、追ひ尋《ま》ぎて蹤《あと》を失ひき。士、怒泄《や》まず、石人の手を撃ち折り、石馬の頭を打ち堕しき。」
③古老の伝へて云へらく「上妻の県に多く篤《あつ》き疾《やまひ》あるは、蓋《けだ》しくは茲《これ》に由るか。」
(二) 右の記事に信憑性があると思われたのは、この墓墳に当るとされる岩戸山古墳(福岡県)周辺に「現存」する石人・石馬の断片群です。これこそ、右の伝承の〝生証人〟と考えられました。
しかし、これを「熟慮」すると、〝不可解〟なのです。なぜなら、それは「葛子の存在」です。彼は果して〝父親の遺志を残す石人・石馬〟を、〝破壊されたまま〟保存して現在（二十一世紀）に伝えさせたのか。ありえないことです。

わたしのような「九州王朝説」に立てば、一段とそうです。かつて（六世紀前半）、敵（継体側）によって破壊された姿を、そのまま残すなど、ありえません。当然「修復」したり、「再造」あるいは「新造」させること、当然です。

したがって、「風土記の史料事実と現存の被破壊遺物（断片）との一致」という認識は、一個の〝幻想〟にすぎないのです。

（三）決定的だったのは、右の③です。『岩波風土記』（五〇八ページ）では、次のように注釈しています。

「篤疾」
不具の類。戸令に両目盲・二支廃（両脚発育不完全、歩行不能）・癲狂などを篤疾としている。

「茲に由るか」
磐井君の祟りという意。

風土記の成立は、八世紀中葉です。いわゆる「磐井の乱」は六世紀前半。その当時の「破壊行為」の〝たたり〟で、二百年以上もあとに、現地に「不具の人たち」が生れる。――そんなことがありうるでしょうか。「たたり」で、そんなことがおこるのなら、世界の各地、たとえば中近東などでも、その類の〝たたり〟が続出するはずです。ありえません。ナンセンスです。

（四）では、これらの石人・石獣が、実際に〝破壊された〟のは、いつか。――それは七世紀後半。白村江の敗戦以後、戦勝軍（唐軍）が筑紫に侵入してきた時。わたしはそう思います。

装飾古墳群もまた、「盗掘」と称せられる、〝公掘〟をうけているようです。糸島・博多湾岸（前原市・福岡市・春日市）の「三種の神器」の弥生王墓も、すべて「祭りの場」が削り取られています。

隋・唐の軍は、建康（南京、南朝の首都）でも、百済の王都でも、〝南朝系列下の首都〟、その宮室や陵墓を破壊し尽くしました。日本列島（筑紫）に来た戦勝軍（唐）が、「別の立場」をとったとは思えません。

この時、問題の石人・石獣も、破壊されたのではないでしょうか。

――そして、九州王朝の滅亡以後、近畿天皇家の時代となりましたから、（現代まで）再び修復されることはなかったのです。

その破壊に抵抗した人々が、〝手足を折られ〟、不具のようになって晩年を迎えていた人、それが八世紀になっても、いまだ〝生存していた〟のではないか。わたしはそう思います。その点、③の「古老の伝云」はリアルです。

これに反し、新たに、近畿天皇家側の手で「書き改められた部分」、それがこの②です。「原文改削」の表現と思われます。それが「皇風」とか、「官軍」という表記に、〝露骨に〟表現されているのではないでしょうか。

「県、風土記」そのものは、いわゆる「郡、風土記」に対して〝古型〟ですが、その〝古型〟を示すこの①に対し、次々と「改削」「加文」がプラスされた〝混合型〟です。これがこの史料の性格です。

以上の史料批判に到達した時、わたしには「磐井（あるいは継体）の乱」をリアルな史実と見る立場から、キッパリと手を切らざるをえなくなったのです。

『百済本記』の意義について

そこで次の問題は、『日本書紀』の継体紀末に引文された『百済本記』の意義です。

「其の文に云えらく、

（イ）太歳辛亥の三月に、軍進みて安羅に至りて、乞乇城《こつとくのさし》を營《つく》る。

（ロ）是の月に、高麗、其の王安を弑《ころ》す。
（ハ）又聞く、日本の天皇及び太子・皇子、倶に崩薨すといへり。」

この「辛亥年」を以て「二十五年」（継体の崩）とし、「後に勘校《かんが》へむ者、知らむ。」という、有名な言葉を記しています。

そして（ロ）のような「王者、滅亡」の先例として、（ハ）の日本の例をあげているわけです。ですから、「同時点」の事件ではなく、「先例」と見ることができるものです。実際上も、高句麗と日本と「同時」に、このような異常事件がおきるというのは、〝偶然〟過ぎないでしょうか。やはり「先例」と見る方が〝穏当〟あるいは〝可能性が高い〟と思います。

では、日本側の、その「先例」とはいつか。少なくとも記・紀の「天皇」の実例では、皆無です。

これに反し、『宋書』倭国伝では、まざまざとその「実例」が報告されています。

「臣が亡考済《ぼうこうさい》、実に寇讐の天路を壅塞《ようそく》するを忿《いか》り、控弦《こうげん》百万、義声に感激し、方《まさ》に大挙せんと欲せしも、奄《にわ》かに父兄を喪《うしな》い、垂成の功をして一簣《き》を獲ざらしむ。」（岩波文庫版、六二ページ）

倭の五王は、「讃・珍・済」とつづいています。

珍は「讃の弟」とされていますから、済にとっての「父」に当りうるのは「讃」です。その讃が死んでも、その「太子」に当る人物が「即位」していないのですから、かれは父と共に死亡した可能性があります。そこで（幼かった済に代り）「讃の弟」の「珍」の即位となったもの、と見られます。これが

「奄かに父兄を喪い」

の内実です。これは高句麗好太王碑で、高句麗軍の攻撃の中で倭軍が潰敗した事件につづく、同類の情勢ではないでしょうか。

これを『百済本記』は、

「日本の天皇及び太子・皇子倶に崩薨。」

と記録していたのではないでしょうか。この著名な事件と〝同類の事例〟として、「高麗、其の王安を弑す。」を扱っているのです。

現在、わたしは右のように考えています。

ともあれ、強調したいこと、それは記・紀の天皇（仁徳や応神など）を「讃」に当てる立場、すなわち敗戦後の井上光貞氏等の「通説」あるいは「定説」の立場では、この「倭王武の上表文」の痛切な声、すなわち第一史料を、真正面から率直に受けとめることが全く不可能――この事実から、敗戦後六十年、人々は目をそむけ、「認識」を避けつづけてきたのではないでしょうか。

良識ある外国の学者や一般人が見たら、どのように感じるでしょうか。

最後のテーマは、次のようです。

「記・紀はなぜ、そのような（「磐井の乱」）架空の事件を〝記録〟したのか。」

この問題を考えているうちに、次のテーマに、今さらに〝胸を打たれ〟ました。

敗戦後の日本の古代史学では、次のような「命題」を〝公認〟してきました。

（甲）『古事記』・『日本書紀』に書かれた天皇の系譜は、〝真実〟（リアル）である。ことに、第十代の「崇神以降」はリアルである。

（乙）これに対し、説話は「津田史学」の言う通り、〝虚構〟にして〝造作〟である。

（丙）中国側の史料（たとえば、『宋書』倭国伝の記述）は、真実（リアル）である。

そこで、「讃＝履中、もしくは応神、仁徳」、「珍＝反正もしくは仁徳、履中」など、いずれも、

（ⅰ）系譜は、記・紀。

（ⅱ）挿話は『宋書』倭国伝。

という「折衷型」を〝史実〟としている。

これは、いわば「木に竹を継いだ」形ではないでしょうか。

とくに、先述のように、「讃とその子供たち」がにわかに「共死した」などというイメージは、「記・紀の説話」はもちろん、応神陵・仁徳陵その他、どの「天皇陵」をとってみても、何か〝似合わない〟のではないでしょうか。なぜなら、あのような巨大古墳群は「安定した、支配と権力の反映」。わたしにはそのように見えるのです。

さらに考えてみましょう。

もし、あの「奄かに父兄を喪い」という一大変事の史実を、記・紀の「応神・仁徳等の説話」のような「一大平和統治」へと〝書き変える〟ことができるのなら、なぜあの「継体紀」は、あれほど「不器用」にして「チグハグ」なのか、不審です。

要は、次の一事です。

「『宋書』倭国伝は、九州王朝の史実である。近畿天皇家のものではない。」

「チグハグの歴史」から、わたしたちは手を切らなければならぬ。そういう時期に来ているのです。

7　「継体天皇崩御」の件

質問　継体天皇の崩御に関し、『日本書紀』によると「ある本によると五三四年に崩じたとあり、『日本書紀』で五三一年とした理由は『百済本記』の記載に従い記した。」とあります。誰が見ても不自然な記述ですが（『百済本記』には五三一年、高句麗の安蔵王が殺され、倭国では天皇、太子、皇子が同時に死んだとしています）。

回答　『日本書紀』成立の元正天皇は、この「継体天皇の直系」であるはずなのに、肝心の、その天皇の没年が不分明です。隣国（百済）の史料を〝借り〟る。そしてさらに〝迷う〟。これは大変奇異な記述のあり方です。この点、従来の誰人も、その「疑問」をもってきたと思います。

この点、わたしの考えはこうです。

①『日本書紀』は、日本国民に対して、というより、それ以上に「中国（唐）」に対して、作られた本です。日本における「漢字」や「漢文」の普及度から見ても、明らかです。また、その全体が、北魏の『魏書』の形式や記述方式に従っている点からも、一層明らかです。

②その立場から見ると、次の点が考えられます。

㋑自国の「伝承」だけでなく、隣国の「史書」を参照した、という形式の方が、歴史記述として「客観性」がある（と評価される）と考えた（『日本書紀』の編者）。

㋺しかも、その「参照」の結果、〝断定を保留する〟方が、一層「客観性」と「信憑性」が増す、と考えた（同右）。

右のようだと、一応思います。

③しかし、ここには一層重大な問題が、〝伏在〟しています。それは、

「実際に、継体天皇の事蹟は〝不明瞭〟だった。」

この一事です。なぜなら、それがもし、

「明瞭に伝承されていた。」

としたら、何も、このような「客観性」や「信憑性」のために、〝あいまい〟にする必要はありません。

もし、その「必要」を感ずるなら、「もっとも重大な、直接の〝始祖〟ではない、もっと他の天皇（たと

えば、悪役を〝ふられ〟た武烈天皇など）でやればいいことです。
④この問題の「吟味」は、おそるべき次の一項を暗示しています。
「継体天皇の〝事蹟〟は明瞭ではなかった。」

この一事に他なりません。
⑤この点、わたしたちが（イメージの上で）〝あざむかれて〟きたのは、やはりあの「磐井の乱」の存在です。あれがあるからこそ、
「継体天皇の〝事蹟〟が明瞭に見えている。」

のです。しかし、先述のように、この「事件」が〝架空〟となると、俄然、継体天皇は〝不明瞭〟となるのです。
⑥どうも、『日本書紀』の編者は、あの有名な、
「後に勘校《かむが》へむ者、知らむ。」

の〝謎めいた〟一句のように、『磐井の乱』の信憑性についての〝疑い〟を後代の読者に対して、あえて〝うながして〟いるのかもしれません。
⑦そういえば、右の一句は、「全継体紀の最末尾」におかれていますから、従来の「通説」のように、「継体の没年」問題のみでなく、「継体紀、全体」に向けられているのかもしれません。
もちろん、継体紀の中の「磐井の乱」以外の、ほとんどすべての記事が、「九州王朝の史実」からの転用、いわゆる「盗用」であること、当然です。

ただ一つ、「九州王朝の史実」からの〝盗用〟と考えることの不可能な、この「磐井の乱」が〝架空〟とすれば、――あとは、推して知るべし。「系譜関係」以外には、何もないのです。
⑧「日本の天皇及び太子、倶に崩薨。」の件

これも重要なテーマです。かつてわたしはこれを「磐井とその子供たち」に当る記事と見なしました（『失われた九州王朝』）。

しかし「磐井の乱」そのものを「架空」とした現在、この理解は「×」です。

新しい立場の史料批判を述べます。

この『百済本記』の文は前項で考察しましたが、高句麗の王朝内の一大変事に対し、

「同じく、倭国側でも、かつて王朝内に一大変事があった。」

ということを、（百済側からの）「風聞」として記している。そういう可能性も、あるのです。一言で言えば

「同類変事の風聞」記事と見なすのです。

⑨倭国内の「一大変事」について

倭国の歴史内には、有名な次の一文があります。

「臣が亡考済、実に寇讐の天路を壅塞するを忿り、（中略）奄かに父兄を喪い、垂成の功をして一簣を獲ざらしむ。」

この「奄かに父兄を喪い」の主語は、「臣が亡考済」です。とすると、その「父兄」に当るのは、「讃とその子」でしょう。「珍」という「讃の弟」が倭王となったのは、やはり、直接の〃継承者〃であった「讃の子（長男）」が突然（父の讃と共に）死んだからではないか。その可能性が高いでしょう。

さらにその時（高句麗軍の急襲によって）「讃の、他の子供」も死んだ可能性はありましょう。

とすると、文字通り、ここには「倭王と太子と王子が共に死ぬ。」

という一大変事があった、その可能性が大なのです。

とすると、

「今回の、高麗王の突然の死亡（殺害）は、あの時の倭王一族の共同死亡を〃思い出させる〃変事だ。」

そういう意味の一節である可能性が高いのです。少なくとも「ありえなかった」話ではないのです。

8 「磐井の反乱」について

質問 『日本書紀』に書かれた「磐井の反乱」は、南朝に忠誠をつくしてきた倭の五王の後継＝磐井と自分達はちがうということを唐の眼を意識して書いたものではないかと見るのは考え過ぎでしょうか。それだと権力の交替も、大した成果もなかった事件にしてはオーバーな表現をしていることが、わかるような気がしますが。

回答 これはもっとも重大な問題の一つです。すでに、何回も述べたり、書いたりしましたので、簡明に列記します。

第一、先ず、結論としては、(驚かれるかもしれませんが) このテーマは「架空の造作」です。〝机の上の作文〟なのです。

第二、「記・紀造作」説は、津田説によって、今は「常識化」していますが、津田左右吉は、これを「六世紀初頭の大和朝廷の史官による造作」としました。では、なぜ「六世紀初頭」かという津田説に対する「問い」は、出されていません。少なくとも「鋭く問う」論者を、わたしは見たことがありません。

ではなぜか。それは「『磐井の乱』を史実としたかった」からです。〝えこひいき〟です。近畿天皇家中心の「信奉者」であった津田左右吉は、「『磐井の反乱』だけは〝造作の外〟へおきたかった」からです。

けれどもこれは、〝恣意的〟です。いわば「ドンブリ勘定」なのです。「記・紀にとっては邪魔な〝九州の権力者を無法者とする〟」ために。

第三、その史料的根拠は次のようです。
①記と紀に〝双方とも存在する〟からといって、それが実在の証拠とはならない。たとえば「ヤマトタケルの東西征伐」と同じである。これらはそれぞれ「現地伝承」からの盗用であることが判明したからです（今まで何回も論述）。
②有名な、九州における「熊襲タケル殺し」の話も、見るからに「作り話」風です。当人（熊襲タケル）が〝殺される〟前に、「ヤマトタケル」の〝名を献ずる〟など、ありえないことです。〝手前ミソ〟ですね。
③この点〝史実〟のように言われている「磐井の乱」も、同じこと。およそ「乱」の性格がありません。
④また「神籠石群」や「土器の型式やデザイン」などが、この「六世紀前半」に〝激変〟し、「九州型から近畿型へ」と「一変した」形跡など、皆無なのです。
⑤〝まちがいない証拠〟のように言われていた筑後国風土記の場合も、不審があります。
㋑「磐井の乱」で〝破壊〟された石人・石獣が、なぜ子供の「葛子以後」、現在まで〝破壊〟されたまま「残って」いるのか。葛子は、「修復」や「新造」をしなかったのか。

㋺「六世紀前半」の破壊の〝タタリ〟で、八世紀中葉（風土記の成立）において「不具の子」が生れるか。

——否。

㋩むしろ〝タタリ〟があるとすれば、〝破壊〟した近畿天皇家側に対してではないか。「相手ちがい」だ。

㊁二百年近くもたって「タタリ」が現れるとすれば、地球上（中近東なども）「タタリ」だらけだ。これは岩波『風土記』「筑後国逸文」の注に、

「上妻の県に多く篤き疾あるは、蓋しくは茲に由るか。」とあるのを信じてきたために生じた誤解であることを本書九七ページ以下に論じました。

㋭筑後国風土記の、ここの文には「文型の誤差」がありありと示されています。

「雄大迹《をほど》の天皇のみ世に当りて、筑後君磐井、豪強く暴虐くして、皇風に偃《したが》はず。云々」（『岩波風土記』五〇八ページ）の一節です。

これは、「後代挿入」の文調です。本来は冒頭部の示す「県（「郡」ではなく）風土記」。それをあとで（八世紀）〝作り変えて〟いるのです。

9 磐井と継体の要約について

質問 磐井と継体を簡単に特徴付ければどういうことになるでしょうか。

回答 継体は福井から出てきた一豪族です。自分に出兵を依頼された敵を倒し、返す刀で、依頼したご主人を倒して、自分が権力を握った。簡単に言えばそういう存在であろうと思います。

磐井の方は磐井という地名が九州にあるわけです。そこの出身であったろうと言われています。そこの出身だから磐井という名前を名乗った可能性はあるわけです。

『古事記』・『日本書紀』に語られる磐井は完全に仇です。近畿天皇家は九州を征服したのだ、というメッセージを伝達する、メッセージボーイとして磐井は出てくるわけです。あれがいわゆる歴史事実であるという証拠はどこにもない。六世紀の前半に王朝の変動のあった証拠がどこにもない。『古事記』・『日本書紀』に書かれているような大変動があったとすれば、当然考古学的な遺物に現れているはずです。早い話、土器が九州にありました。土器にいろいろシンボル物が彫り込まれていますが、それが、がらっと一変して、近畿のデザインになっていれば、近畿の勢力が取って代わったなということが分かると思うのですが、全然それをしていない。九州で連続しているわけです。

また神籠石が六世紀前半にあったら、当然神籠石をめぐる戦いがあったはずですが、神籠石に全然攻めたり攻められたりした跡が残っていない。

ということでわたしがよくお話しすることですが、岩戸山古墳の資料館に長くおられる考古学者の方に、「何かそういう痕跡はありますか」と確認しました。「それがないんです」とその方はお答えになりました。それは継体天皇の麁鹿火の軍が風のようにやってきて風のように去って行った。だから痕跡を一切残していない、そう書いたと言われました。小説ならともかく学問では話にならないと思います。

10　九州王朝の天子と九州年号の関係について

質問　継体天皇は九州王朝の天皇なのですか。その論拠も併せお話しください。

回答　継体は九州王朝の天子だと、断言してしまうと若干語弊が生じますが、少なくとも継体の年号をもった天子でした。これは、九州年号にも現れている「継体」です。これを近畿の天皇に名前を入れて使っているわけです。『日本書紀』は天皇をプラスアルファしているわけです。ちなみに、九州年号では継体元年は丁酉（西暦五一七年、書紀暦では継体十一年）、次の善記が壬寅（五二二年、書紀暦では継体十六年）ですから、五年間ということになります。

『失われた九州王朝』では九州年号について、磐井の乱の後ではないかと言ったことがあります。完全にわたしの間違いでした。磐井が大敗を喫しているのに年号だけ継続しているということはありえません。いわんやそれからしばらくして日出ず（づ）る処の天子なんて誇らかに言うなどということもありえません。日出ず（づ）る処の天子が嘘だというなら別ですが、あれが本当なら磐井の乱は嘘です。両方本当ということはありえない。要するに記・紀を作った目的は「九州王朝はなかった」、磐井以来九州は近畿の支配下にあったというわけです。だから九州年号などもちろんなかったことになる。記・紀が書かれた究極の目的がそれなのです。
九州王朝はなかったというテーマを植え付けるためのものなのです。なかった建前になっているのではなくて、なかったんだよ、お前たち国民が、今まで知っていたことはこれから嘘だということにするのだから、よくそれをわきまえておれというのが『古事記』『日本書紀』の目的です。この目的を忘れて少しは本当のことが残っているのじゃないかという理屈をつけようとしているのは間違いです。

11　継体の諡をされた天皇（首長）と継体の年号を持った天皇について

質問　継体天皇が九州王朝の天子であるとすると、もともと福井から出た豪族で二十年かけて大和に入ったのに、なぜ、九州に入らなかったのでしょうか。

回答　福井から二十年かけて大和に入った天皇は、その時はもちろん天皇ではなく、後に継体天皇と諡《おくりな》をされただけです。具体的には男大迹大王と言いましょうか。要するに近畿の首長です。この時点ではもちろん、九州に進出しておりません。

これに対して、九州王朝では、前に言った丁酉の年（五一七）に継体の年号を持った天子がいました。これについて『日本書紀』継体紀二十四年の春二月の詔（『岩波日本書紀』下、四二ページ）では、継体之君というのが出てきますが、これを通説は「ひつぎ」と普通名詞に取っていますが、普通名詞の人に「中興」の功を論じるのはこじつけで、はからずも九州王朝の天皇の名称を盗用したとした方が正しいのではないでしょうか。そのように解釈すると、近畿の男大迹とほぼ同じ頃に九州に継体天皇がいたということになります。
近畿王朝は、武烈を倒して、新王朝を樹立した男大迹を、ちょうど天子を名乗り始めた九州王朝の継体になぞらい、「継体」の名を諡したのです。そして九州の継体を完全には消しえなかったのが、継体二十四年の詔ということになります。

12　磐井の墓の破壊について

質問　白村江の戦いの後、唐の占領軍が侵入してきて王墓を壊したということに関連してですが、磐井の墓は石人石馬が壊された程度で残っているのは、唐の軍隊があそこまで行かなかったということでしょうか。

回答　磐井の墓と言われている岩戸山古墳は中がまだ調査されていません。外からいろいろな器具を使って調査したことはありますが、ますます分からなくなったようです。質問の趣旨は岩戸山古墳の盛り土がなぜ残っているのかということですが、岩戸山は表土を削られることなく残っているということです。墓の中が中抜きされたかどうかは分かっていないわけです。

13　鶴見山古墳から出土した、削られた石人について

質問　磐井の息子の葛子の墓である可能性が高いとされる鶴見山古墳（八女市豊福鶴見山の丘陵上）から、鼻と両腕の一部が削られた石人が発見された（二〇〇五年）ということは、何を物語るのでしょうか。

回答　磐井の墓と言われる岩戸山古墳（全長一三二メートル）と同様の石人が、八女古墳群最後期の前方後円墳である葛子の墓と言われる鶴見山古墳（全長八五メートル）からも出土したことにより、磐井の墓と、葛子の墓の比定の適否はひとまず置いておいて、九州王朝の二代の王の墓から、壊された石人が出てきたことを意味し、このことは、少なくとも、親の時代に壊されたのではなく、親も子もいなくなった後に壊されたという、重要な論拠になります。すなわち、岩戸山古墳の石人などを破壊したのは、俗に言う磐井の乱の後

ではなく、白村江で勝利した唐の筑紫進駐軍とそれに密かに荷担した近畿天皇家が行ったもので、破壊は岩戸山古墳にとどまらず、鶴見山古墳を含む九州王朝の王者の墳墓全体に及んだことを意味します。

V

日出ず（づ）る処の天子・多利思北孤と聖徳太子の実像

1　「法隆寺の再建説」について

質問　法隆寺について新聞は再建説が決着したと報道していますが、肝心の部分については頬かむりをしたままのようです。一言コメントをお願いします。

回答　これは「決着」どころではありません。「未解決」が決着したのです。なぜなら、

①中心の主柱の成立が、「年輪年代測定」によると、六世紀後半にまでさかのぼり、とても従来の「法隆寺の成立時」と予想された、推古天皇や聖徳太子の時代には〝収まり切れない〟ことがハッキリしました。

②何よりも、あの「本尊」としての「釈迦三尊の年代」（法興元三十一年、六二二）とは、全く一致しないことがハッキリしたのです（注＝釈迦三尊銘文は「法興元丗一年歳次辛己十二月…」に始まる一九六字十四行十四字である。辛己は通説では六二一年に比定される）。

③すなわち、「本尊の成立年代」と「建物の成立年代」がバラバラであること、それが明確となったのです。

④この点、たとえば、同じ大和の飛鳥あたりの寺からの「移築説」でも、ダメです。

㋑それなら、そうと、『日本書紀』あるいは『続日本紀』にハッキリ、そう書けばいいではないか。

㋺〝持ち去られた〟あとの、飛鳥あたりの寺（たとえば、法興寺）の「主柱」はどうなったのか。

このような「問い」には結局答えることがむずかしいからです。

⑤問題の本質は、次の点です。

㋑『日本書紀』に「法隆寺の建築記事」がないのは、それ自身、あまり〝フェアーな来歴〟ではないからです。

㋺たとえば、有名な妙心寺の鐘（太宰府の観世音寺の同笵鐘）の場合も、寺の縁起には、その「来歴」は明記されていません。しかし、その真相は「大八車に乗せて門前を通って来た人」から〝買い取った〟とのこと（寺の当事者――わたしと同名〈古田〉の方から、直接、お聞きしました）。

これと同類の「来歴」。〝言いふらす〟ものではなかったと思われます（もちろん、偶然の〝買い取り〟などではないでしょうが）。

㋩この問題は、結局「本尊の来歴」と「建物の来歴」と、別々に考える必要があると思います。

㊁まだ「未解決」の探究テーマは、いろいろあります。

「本尊」の場合、「建物」の場合、それぞれ幾多の可能性がありますので、今後の探究が楽しみです。

何はともあれ、「本尊」の銘文についてのわたしの分析（上宮法王＝多利思北孤、九州王朝の天子）に対して、誰一人「反論」すらしてこない。――これが最大の「学界」の奇怪事です。

2　「聖徳太子の実在」について

質問　聖徳太子はいなかったのではないでしょうか。『日本書紀』の推古紀はでっち上げと思います。古田先生は『古代は輝いていた　法隆寺の中の九州王朝』（朝日新聞社、一九八五年）や、家永三郎氏との『法隆寺論争』（新泉社、一九八九年）では聖徳太子が実在したことが前提となっていますが。

回答　わたしは「実在した」と思います。なぜなら、『古代は輝いていたⅢ』の第四部第二章「薬師仏の光背銘」に述べた論証のように、この「歳次丙午年（五八六）」の銘文の「池辺の大宮に天の下を治らす天皇」（「天皇」は「天子」〈九州王朝〉に対する第二王者）は用明天皇です。次にある「小治田大宮治天下天皇及東宮聖王」は推古天皇と聖徳太子です。

これが「正しい文面」である証拠は「崇峻欠如」問題であること、前掲書で詳述した通りです。後代の「追作」なら、ありえません（『日本書紀』のごとく）。

薬師仏の光背銘の銘文を「追作」とした（福山博士）のは、例の「釈迦三尊」（「本尊」）を、七世紀前半における「飛鳥の成立」と見たため、これと「同時代」とは見ることができなかったからです。仏像や銘文そのものの〝出来具合い〟も、全然ちがいます（『釈迦三尊』の方が優秀）。

これによれば、やはり「東宮聖王」なる人物が用明天皇と推古天皇のもとにいたことは確実です。これがいわゆる「聖徳太子」。実在の人物です。

これに対し、『日本書紀』の推古紀に出てくる「上宮厩戸豊聰耳太子」、いわゆる〝聖徳太子〟関連の業跡は、ほとんど「×」です。「NO！」なのです。

たとえば、有名な「冠位十二階」や「十七条憲法」などは、すべて九州王朝の「史実」からの〝盗用〟です（この点、次に論証いたします）。

すなわち、いわゆる「聖徳太子の業跡」はなかったのです。この事実と、「聖徳太子はいなかった（実在しなかった）」という命題とは、全く別です。

この点、従来説の命題を〝主唱〟する学者は、あたかも、「古田説はなかった」かのような態度をとっています。彼等が学問上の問題として、従来説を主張するのなら、前のような、わたしの「論証」に対する〝反証〟をあげねばなりません。しかし、それは一切ありません。たとえば、

大山誠一『〈聖徳太子〉の誕生』吉川弘文館、一九九九年
和田萃編『聖徳太子伝説』（史語日本の古代5）作品社、二〇〇三年

などは、すべてこれです。

3 「聖徳太子の尊厳性」について

質問 聖徳太子の正体、なぜ亡くなって一〇〇〇年も経ってから現在までその尊厳性が保たれているのですか。

回答 聖徳太子の「正体」については、すでに前節で述べました。

その「尊厳性」の件は、

①『日本書紀』の場合は、九州王朝の多利思北孤（男性）を〝盗用〟する際の「受け皿」の男性が必要。女性の推古天皇では、「不足」です。

②その後の法隆寺伝承（「上宮聖徳法王帝説」など）で、聖徳太子を〝神聖化〟していったのは、「寺伝」の常です。

③明治以後は、将軍家に代る「天皇家の尊厳」をＰＲするため、その「目玉」として、聖徳太子の「尊厳性」が不可欠だったのです。

そのため、本来、『日本書紀』が「偽」として削除していた「日出ず（づ）る処の天子」を、この聖徳太子と「合体」させたのです。

これが「尊厳性」の〝永続〟の秘密です。

＊武彦今言

いわゆる「万世一系」論のためにも、「聖徳太子の実在と神聖化」が必要だったのです。そして敗戦後の「国民の象徴」論にも同じだったわけです。

4　「聖徳太子論」について

質問　法隆寺が焼失し、その再建、復興が急がれていた時期（六七〇年頃）と倭→日本の画期ライン（六七〇年前後）が同じなのは偶然ではないような気がします。倭→日本における外交的政治的キャンペーンと法隆寺復興キャンペーンとが同時期だったことにより、太子史料に見られる、九州王朝系史料の取り入れ・新解釈や太子聖人説話の創作などが盛んに行われ、流布されたと想像します。「書紀」「上宮聖徳法王帝説」「法華義疏」「十七条憲法」などの史料批判、法隆寺再建、非再建論争（朝日新聞に天板の年輪のことが載っていました〈二〇〇六年〉）に関連して、古田先生の聖徳太子論をまとめて話していただければ幸いです。これらの二つの事項には強い相関があったとは考えられないでしょうか。

現存する太子史料や『日本書紀』に採用された太子記事には、歴史事実以外の解釈や創作の史料が大部分を占め、太子の実像を非常に分かり難いものにしています。太子非実在論も近年人気があるようです。かなり早い時期に太子信仰の元になるような史料の新解釈や創作ができたのでしょうね。

回答　これについては、第V部の2・3に述べた通りです。

①「倭から日本への転換」については、次のように理解しています。

ⓐ中国側の史料（旧唐書等）によれば、「倭国」と「日本国」との画期線は、「七〇一」です。「七〇二」に則天武后が「日本国」を承認しています。

日本側でも、「大宝元年」（七〇一）が近畿（連続）年号の開始点となっています。

これを〝決定的〟としたのは、「郡評の画期線」です。「七〇一」でした。

なお、忘れてならないのは「九州年号」です。二中暦は最初から「七〇一」を終着点としています（「九州年号」の知られた時点、その「最初から」です）。

ⓑしたがって『三国史記』の側の「六七〇」は〝あやまり〟だったわけです。この史書は貴重ですが、その反面、「後代成立」（一一四五）のため、〝欠陥〟もあります。たとえば、卑彌乎（俾弥呼）の記事を「六十年」早い位置においています（干支の〝あてかた〟による、あやまりか）。

このように、『三国史記』には〝うかつ〟なミスが時々あります。しかし、これを以てこの史書「全体」の価値を否定するのは、不当です（この点、別述）。

なお、「法隆寺の再建」は当然ですが、その「創建」や「再建」について、〝不明〟の点、第Ｖ部の１に述べた通りです。

②さらに、次の各々について、箇記します。

ⓐ「上宮聖徳法王帝説」

これは〝「最古」の聖徳太子（寺内）伝説〟の史料です。その意味では貴重な史料ですが、それ以上ではありません。

この点が、この史料を「最高の原史料」のように見なされた家永三郎さんと、わたしの立場とのちがいです（『聖徳太子論争』『法隆寺論争』新泉社刊、一九八九年、参照）。

ⓑ「法華義疏」

これは「聖徳太子の著作」ではありません。『日本書紀』の推古紀に書かれていないことからも、明らかです。

この原史料（実物）を、実地に（京都の御所）で観察し、顕微鏡写真等を撮影し、数多くの発見をしました。たとえば、その第一巻の右下部（右端の最下端）に、鋭い「切り取り」跡のあること、カラー写真と共に報告しました。

またこの内容そのものも、「国王・大臣に親近《しんごん》せざれ。」つまり、権力者に近づくな、と言っているのですから、「聖徳太子」のような、権力内部の人物（皇太子）の著述であるはずはありません。

これらの論証も逐一明記しました（『古代は沈黙せず』駸々堂、一九八八年／ミネルヴァ書房、二〇一二年）。けれども、学界は無視したままです。この書の「存在」すら〝カット〟しています（聖徳太子関係、総目録類）。

ⓒ「十七条憲法」

これは、九州王朝の制定したものを〝盗用〟したものです。この論証は、幾多ありますが、要点を次に記します。

㋑「九州年号」は実在（「確証」成立。二〇〇六年二月、古田史学の会、発表）ですから、七世紀前半の「大義名分」の中心は、当然九州です。したがって「憲法」は九州での成立です。

㋺九州の太宰府には「紫宸殿」がありますが、飛鳥の浄御原・藤原宮にはありません。藤原京については、岸俊男氏の南北十二条東西八条の藤原京説（一九六九年）が定説となりましたが、実体は『東京古田会ニュース』第一〇五号（二〇〇五年十一月）に明記した通りです。

㋩神籠石要塞群は、太宰府と筑後川流域を取り巻いています。近畿には「ナシ」です。「十七条憲法」にいう「天―君」と「地―臣」の関係は、「神籠石要塞群の内部」を〝中心〟としてはじめてリアルです。

㊁『日本書紀』は、元明天皇の時「入手」した「禁書」（九州王朝の書籍）によって、はじめて成立しました。『古事記』を「排棄」したあと、九州王朝の史料から「主語」を〝とりかえ〟て成立しました（〝盗用〟）。「十七条憲法」や「冠位十二階」も、その〝one of them〟です。

＊武彦今言
「歴史の道――キイ・ポイント」『古代の霧の中から』ミネルヴァ書房版、二〇一四年、参照ください。

5　「『法華義疏』の成立年代とその作者」について

質問　『法華義疏』の成立年代とその作者は誰ですか。
回答　これに対する回答は、次のようです。
①「通説」の「七世紀前半、聖徳太子撰述」説は成立不可能です。
②その理由は、左のようです。
（イ）『日本書紀』の推古紀に書かれていない（「聖徳太子撰述説」は、後代の成立）。
（ロ）この本の内容は「六世紀後半の中葉」を下限とする（引用著書）。
（ハ）「七世紀前半」の隋の代表的仏教学者「吉蔵」（五四九～六二三）の著述からの引用が全くない。
（ニ）引用典籍は、南朝の仏教学者の著述（梁の法雲）を「本義」と称する。「南朝系」である（聖徳太子は隋の「北朝系」）。
（ホ）この本の内容の重要ポイントの一は、「国王、王子、大臣、官長への不親近」にある。法華経の主張を、この本も、強調している。「聖徳太子の主張」としては、全く不適切である。
以上、いずれの点からも「聖徳太子撰述」説は成り立ちえない。
③この本の「真実の撰述者、その時期」は、いつかについて。
（イ）不明です。
（ロ）内容から見て、「南朝系仏教」の中の成立。

（ハ）時期的には、「六世紀後半の中葉」の成立。

（ニ）この本は「原本は、南朝内の成立」、「書写本」としては、日本（倭国）内の成立。

（ホ）現存物（天皇家の御物）の第一巻末尾に「法華疏」とある。「法華義疏」という名称は、第一巻の本文の冒頭部に「添付」された〝別紙片〟のものである。

（ヘ）隋朝を代表する、吉蔵（五四九〜六二三）（嘉祥大師）には、「法華義疏　十二巻」の著述がある。この〝別紙片〟は、「南朝系の著述」を、右の「吉蔵著述」に〝見せかけ〟ているのではあるまいか。（注＝法華義疏十二巻、〈隋釋〉吉蔵撰、洛陽、竝河甚三郎・八木八郎兵衛元禄十二年、東大総合図書館蔵）

④［第一巻、旧蔵者名、切断］問題

わたしは、原本（天皇家、御物）を仔細に検証した際、この第一巻の右端下に、鋭利な「切断部」を見出した。通例、「所蔵者（寺名等）」の存在する場所だ。すなわち、この本の「真の旧蔵者」（法隆寺、以前）が〝隠され〟たのである。

⑤同じく、原本の第一巻の右端中央部に、「二個所の文字端末（墨）」が残存していた。この点、現存のコロタイプ版には明瞭に表現されている。もちろん、「写真版」であるから、本来の原本に、これが存在したこと、疑いがない。

ところが、今回（一九八六年十月十七日）、これを原本に徴したところ、右の注目点が〝消され〟ていた。顕微鏡（とその写真）によって観察すると、右の「二個所」が、〝用紙部分〟ともに、「削り取られ」ていたのである。残念だった。

⑥右の両個所（「④」と「⑤」）とも、これをカラー写真、顕微鏡写真として明確に撮影し、これを『古代は沈黙せず』（駸々堂、一九八八年）の冒頭に収録し、詳細な報告を付載した。

にもかかわらず、これ以降、現在（二〇〇六年）まで十数年の間、一切これに対する学界の反応を見ていません。聖徳太子や法隆寺に関する論述や報告、総目録等において、一切これにふれていません。その「存在」すら、一切ノー・タッチなのです。

以上です。このような、日本の学界の体質を、日本国民はいつまで「許し」つづけるつもりなのでしょうか。世界の笑い物です。

＊武彦今言

この『古代は沈黙せず』ミネルヴァ書房復刊本は、二〇一二年一月刊行されました。

6 「推古朝遺文」について

質問 『ここに古代王朝ありき』の「おわりに」のところで、先生のこれからの研究対象としてあげられている文献の中に「推古朝遺文」というのがありますが、どんな内容のものですか。

回答 次のようです。

①「推古朝遺文」とされているものには次のものがあります。

（A）釈迦三尊の光背銘（法隆寺）

（B）薬師仏の光背銘（同前）

（C）『日本書紀』の推古紀の「十七条の憲法」

（D）同右、「冠位十二階」

など。（A）、（B）は金石文です。

②わたしの理解では、（A）、（C）、（D）は九州王朝側の史料です。いずれも、「移置」もしくは「転用」

（盗用）です。

（B）だけが、文字通りの「推古朝の遺文」だと思います。すなわち、「七世紀前半」の「大和」で作られた文章です（従来の「通説」では、こちらを「追作」とする）。

これは（A）を「大和の、七世紀前半」の製作としたために、（B）を「同時代」におくことができなくなったのです。しかし、この（B）が、本当の「推古朝遺文」に値する金石文です。

7　「仏教の日本伝来」について

質問　仏教が日本に伝来したのは「五三八年」とか、「五五二年」とか言われますが、先生はどのようにお考えでしょうか。

回答　次のようです。

①「欽明十三年（五五二）」は、『日本書紀』の記事です。すなわち、この記事の〝もと〟は、九州王朝の史書からの「転載」です。

「百済の聖明王から、九州王朝の天子（倭王）への釈迦仏等の〝献呈〟」

です。その「時間帯」は不明です（時間の「横すべり」とは、限らない）。

②「欽明七年（五三八）」は、帝説、元興寺縁起で、

「欽明七年戊午（五三八）」（注＝正しくは「廣庭天皇御世（中略）治天下七年歳次戊午」）

とするものに依拠しているわけですが、『日本書紀』では、

「欽明七年丙寅（五四六）」

です。〝合わない〟わけです。

通例の理解では、「大和へ、実際に仏教が伝来した年」と考えているようですが、すでに述べたように、「表記」が〝不安定〟です。

③「真実の仏教伝来」について

その上、前の「伝来」記事には、より重大な問題があります。それは、

「国家間、あるいは国王間の〝外交儀礼〟の一つとしての仏教伝来である。」

という点です。それが「無意味」だとは言いませんが、宗教の本質から見れば、

「一人の仏教者が、志を立てて、仏教の教えを、他地にもたらし、そこで新しい信仰をうる。」

ことこそ、真実の「仏教伝来」ではないでしょうか。

この点、他の「仏教伝来」記事が、各所にあります。

たとえば、

（α）「二世紀」福岡県の雷山山中の千如寺。清賀上人。インドから直接、渡来。

（β）「六世紀」「扶桑国」——関東地方か。

など。改めて詳述したいと思います。

8 「仏教が九州王朝に伝えられた年時」について

質問 仏教は、九州王朝にいつ伝えられたのですか。

回答 分かりません。ただ、次の諸点が注意されます。

①先述の「千如寺の初伝」記事は、

㋑二世紀の「年時」を持つこと。

㋺中国からではなく、インドからの「直通」であること。等、注目すべきものです。

②三世紀に俾弥呼の使者が洛陽に至った、その時、洛陽には白馬寺があり、仏教が〝さかえ〟ていたのですから、その「見聞」は当然、ありえたと思われます。

③四～五世紀、倭軍が帯方郡治（ソウル近辺か）を守るべく戦った際、その地にはすでに「仏教寺院」の存在したことは『三国史記』の語る通りですから、この際の「倭国側」が、仏教を〝知らなかった〟ことは、考えがたいといえます。

④事実、福岡県の「糸島郡」（現・福岡市）の丸隈山古墳から、「小仏像」が出土していること（これを考古学者は「混入」と見なして、「報告」から〝排除〟しています）。

⑤以上の点から見ても、通説の「五五二」ないし「五三八」の「仏教初伝」説は、不当です。先述のように、「五五二」は「百済王から、九州王朝の天子（あるいは王）への仏像等伝来」記事からの「転用（盗用）」ですが、これは決して「初伝」記事ではありません。

9　倭国と俀国について

質問　倭国と俀国との関係についてご説明ください。

回答　『隋書』には「倭国」というのが二回出てきます。これとは断交していないわけです。この倭国はおそらくは近畿天皇家の可能性は高いでしょう。近畿天皇家とは隋や唐は断交していないのです。「俀国」に対しては断交する、断交したと書いてあるし、「以て聞するなかれ」ですから、これを相手にするな、と隋の天子が言ったことになっています。「俀国」と「倭国」で全然扱いが違う訳です。これを、俀を倭に岩波文庫その他のように、書き直したら、ぐじゃぐじゃになって、矛盾したままになっています。

（編者補足）

一　俀国と倭国の区別については『古代は沈黙せず』復刊本二〇九ページ以下に詳しい。

二　倭というのが出てくるのは煬帝紀で、①大業四年三月「壬戌百済倭赤土迦羅舍國並遣使貢方物」（百衲本隋書帝紀二）という個所と②六年春正月「己丑、倭國遣使貢方物」（百衲本隋書帝紀三）という個所である。

三　つまり、『帝紀』では倭、その他では俀の字を使っている。

四　注目点はⓐ「その後絶つ」となっているにもかかわらず、貢ぎ物をしたかどうか。ⓑ『後漢書』に出てくる「倭奴国」を、『隋書』では「（後漢の）安帝の時に朝貢した国」が「俀奴国」であるとわざわざ書き換えているのは、隋が倭＝俀と認識していたからではないか、等の問題点が考えられる。

＊武彦今言

『隋書』の立場は、明らかに「俀」と「倭」を区別しています。

10　煬帝の真意について

質問　『隋書』俀国伝の「遂に絶つ」ということについて、隋が絶ったということについて、こういう煬帝だから、俀国に対して甘かった、だから、こんな隋だから倒してもよい、という発想だったように記憶していますが、そうではなくて煬帝は、表は甘いことを言っているが、ウラではもう、これは倒すのだと、いう発想のように聞きました。その辺のニュアンスが変わってきたのでしょうか。

回答　まず『隋書』は唐が作った。その意図は今までわたしが言ってきた通りで、要するに「日出ず（づ）る処の天子」などととんでもないことを言われながら、隋は、もたもたして、使節を送ったりしているだけで、本当に叩き潰すということをしなかった。しかし我が唐はそれをやるのだ、という座標に立って『隋書』が作られています。

唐の高祖は隋の一武将だったわけです。それが、煬帝の孫を倒して、それを禅譲と称して、自分が天子になったわけです。それはやはり反逆者です。自分の部下がご主人の天子の子供を倒して、天子を名乗るのは反逆行為です。その反逆行為を弁明する。要するに、隋の態度がもたもたしているから、わたしが断乎立って天子に代わり、日出ず（づ）る処の天子などと言っている輩を叩き潰すことを決意したのだ、という立場で『隋書』が作られていることはまず間違いない。

ところが隋の立場からは、そう単純ではない。つまり隋が、「日出ず（づ）る処の天子」と言ってこられて喜んでいるわけではもちろんないし、苦々しいとは思いながら、そんなことで腹を立てても仕方ない、しかし友好の和解をやりましょうと言うほどお人好しではない。これ以後俀国とはつきあわないが、それだけで終わらないわけです。

まずこの国が軍事的にどういう防備、備えを持っているか。それをしっかり調べなくてはいけない。そうすると、「またもって聞するなかれ」というのは、俀国にそういうものを伝えたわけではなく、内部に言っているだけです。実際に外に見える交渉としては「聞するなかれ」ではなく、友好関係のような使節を派遣した。しかしその友好関係は、表面で、実際は喋ってきてご馳走になればよいというのではなくて、俀国の軍事的な背景をキャッチしてくることが裴世清の目的であったのです。

唐の高祖も将軍ですから、その経緯はよく知っているわけです。

しかしそこまでやっていて、その後、なんにもやってないじゃないか、唐はそれだけではないよというのが唐の高祖の態度です。無関係ではないけれどズレがあります。

隋も決してお人好しの隋ではない。唐は、『隋書』を出して、我々はこういうことを言った相手を断じて許さないぞ、ということで夷蛮伝に明記している。この誤差が重要です。

11 俀国の国境について

質問 『隋書』俀国伝の国境は「東西は五月行」「南北は三月行」でおのおの海に到るとありますが、具体的に地名で説明してください。また秦王国から海岸に達するのは具体的にどこになるのですか。

回答 東西五月行というのは、当然筑紫が中心点になっていますが、そこから東へ五カ月行くというのは、結局黒竜江の河口までです。というのは九州王朝から阿倍比羅夫が黒竜江に行った話が『日本書紀』にあります。あれは大和朝廷でなく九州王朝が派遣したものです。黒竜江の入口も九州王朝の勢力範囲ということになります。

南北三月行は流求まで行っています。流求自体は九州王朝ではないが、その手前まで行っているわけです。奄美大島とかで、北は対馬あたりかと思います。そういう範囲が俀国の勢力範囲になります。だからもちろん奈良県大和も俀国の支配地域であるわけです。それを今まで奈良県中心で読んでいたから、話が合わないのは当たり前です。北はもちろん竹島も入ります。

秦王国から十余国をへて海岸に達するというのはどこか、ということについて、筑紫を原点として海岸に達する、これは瀬戸内海のことを海岸と言っています。瀬戸内海にさっきの竹島からの海流が来ているわけです。だから、その範囲を俀国の首都圏の周辺部として描いています。

秦王国について従来変な理解をされていました。『隋書』を見ると秦王という言葉がやたらと出てくる。これは何かと言うと、隋の天子の弟を秦王と呼んでいる。したがって、多利思北孤の国の弟に当たる国、という意味の表現です。福岡県から瀬戸内海に到る間の国を秦王国と呼んでいます。中国人に似ているというのは、秦王国の人だけではなく俀国の人全体が似ているわけです。

12　九州王朝の天子について

質問　白鳳と朱雀の問題で、それ以外に九州王朝は天子を名乗らなかったのですか、煬帝に出した国書の中で天子を名乗ったけれども、それ以外では名乗っていなかったのではないですか、天子という発想が多利思北孤の中になかったのではないかと思っているのですが。

回答　天子については「日出ず（づ）る処の天子」は非常に明確に自分で天子を名乗っています。それ以外にはなかったのかということになるのですが、それ以外にあったと感じられる証拠はいくつかあって、例の紫宸殿というのは、太宰府に紫宸殿という名前が残っているわけです。明治の最初の歴史書にも、紫宸殿という名前があるのはけしからんと、吉田東伍は憤慨しているわけです。憤慨しているということは紫宸殿という言葉が残っていたわけです。現在では江戸時代にも呼ばれていた例がいくつか報告されています。紫宸殿というのは間違いなく天子しかありえないわけです。庶民はもちろん、皇族でも紫宸殿という言葉は言えないわけです。だから紫宸殿という称号が太宰府に残っているということは、天子を称していた証拠です。多利思北孤一人が名乗り、他の人は全く名乗らなかったら紫宸殿という名前が残る理由がありません。

さらに朱雀門という名前が残っています。これもやはり中国の天子の宮殿の入り口が朱雀門です。これも天子を称していた人がいた証拠です。というようなことで九州王朝が天子を称したことは疑えないと思います。

中国側（唐）と礼を争って反発したというのも、結局礼を争うというのは天子問題で、中国が天子を称しているのは間違いない、それに対してこちらが臣下だと言っておれば礼を争うことはない。こちらもやはり天子だ、おたがい天子と言っているのだ、というので食い違うわけです。礼を争うことになるわけです。礼を争うという貴重な証言は、日本側も天子を称していた証拠になるわけです。

始まりはいつかということになると、これは南朝が滅びた後ぐらいではないか。南朝が滅びる前から天子を称していたという考えもありうるでしょうが、わたしはそれはちょっと成り立ちにくいような気がします。南朝が滅んだ後それを受け継ぐ。例の継体という年号は国体を継ぐという意味で、国体というのは南朝の天子の国体を継ぐという意味です。そこから天子の前段階というか、そういうものが始まっていたことは十分考えられる。継体の時から天子を称していたという、主張の方が現れても不思議ではありません。

ただしかし、天下公認というか、天下にそれを主張し始めたのは南朝が滅びて北朝対九州王朝という状況になって「日出ず（づ）る処の天子、日没する処の天子」という言い方が現れたという風に考えるわけです。これは従来わたしが言っていたことの、繰り返しにすぎません。

それに対して新しく申し上げたのは白鳳というのは天子が白鳳の出現を喜んだと出ており、これは庶民とか諸大名が白鳳を喜ぶというのはないわけです。ですから白鳳という年号も自ら天子を称している表現と考えるべきではないかと思います。

この場合、他のケースと違う点は、白村江の敗戦以後も白鳳という年号を続けている。ということは天子を称し続けていたのではないかと考えられます。朱雀という年号もやはり天子に関連した、年号です。朱雀門というのは庶民や地方大名など朱雀門というのを作らないですから、自ら天子を称していた表現ではないかと思われます。

一方、熊本や、岐阜に天子宮というのがあります。これは「アマゴノミヤ」ではなかろうかと思います。アマゴというのは広島県から山口県にかけて尼子氏というのがいます。山中鹿之助で有名な尼子で、これを別の漢字で書いて天子になったので、元は「アマゴ」だと思われます。現地でどう読んでいるかお調べいただきたい。唯一絶対の天子の意味で熊本県の人や岐阜県の人が称していたとは今のわたしには思えません。

多利思北孤の天子は仏教的天子ではないかという説がありますが、それは正しいのではないか。仏教では何々天子とやたらにあります。「日出ず（づ）る処の天子」の所もお互いに仏教を信仰することを前提に言っていますので。仏教思想に基づく発想ではないかということはありうると思っています。

13　九州王朝の証拠について

質問　九州王朝の証拠が希薄と考えています。お墓の類で歴然とした物はありませんか。

回答　その歴然たる証拠の一は山城跡の神護石です。近畿にはありません。神籠石があるのは、筑後川流域大宰府中心といえます。志賀島の金印周辺です。志賀島の金印は、元々志賀海神社傍の印鑰神社にあったと考えています。甚兵衛さんが掘り出したというのは嘘でしょう。福岡にはその神社（印鑰神社）が沢山あります。この御神体を調査すれば中国の印が見つかるはず、と考えています。

さらに、九州の、三種の神器を含んだお墓が、発見時に盛り土も失い、粗略にされています。その理由は、近畿王朝の影響があったと考えています。

大宰府には紫宸殿、朱雀門、内裏という地名が残っています。近畿にもその例が長岡京、平城京でありますが、その伝承が発掘によって明確となっています。理由無く、この種の伝承が継続するはずがありません。

＊武彦今言

「志賀島の金印は本来細石神社にあった」という伝承があります。詳しくは別述しました。

14 『隋書』の「犬を跨ぐ話」について

質問 『隋書』に「婦入夫家、必先跨犬」（『隋書』中華書局版一八二七ページ、百衲本一一九八三ページ）という文があります。「火」であれば、習慣としてある地方もあるようですが、「犬」については、わたしは寡聞にして存じません。ご教示ください。

回答 『隋書』俀国伝にその婚姻の風習として、新婦は新郎宅で犬をまたぐと記載されています。「犬を跨ぐ」は、有力学者間では「火を跨ぐ」と理解され、わたしもそう考えています。

「火を跨ぐ」婚姻習慣はわたしの調査では、新潟県の一部、秋田男鹿半島、福岡玄海地方が古くからあるようです。しかし、隋使が新潟、秋田に行った形跡はありません。したがって、玄海地区の風習を隋使は見て記録したとすれば、九州王朝はあったとの〝証明〟になります。

ところが、『隋書』の各版本共に「犬」で「火」となっているものはありません。わたしの考えでは忌避字が関係していると理解しています。中国各王朝とも史書中に盛んにそれが実施されています。王名のみならず高官名も含むことがあります。詳しく調査してはいませんので仮説ですが、たとえば同音の「軒」を避けて「犬」としたという理解がありえます。

火を跨ぐ風習が確かにあり、民俗学者間では周知のことです。その知識に基づき原本改訂がされています。正しいとは言えません。

＊武彦今言

『隋書』「犬を跨ぐ」に関して、重要な研究上の進展がありました。改めて詳述します。

15　反九州王朝論との争点について

質問　九州王朝論と反論というか、無視の立場の人の問題点はどこにあるのでしょうか。

回答　最大の争点は「日出ず（づ）る処の天子」に関わる国書は誰が出したかということです。かの本居宣長も『日本書紀』に記載されていないから、近畿天皇家が出したものではないと認めているにもかかわらず結局は近畿天皇家の言明と認め（『本居宣長全集第八巻』四二ページ）、後世の学者はこれを推古天皇として、女性でありながら雞彌という妻を有し、後宮六・七百人いたと称してきました。これは多利思北孤の署名のある国書であるのに、もしこれが、推古天皇であれば、完全に偽書ということになります。隋の皇帝に対して、そのような偽の国書を提出することはありえないことです。

さらに、「日出ず（づ）る処の天子」の国書を受け取った翌年（大業四年）、隋は裴清を俀国に派遣し、大歓待を受け、多利思北孤と現実に会い、歓談している。もし、この時多利思北孤が女性であったり、別人であったりすると、当然のことながら国際問題になっていたはずです。

このような確乎とした証拠があるにもかかわらず、これを推古天皇と言うのは、まさにイデオロギーによるものです。要は九州王朝を認めたくないからです。これはもはや学問ではありません。

16　流求国について

質問　俀国の前に流求国を書いていますが、流求国は隋によって蹂躙されます。国交断絶があるのですが、その原因をお話しください。また流求に攻めて行った原因は何でしょうか。

回答　流求国とは国交断絶というのとはちょっと意味が違います。『隋書』にあるのは、王家の人々を捕虜にして連れて帰ったということです。要するに侵略して滅亡させて、多くの捕虜を連れて帰ったことを言っています。

流求を攻めたのは、貢ぎ物をよこさなくなったから、要求したが断ったから、と書いてあります。あれは完全に中国側の侵略行為です。

中国が日本の侵略行為を書くのであったら、流求国への侵略行為を中国の教科書に書くべきです。自分のした歴然たる侵略行為は知らぬ顔をしておいて、日本の侵略行為だけが問題というのは、イデオロギーによる政治的行為です（注＝『隋書』流求国伝の末尾に自爾遂絶となっており、俀国の場合は此後遂絶となっている）。

17　「難波」について

質問　難波はどことお考えでしょうか。仁徳記の難波宮から孝徳紀の難波長柄宮、天武紀の難波まで、その時々に違いがあると思われますが、それであれば、個別にどうお考えでしょうか。

回答　難波は、大阪の難波だけでなく、博多や伊豫など、各地にある地名です。仁徳記（『岩波古事記』二六五ページ）の難波宮や孝徳紀白雉五年（『岩波日本書紀』下、三二三ページ）の難波長柄宮の場合、その「遺跡の有無」が問題です。難波宮遺跡発掘の報告書に対する吟味を楽しみにしています。『日本書紀』は九州王朝の史書からの「転用」ですから、「仁徳紀」や「天武紀」の「難波」は博多湾沿岸の難波の可能性があります。他についても詳述します。

18　目多利思比（北）孤について

質問　『新唐書』の「目多利思比孤」というのは、用明天皇が「目多利思比孤」を公称したと解釈できないでしょうか。

回答　「目多利思比（北）孤」というのは『新唐書』に出てきます。原文では「(前略) 次海達。次用明、亦曰目多利思比孤、直隋開皇末、始與中国通。(以下略)」(中華書局版六二〇八ページ）となっております。

『新唐書』で注意しなければならないことは、史料的にかなり誤りがあるということです。早い話が、用明の前の「敏達」が「海達」となっていることや、四代が「孝安」のところ、「天安」となっていることなど、『日本書紀』の写し間違いとしか考えられないものです。

最大の問題は、用明天皇は『日本書紀』では五八五年に即位し、五八七年に崩御となっていますが、隋の開皇二十年は六〇〇年ですから、多利思北孤そのものと見ることは全く無理です。

わたしは、この「目」は「準」という意味と思っています。わたしの友達に「目」君というのがいまして、「さっか」と発音します。ナンバーツーという意味です。広島では、「さっか」と読みます。次官、ナンバーツーという意味です。その「目」ではないか、つまり九州に本物の多利思北孤がいてそれに次ぐ人物ではないかと思います。

これから先は単なる推測にすぎませんが、中国に渡した『日本書紀』には、例の俾弥呼、壹與のほかに多利思北孤の名前も残っていたのではないかということです。むしろ、俾弥呼以上に有名な人物は多利思北孤であったはずで、これを記載していない『日本書紀』は偽物だと言われかねなかったのではないでしょうか。あるいは、肝心の「多利思北孤」を消してしまうのに、つい消し忘れてしまったのでしょうか（ありにくいケースです）。ちょうど「筑紫都督府」のように。再検証が必要です。

別の解釈もあり、冒険の「冒」、多利思北孤を冒した、多利思北孤でないのに多利思北孤の顔をしてみせるという偽称だと解釈する意見です。「冒」の日が落ちて「目」になったのではないかという説です。曰わく「日多利思北孤」でなくて「冒多利思北孤」だ、というのですが、そのように原文を自分の立場で変えるのは問題と思います。「冒」というのは悪い意味になりますから。

なお、本居宣長は『馭戎慨言』で、「用明天皇、亦曰貝多利思比孤、直隋開皇末、始與中国通とあり」と書いてあり（『本居宣長全集』第八巻、四二ページ）、「貝」は「目」の誤まりと思われますが、隋に派遣したのは、推古天皇の時代で、用明天皇を「多利思比孤」と言ったとは思えないし、もちろん推古天皇がこの名を持っていたとも思えないとしています。

Ⅵ　蘇我氏と大化改新

1 「八佾の舞」について

質問　『日本書紀』にある蘇我氏はまるで天皇であったかのような感があります。一番の謎はなぜ「八佾《やつら》の舞」を行えたのでしょうか。また、その舞が天子の舞だと誰が知っていたのですか（大和地方で）。「八佾の舞」と筑紫舞は違うのですか。

回答　「八佾《やつら》の舞」については、『論語』に「八佾《はちいつ》の舞」というのが出て来ます（岩波文庫版『論語』三九ページ）。ここでは当然天子の舞とされ、天子でない者が舞うことは許されないと、説明にはあります。『日本書紀』の編者は、当然、『論語』に出てくる「八佾」のことを知っており、天皇でない蘇我氏が、これを舞うのは許されないという、意味を込めて、ここに書いたものだと思います。しかし御質問の趣旨は、今後の研究テーマです。

第一、それが「九州王朝の史料」からの〝盗用〟か否か。この吟味が必要でしょう。

わたしの考えは、蘇我氏は「天皇」ではなく、天皇を中心で支えた有力豪族です。そして「親、九州王朝」派の中心だったと思います。

すなわち、「唐朝に対する、対立路線」を支えた勢力だったと思います。

これに反するのが、天智天皇（中大兄皇子）と中臣鎌足の勢力です。

『日本書紀』が蘇我氏を「天皇」のように扱っているのは、

「このような、おごり高ぶっていたから、排除されたのだ。」

という、「蘇我氏排除」の〝口実〟が必要だったと思います。

『日本書紀』に〝専横なる蘇我氏〟として書かれているから、事実そうだった、と思うのは、『日本書紀』

の〝あり方〟そしてそのメッセージへの「無批判」と思います。

『日本書紀』が書かれたのは、「藤原氏の全盛時代だった」、この一事をお忘れなく——。

要点は、次の三点です。

①蘇我氏が排除されたのは、その「親、九州王朝」勢力であり、「反、唐朝」勢力だったからだと思います。

②その滅亡は「六四五」ではなく、「白村江（六六二）と七〇一の間」だと思います。

③『日本書紀』は、その史実を〝いつわり〟あたかも「六四五」にあった、かのように描いているのです。

これに関連する問題の数々は、機をえて書きます。

この「六四五」問題の本質は次の一点です。

「クーデターによって、社会や国家が（根底から）一変することは、ありえない。」

これです。ここで「クーデター」と言ったのは、「一人の権力者の暗殺」のことです。

2　蘇我氏の位置づけについて

質問　大和における蘇我氏の位置づけと九州王朝との関係をお話しください。

回答　これも非常に興味深い大事な質問です。

天皇記・国記というものに関して、『古事記』は天皇記の片割れ、天皇記の一端です。ただし、天皇記そのものではなくて、天武の名前で書かれているように、削偽定実という立場で書かれているわけです。

偽りというのは南朝系列の歴史が偽りで、北朝系列が実です。他の全ての学者が言うように、あれは従来伝わってきた伝承の、間違いと正しいのを比べて間違ったのを捨てて正しいのを定めるというように解釈されてきました。それであれば天武は校正係の親玉になるわけです。しかし、『古事記』序文のバランスから言って、中心のテーマが校正係ではおかしいのです。そんなものに力んで書く必要はありません。力んで書くのは削偽定実、南朝系列は削除、北朝系列だけを生かす、七世紀後半の大問題は、北朝が勝ったということです。そういう意味で『古事記』には大陸との関係が全然ないわけです。いくら大和の中でも、王朝を作っているのに、大陸との関係が全くなくして王朝ができたはずがない。初めからないのではなくて、それは削られたのです。それまで大陸との関係は南朝との関係でした。大陸との関係は全部カットされたから、ないだけの話です。ということで、ここに、基本的な問題があります。

もう一つは、武烈のあたりで伝承が終わっていますが、王朝が交替したからそこで終わるのは分かりますが、それまで天皇家の内容を伝承してきたはずです。それが、子供が偶然なかったから終わったということはありえないわけです。武烈に子供がなくても、その後伝承は続いていたはずです。そこが本来の天皇記続編です。天皇記続編を怖がったのは近畿天皇家です。継体後を継いだ天皇記です。

神武からの系列を天皇記Aとしますと、継体から後が天皇記Bです。天皇記Bは、武烈のところで自分を頼んだ相手をやっつけ、返す刀で頼んだ相手そのものも倒して自分が天皇に成り上がった存在です。天皇記Bにとって一番怖いのは天皇記Aが現れることです。

その天皇記Aはどこにあったかというと、蘇我氏がどうも持っていて、これは蘇我氏そのものが天皇記Aの承継者であった、という理解もできるし、あるいはそれのバック、支えていたものと見ることもできる。

言葉は違いますが、要するに蘇我氏が天皇記Aを持っていると天皇記Bの人たちは考えました。聖徳太子の息子の仇討ちというのはとってつけた大義名分に過ぎないわけです。本当は天皇記Aを奪いたかった。ところがそれに先だって蘇我氏は関東へ、東北へ、天皇記Aを逃していた。空振りに終わった。そこで石舞台古墳を暴いて、その中に天皇記があるかと探した。「東日流外三郡誌」にはそう書いてあります。それは非常にリアルであると思います。

ということで蘇我氏というものが非常に古い氏族であり、鴨氏と相並んで古い。しかも蘇我川というのが大和にあります。蘇我というのは氏族名である前に、地名です。ソというのはアソべ族のソ。現在知られているもっとも古い神様の名前がソです。カというのは語尾にくると濁音になります。トヨタは自動車ですが、町はトヨダです。習慣としてそうだという他はありません。

本当は歴史的背景があると思いますが、元々ソガはソカです。カはしばしば出ますが神聖な水です。ソガというのはもっとも古い神様が与え賜うた水という意味になります。大和のもっとも古い名前の一つです。それは旧石器からの地名です。縄文などの最近の地名ではないわけです。

鴨氏に導かれてということを詳しく話しますと、まず神武と兄（五瀬命）は東方への新天地を求めた、簡単に言えば侵略を求めた。最初白肩津に来て長髄彦に破れた。迂回して沖合で兄は死んだ。弟の神武は残軍を引き連れて、和歌山を通って、兄を祀っています（和歌山市竈山）。海岸からちょっと入った所に祀っています。弥生時代にはちゃんとそこに水路が入っていた所です。

それから熊野に行きます。なぜ熊野に行ったかというと、熊野水軍、瀬戸内海水軍、松浦水軍、皆仲良しです。熊野水軍の人たちも博多にしょっちゅう行っていて、博多で神武たちと会っていたわけです。そういう青年同士の仲間です。逆に神武は兄を失った後、その仲間を訪ねて熊野に行った。熊野はそれを迎え入れて、大和へ行く熊野の道を教えた、一緒について行ったわけです。リードをするのはいいが、受け止めが鴨氏です。鴨氏が受け止めて導いた。八咫烏が導いたという、そのはしりです。八咫烏という人間が導いたわけです。誰の所へ導いたかというと蘇我氏の所へ導いた。

蘇我氏が天皇記を持っていたという話がいきなり出るように見えますが、いきなりではなくて、そこには深い歴史の脈略があるわけです。

今も残っている話で、吉野で、ある町内会長のような方の自宅へ行きました。その人の事務所に入るとちゃんと表彰状が掛かっています。要するにこの人の家は、神武天皇が来られた時、それを導き入れた人の子孫である。そういう証明書が掛かっています。この辺の人はみんな知っている。商売をやっても非常に調子がいいという話でした。神武を歓迎したことが現在まで伝承として残っているわけです。逆に神武天皇に敵対したという伝承も続いていて、商売に不利益をこうむるということです。

津田左右吉がいくら神武は架空だと言っても、そういうことで消える話ではありません。神武はやっぱり実在なのです。それを導いたのは熊野の水軍の仲間であり、山の中を導いたのは八咫烏・鴨氏であり、それを受け入れたのは蘇我氏である、という関係になっています。そういうものを抜きにした古代史は大変薄っぺらな、津田左右吉が頭で考えてひねり出したストーリーに従った歴史に過ぎないということです。

3　大化の詔について、特に東国問題について

質問　先生は改新の詔が九州王朝で出された詔を盗用したものだとおっしゃっていますが、その根拠を教えてください。

回答　大化年間に行われた十六回の詔の第一回目は「（大化元年）八月丙申の朔庚子に東国等の国司を拝して」行われており、第八回目にも「（大化二年）三月の癸亥の朔甲子に、東国の国司等に詔して曰はく」とあり、第九回も「（大化二年三月）辛巳に、東国の朝集使などに詔して曰はく」となっています。東国に対する詔はあっても他の西国、南国、北国という表現はありません。東国に突出した表記になっていると言えます。第五回目の改新の詔には「畿内」の定義が記されています。「凡そ畿内は、東は名墾《なばり》の横河より以来、南は紀伊の兄山《せのやま》より以来、西は赤石《あかし》の櫛淵より以来、北は近江の狭狭波の合坂山より以来を、畿内国《うちつくに》とす。」こ

の畿内国を原点として「東国」を指すとすれば、当然「西国」も必要です。中国や四国や九州が西国に当たります。しかし、それは出てきません。なぜ西国が出てこないのでしょうか。この畿内国の定義のすぐ後に「凡そ畿内より始めて、四方の国に及《いた》るまでに」の文面があります。ここには「東国＝四方の国」という概念が示されています。なぜでしょうか。その答えは一つです。「これらの詔勅の〝原文面〟における原点は九州である」からです。九州を原点とすれば、この「東国」が「四方の国」になることに何の問題もありません。

4　乙巳の変の直後の詔勅について

質問　孝徳紀には改新の詔以外にも数多くの詔勅が記載されていますが、乙巳の変の直後にこのように多くの制度が発表になることは不自然ではないでしょうか。

回答　孝徳紀の大化年代（六四五〜六四九年）には詔勅が十六回も集中して出てきています。これは『日本書紀』を編纂する時の方針の一つです。安閑紀にも「屯倉」記事がぎっしり詰め込まれています。安閑紀二年五月条に二十七個の「屯倉」が一挙に列記されているのです。これは「事典」のように、一定の事項を一個所に集めて読者が分かりやすいように構成しているわけです。『日本書紀』は、歴史書の中身に、「事典」の手法を取り入れています。『日本書紀』の編纂者はそのように分かりやすく構成することによって、記載されている内容が八世紀現在の政治に有効に反映するように意図しているのです。

5　公地公民の詔について

質問　改新の詔には有名な「公地公民制」が含まれています。なぜそれほど政権の基盤が安定していないこの時期にこのような強権が発動できたのでしょうか。

回答　『日本書紀』は北魏（三八六〜五三四年）の「魏書」を参考に作られています。北魏は鮮卑族が造った国です。鮮卑族は、旧西晋の地を占拠し、その土地と領民を北魏の領地、領民としました。従来の西晋の朝廷の領地と領民を、まず「私地私民」とし、「北魏の支配」が確立すると「公地公民」としたわけです。この例に倣って、『日本書紀』は「七〇一」以前の九州王朝関連の領地と領民を一度「私地私民」とし、大宝律令によって「近畿天皇家や藤原氏たちの豪族」の有する「公地公民」としたのです。このように八世紀の（大宝律令の）公地公民制は決して（元正天皇や藤原氏などの）勝手気ままに施行されたのではなく、あの天智天皇や天武天皇も承認していた公約の「実現」に他ならないということにするために、半世紀遡った時点の改新の詔に加えられたわけです。これは『日本書紀』最大の達成目標とすべきところだったのではないでしょうか。

6　薄葬令について

質問　孝徳紀の詔勅の中に薄葬令が出てきます。実行されたのでしょうか。

回答　第十一回目の詔勅は、墓の大きさをテーマにしています。もう大きさを競うのはやめようという命令です（大化二年三月二十二日条）。「夫れ王より以上の墓は、其の内の長さ九尺（三メートル弱）、濶《ひろ》さ五尺、其の外の域は、方九尋（一六・二メートル）、高さ五尋」（注＝『岩波日本書紀』下、二九二ページ）を上限にして位階ごとに定められています。しかし実際には、孝徳天皇陵（上の山古墳）は直径三五メートルで詔勅を発した本人が早速違反していることになります。後の天武・持統合葬陵（野口皇ノ墓古墳）も八角墳ですが対辺長約三九メートルで、二人分の古墳とはいえ詔勅に従っているとは言えません。この「薄葬の詔」は「近畿の天皇陵や古墳の現状」に全く合致していないのです。舞台を一転させて、九州の古墳と比較すれば、ここでは一変します。九州の場合、近畿のような大型古墳はありません。ことに六世紀後半や七世紀ともなれば、大型古墳はほとんど見られないのです。つまりこの詔勅は九州王朝で七世紀前半までに出されたものを盗用したものと言えるでしょう。

7　『日本書紀』の年号と九州年号について

質問　『日本書紀』に出てくる年号は九州王朝の年号と同じものが使用されています。それらの年号と大化の改新の関係を説明してください。

回答　『日本書紀』には年号が三つ登場してきます。「大化」（六四五〜六四九年）、「白雉」（六五〇〜六五四年）、「朱鳥」（六八六年）です。七〇一年まで継続している九州年号にもその三つの年号は存在しています。九州年号では「大化」（六九五〜七〇一年、九州年号の最後）、「白雉」（六五二〜六六〇年）、「朱鳥」（六八六〜六九四年）。「白雉」と「朱鳥」は『日本書紀』と九州年号の時期は接近していますが、「大化」はほぼ半世紀のズレがあります。「大化」だけが飛び離れている理由は、『日本書紀』の「大化の改新」は、大宝律令（すなわち九州年号の「大化の改新」）の歴史的背景（淵源）を示している、という意義があります。言いかえれば、大宝元年は大化七年（三月二十一日まで）ですから、この大宝元年の一大変革は、文字通り「大化の改新」と呼ばれたはずです。九州年号による呼称だったわけです。『日本書紀』は七〇一年に発布された大宝律令を正当化するために五〇年遡った時点に同様の内容をもつ「改新の詔」を記載することによって、「天智帝、天武帝もご承認された詔である」ということにしたのです。

8　「和気系図」（円珍系図）について

質問　「和気系図」（円珍系図）─円城寺蔵（滋賀県）この系図の真偽について教えて下さい（合田洋一『聖徳太子の虚像』創風社出版、二〇〇四年、一一四ページ）。

回答　この系図の詳細は、知りません。しかし、合田さんの本で拝見するところ、大変興味深い史料です。「君」「評造」「評督」「郡大領」といった、九州王朝や近畿天皇家の「称号」が、次々と「リーズナブル」に出現しています。

おそらく今後の研究でいよいよその史料価値が認識されることと思います。

わたしも今後、勉強させていただくつもりです。

Ⅶ　白村江の戦いと九州王朝の滅亡

1　吉野の場所と訪問の目的について

質問　持統紀には三十一回の吉野行が書かれていますが、目的等については一切記されていません。『多元』三五号「丁亥の吉野」(二〇〇〇年一月)、『多元』三六号「人麿原歌」(二〇〇〇年四月)、『壬申大乱』(東洋書林、二〇〇一年十月/ミネルヴァ書房復刊、二〇一二年八月)で、吉野を佐賀県嘉瀬川上流の地点にある吉野に比定しています。そこに何があり何の目的で行ったか今一つ納得できませんので、詳しくご説明ください。

なお、「瀧」について…この字は急流の水を本義とし、『倭名類聚抄』(九三一～九三八)でも、現在使われている「タキ」(瀧)は「飛泉」の字を当てています。また「垂水」も使われています。したがって、雄渕の瀧から吉野宮を比定するのはいかがなものでしょうか。

回答　ご質問の問題点を分けてお話ししましょう。

(一)　吉野の場所について

わたしは『日本書紀』(天武紀・持統紀)や『万葉集』(巻二)の「吉野」を、通説のように「奈良県の吉野」ではなく、本来は「佐賀県の吉野」を指すのであり、その換骨奪胎だ、と指摘しました(『壬申大乱』等)。

吉野を訪問している記述は次の場合にみられます。

①持統天皇の三十一回に及ぶ、吉野行(持統紀)。
②柿本朝臣人麿の「吉野の宮」(万葉集巻一　三六)。
③天武天皇の吉野行(壬申の乱)。

歴史事実のキイ・ポイントは、もちろん③です。いわゆる壬申の大乱のキイ・プレイスですから。

ですが、わたしにとって疑問の発端は、①にありました。わずか九年の在位期間に、いくら何でも三十一回は、多すぎる。この一点に御注意いただいたのは、新庄智恵子さんからでした。古来、多くの専門学者が看過していたところ、それをズバリ指摘してくださったのです。

しかも、その月別統計をして見れば、年中、各月ほぼ〝似たりよったり〟。とてもわが国では春や秋に片寄りがちな〝景勝地〟訪問とは見えません。

もし、③の「天武の吉野行」への追憶だったとしても、持統は退位後、ほとんど「吉野行」をしません。「追憶」としては不可解です。

さらに、①の三十一回の中には、「日帰り」のケースが見られますが、「飛鳥と吉野の間」では、無理です。それに、〝行ってすぐ帰る〟のでは、景勝地訪問の意味がありません。

これに反し、「佐賀県の吉野」の場合には、事情が一変します。

弥生時代の吉野ヶ里が示しているように、ここは有明海に臨む「軍事基地」です。今も、モデルの建てられている高層建築物、それは〝海を望む〟望楼でした。現在のモデルの背丈より、もっと高かったと思われますが、そのキイ・ポイント、それは「海から北上してくる敵船・敵舟の発見」です。今はずいぶん海の北端辺が陸地化していますが、弥生時代には、ずっと海岸線は〝北寄り〟だったようです（地名にも、遺存）。

天武・持統の頃の七世紀には、かなり〝陸地化〟していたと思われますが、ほぼ〝弥生期と現代〟との中間くらいの位置に海岸線があったのではないでしょうか。

その七世紀の時間帯に、（太宰府方面から）吉野ヶ里の麓近くに伸びている、高い陸道が造られています。その大部分は〝こわされ〟ていますが、その一部（吉野ヶ里近く）は今も残存しています。

この吉野の軍事基地までの「高速道」なら、太宰府から〝一日で往還する〟ことは、十分可能です。しかも、この時期、「都の中心」となっていたと思われる、朝倉・小郡・久留米近辺からでしたら、一段と「一日の往還」は楽です。

しかも、これは「景勝地への行楽」などではなく、「有明海の軍船に乗る兵士たち」に対する〝査閲〟ですから、「夜をすごす」必要はなし、です。「奈良県の吉野」の場合のような「矛盾」は全くありません。

したがって、この吉野の本来の場所が「奈良県か、佐賀県か」という問題は、決して後述のような「瀧があるか、無いか」などがキイ・ポイントではありません。あくまで「観光地か、軍事基地か」の問題なのです。わたしには「軍事基地」の方がリーズナブル。そう見えるのです。

「いや、そうではない。観光地訪問の方がリーズナブルだ」という人は、そのための論証をあげればいいわけです。

(二)「目的等については一切記されていません」の問題について

すでに(一)で述べましたが、九州王朝の天子の吉野ヶ里訪問と考えてはじめて合理的な解答が得られます。

①このことを史書等に書いていないことについては、「『日本書紀』の記事の信憑性」が肝心のテーマです。たとえば、

㋑記・紀とも「光武帝の金印授与」の記事は一切ありません。だから「金印は偽物」と言うことができるか。——否。

㋺『古事記』には「俾弥呼、卑弥呼」の名は一切ない。では、彼女はいなかったのか。——否。

㋩『日本書紀』では「俾弥呼と壹與の両名は、同じ神功皇后である」と記せられている(注＝正確には、景初三年に魏に遣わした倭女王と正始四年に遣わした倭王は共に神功皇后であるとしている)。本当か。——否。

㊁記・紀とも、六～七世紀に「九州年号」の記載は一切ない。だからこの年号は存在しなかったのか。

――否。

以上のように、「記・紀に一切記されていない」から、その事実はなかった、とは残念ながら決して言えないのです。

②これに反対の論者は、当然その「反証」をすれば、いい。それだけです。

問題の本質は次の一点です。

「(和銅元年、七〇八) 山沢に亡命して禁書を挟蔵し、百日まで首せずんば罪に復すること初の如くす。」

これに対して養老元年（七一七）の詔勅では、前の「禁書」が消え、「兵器」となっています。すなわち、この十年の間に問題の「禁書」は元正天皇側の「手に入った」のです。

③その結果、「七二〇」に『日本書紀』が作られました。その内容は八年前（七一二）に成立したばかりの『古事記』とは一変していました。ことにその「量」そのものが圧倒的に増大し、巨大化しました。――「禁書」の再利用です。

その際の編集の要点は、次の二点。

(イ)中心を「筑紫」より「大和」に移す。《中心移動》

(ロ)「年代」は自由に〝前後〟させる。《年代移動》

これが新たな史書、『日本書紀』の記事の本質です。

(三)「瀧」について

ここであげられた「瀧」の文字・意味の問題は、かつて全力でとり組んだテーマでした。今、その要点を次にしるしてみましょう。

①「瀧」

㋑ⓐ雨の降るさま。瀧瀧。ⓑひたす。うるほす。

㋺川の名。瀧、水名。

㋩ⓐ川の名。瀧水。ⓑ州名
㋥はやせ。〔集韻〕瀧、奔湍。〔正字通〕瀧、嶺南急流謂二之瀧一。

㋭瀧涑は、うるほふ。

㋬〔邦〕たき。瀑布。〔『倭名類聚抄』天地部、水上類〕瀧、兼名苑云、飛泉、一名、飛湍。〔注〕瀑布也。

（『諸橋大漢和辞典』）。


中国では「川名」や「急流」の意が多いのに対し、日本では「瀑布」が主である。この問題です。

②日本の古語辞典では、

「川や瀬の流れの急な所。急流。」

としながら、

「瀧の糸」については、

「瀧の水が落ちるさまを、数多くの糸のたれているのに見たてていう語。」

とし、〝瀑布〟の意としています。「瀧の白糸」（『拾遺』等）という成語も、有名です（『明解　古語辞典』）。

③実は『万葉集』にも、同様の用法が出ています。

「斧取りて　丹生《にふ》の檜山《ひやま》の　木折り来《こ》て　筏に作り二揖《まかじ》貫《ぬ》き磯漕ぎ廻《み》つつ　島傅《づた》ひ　見れども飽かず　み吉野の　瀧《たぎ》もとどろに　落つる白波（三二三二）

反歌

み吉野の瀧もとどろに落つる白波留《とま》りにし妹に見せまく欲《ほ》しき白波（三二三三）」

ここでは「滝もとどろに　落つる」と言っているのですから、単なる「早瀬」や「急流」ではない。やはり「瀑布」とみるのが自然ではないでしょうか。事実、奈良県の吉野川の最上流には〝糸のしたたり落ちる〟ような、可愛らしい瀑布が存在します。しかし、そこは「舟遊び」のために、舟出できるような、広い場所では全くないのです。

柿本人麿が「吉野の宮」で歌ったように、

「百磯城の　大宮人は　船並《な》めて　朝川渡り　舟競《きほ》ひ　夕河渡る……水激《たぎ》つ　瀧の都（「宮子」）は見れど飽かぬかも」（巻一　三六）

の状景とは、およそ、その「場のスケール」が全く異なっているのです。

④中国は、悠々たる大地と大河の国ですから、いわゆる「瀑布」は（中心部では）少ない。それが「はやせ」を「瀧」と称した、その現実の地理的背景でしょう。

これに対し、「列島山地」の中の日本では、早瀬や急流は至るところに存在します。必ずしも珍しくはない。ために、いわば〝直角的に落下する〟瀑布が注目され、名勝の「名」をあげる。——それが「たき」なのです。「た」は〝太〟〝大いなる〟の意。「き」は、〝水の拠点〟でしょう。単なる〝早瀬〟や〝急流〟ではないのです。

注目すべき一点があります。

右の「巻一　三六」のような「瀧」が、「奈良県の吉野」にはなかったため、いわば、〝苦しまぎれ〟に、中国流の「早瀬」や「急流」を「瀧」と見なさざるをえなかったのではないでしょうか。

⑤最後に、肝心の「問題の論理性」、その急所をしめしましょう。

第一、「奈良県の吉野」か、「佐賀県の吉野」かを決めるのは、「観光地か、軍事基地か」という、これが基本の問いです。

第二、次に、〝これに準ずる〟テーマとなるのが、「早瀬か、瀑布か」の問題です。「軍事基地」説に立つ場合、ここには立派な「瀑布」がある。中国風の「早瀬でも、瀧と言いうる」といった〝苦肉の策〟に頼らなくてもいい。――そういうことです。

「瀑布を瀧と呼ぶ」これは、もっとも通常の、常識となった、美しい日本語ではないか。わたしにはそう思われます。

2　「有明海の軍事的位置」について

質問　『多元』三五号「丁亥の吉野――白村江の軍事史の出発点」は、
A　博多湾岸には外国の使節が駐留している。
B　博多湾岸から済州島へのコースは海流の逆コース。
C　したがって、有明海周辺から「海湾を出れば直ちに海流に乗ることができる」。
①軍船はどこで造られ、集結地へ向かったのですか。
ことを根拠に「有明海周辺が一大根拠地であった」としていますが、次の三点で質問します。
②博多湾を過ぎ、有明海へ行くには、東松浦半島以遠は北松浦半島と平戸島、西彼杵《にしそのぎ》半島、長崎半島（五島灘）、野母崎、島原半島（早崎瀬戸）と入り組んだ地形と多くの島々があります。熟知した水先案内人でなければ操船が困難ではないでしょうか。
③有明海は現在も遠浅です。構造船は停泊が困難だと考えられます。
回答　この点、次のようです。
①軍船は、日本列島各地で造られていたと思います。日本列島は「海洋国家」ですから。
「白村江の戦いにそなえて、特定の地点（X）で、あわてて造られた」ものではない、と思います。

のちの瀬戸内海水軍（「村上水軍」など）のもとをなす「越智《おち》」水軍なども、その一つとして重要です。神籠石山城の一つ、「石城山《いわき》」（山口県）があり、〝より古い〟かと思われる「亜《あ》神籠石式山城」の「大廻・小廻」（岡山県）も、その重要な一つです。

また、一番〝新しく〟造られた（〝造りかけ〟で中止）と見られる、唐原（福岡県、東海岸、南端）は、「別府湾」を〝守る〟ための拠点ではないか、と思われます。

もちろん、吉備（鬼ノ城）なども、その一端です。

けれども、彼等が「白村江の戦い」に参加したか否かは別です。

「越智水軍」は参加しました。「越の国」に〝捕虜〟として捕らえられていた伝承が伝えられています。

逆に、別府湾近辺の「水軍」は、参加しなかったようです。「壬申の乱」の際、天武側に「味方」しています。

彼等も、それぞれ「歴年の軍船」をもっていた、と思います。

②日本列島の、各地の「水軍」にとって、日本列島内の「入り組んだ地形と多くの島」こそ、「海のノウハウ」という〝プロ知識〟の基本だったと思います。

「白村江の戦い」のために、いきなり「海の情報を集める」など、ありえないことです。

③有明海は、一日の中でも、「海の深さ」は激変します。潮の満ちてくる「とき」でないと、「停泊」も、「進退」も、とても無理です。

有明海は、リヴァプール、仁川に次ぐ、世界有数の「干満の差」をもつ海域として、知られています。

だからといって、「有明海以上に〝干満の差の激しい〟仁川などにアメリカ軍の上陸作戦ができたはずはない」と主張して、この作戦の「史実」を否定する。そんな史家がいるでしょうか。

有明海の「干満と航行の関係」について、佐賀県の「船舶航行（干満の差）表を入手し、解説を聞きました。

また、この有明海に近い久留米で学生生活をすごされた古賀達也さんに実情をお聞きしました。いずれも、潮の満ちてきた時間帯は、

「航行、イエス。」

でした。

「構造船は停泊は困難」というのは、「現地の調査」ではなく、やはり「机の上の思弁」に陥られたのではないか。そう思います。

実地について、ご検討ください。

3　「三船山の歌」について

質問　熟田津の歌は「潮もかなひぬ」という一句がある以上、下山説（佐賀県新北）のリアリティの方を採りたいと思いますが、「三船山の歌」も有明海出発説を支持しているのではないでしょうか。この点、お考えをお聞かせください。

回答　なるほど、感服しました。

「三吉野の　御船の山に　立つ雲の常にあらむとわが思はなくに

右一首、柿本朝臣人麿の歌集に出づ」（万葉集巻三　二四四）

これを、奈良県ではなく、佐賀県の「御船の山」と解しましたが、これを「有明海の干満」と「雲のたたづまい」の〝関わり〟を歌ったもの。そういう貴方の〝鑑賞〟も十分ありうる、と思います（注＝原文は「御船乃山」と書かれ『岩波万葉集』〈久松潜一等監修〉にも「御船の山」と訳されているが、『岩波新日本古典文学大系

本』〈佐竹昭広等校注〉には「三船の山」と訳され、奈良県としている）。

4 「軍備・統率力と経済的地盤」について

質問　白村江の戦いは遠征だったと言えましょうが、当時、日本の国をそれだけ纏められた大王はそれなりの統率力と経済的地盤を持っていたのでしょうか。倭軍船四百艘が炎上したとありますが、誇張のように思えるのですが。

回答　当然、あった、と思います。

『宋書』倭国伝の「倭の五王」は、

「使持節都督倭・新羅・任那・加羅・秦韓・慕韓六国諸軍事、安東大将軍、倭王」

に任ぜられています。歴代、これと同類の称号を「自称」し、あるいは中国（宋朝）から〃承認〃されています。

この場合も、それなりの「統率力と経済的地盤」があったと見なすこと、当然ではないでしょうか。

この「都督」のいるところは「都督府」です。すなわち、筑紫都督府です。

このような「史料事実」に対して、

「否、彼等には、そのような力量はなかった。」

と主張したいなら、その主張者が「それ」を〃反証〃すべきです。

あの三県（佐賀県、福岡県、山口県）にまたがる、広大な神籠石山城群の存在もこのような「統率力と経済的地盤」なしには、不可能だったのではないでしょうか。

なお倭国は、「海洋国家」であること、お忘れなく——。

5 「大和勢力と罰則」について

質問　古田先生は、大和の勢力は参戦しなかったということですが、当時大和勢力がなくて勝てる戦争だったのですか。また、参戦しない大和に対して何の罰則も与えられなかったのですか。

回答　白村江の戦いは、

①もともと、「大和勢力なし」で中国（唐）に〝対立〟したのではなく、（予定していた）大和が、〝抜けた〟のです。

②「大和勢力なし」でも、〝勝ちうる〟体制も〝あった〟と思います。それは、「神籠石山城にこもって、唐の侵入軍を迎え打つ」戦法です。これらの山城群は、そのために〝造られた〟のです。

この場合、侵入軍（唐）は、当然「海」から「船」で侵入するわけです。その「補給」は、やはり朝鮮半島側からの「船」による他はありません。大陸から〝直接〟では、遠すぎます。

この場合、「持久戦」にもちこみ、「補給路」をゲリラ舟で間断なく「小攻撃」を続ければ、ボディーブロウのように、「侵入軍」の体力（食糧と兵器）は、弱ってきます。

そこで、「機」を見て、反撃に転ずるのです。これは「必勝の策」です。

ちょうど、モスコーを攻めて失敗したナポレオン軍やヒトラー軍と同じです。「海」は「原野」より〝広い〟のです。

このような「必勝の策」を〝打ち破った〟のは、大和側勢力（中大兄と鎌足）の「脱落」です。

もっと正確に言えば、その「タイミング」です。戦闘開始の直前、「やめた！」と言って引き揚げる。もう神籠石山城の中の士気は〝メチャメチャ〟です。

そこで、九州王朝側は、〝止むをえず〟海上に出撃して「敵地」（唐側の支配地域）に出て闘う「愚」を犯さざるをえなかったのです。

もちろん、今から考えれば、落ち着いて、「大和勢力なしの体制を立て直す」べきだった、とも思われますが、「混乱しかけた、味方の士気を高めるための出撃作戦」となったのでしょう。もちろん、そこには、九州王朝の天子（皇太子＝筑紫の君）薩夜麻の「若さ」もあったことでしょう（注＝『日本書紀』持統四年の記事には筑紫君「薩夜麻」とあり、同天智十年の記事には筑紫君「薩野馬」とある）。結果は、ご存知の通りです。

＊武彦今言

白村江の戦いのときの「九州王朝の天子」は、はじめ薩夜麻と考えていましたが、後に斉明天皇としました。薩夜麻は皇太子です。この点、一七四ページ参照。

次の罰則の問題

これは、「平和時」なら、「罰則云々」もありうるでしょうが、大敵の「唐軍」を目前にして、それどころの話ではありません。「大和勢力の撤退」は、そのような絶好の「機」を選んで行われたのです。

その「口実」が、「斉明天皇の喪に服すために」でした。

「言い方」としては、「斉明天皇の御遺志に従うため、断乎、参戦する」という道もありえたのでしょうが、本来「避戦派」であった、中大兄（天智）と鎌足は、この「喪」を〝奇貨〟として、逆をえらんだのです。

（注＝ここでいう斉明は、日本書紀に取り入れられた斉明（皇極）であり、九州王朝の斉明は本書一八九ページ以下参照）

6 「大和と無傷」について

質問　第二次大戦後アメリカに占領された日本では、東京だけ占領されたのではなく、主要都市は全部押さえられたのですが、白村江敗戦後、大和は無傷でいられたのでしょうか。

回答　古代と現代を比較する時、両者の間には、幾多の興味深い「共通点」があります。けれども反面、「差異点」もあります。

たとえば、「白村江の敗戦」の場合、倭国内には、

（A）戦闘勢力（九州王朝）

（B）和睦勢力（大和勢力）

の二つがありました。おそらく「中間派」もあったことでしょう。

しかし、今回の敗戦（一九四五）の場合、そのような「国内分裂」はありませんでした。これは決定的な「差異点」です。

したがって、唐の戦勝軍は、九州では「山城群」や「天子の宮室」や「陵墓」などの破壊は行いましたが、大和へ「大挙侵入」した形跡はありません。その〝証拠〟として、いわゆる「天皇陵」は破壊されていません。

この点、たとえば、博多湾岸の「三種の神器」の弥生王墓や筑後川流域の装飾古墳群とは、全く〝ちがって〟います。

では、「大和は無傷だったか」と問われれば、「否」です。

「反唐勢力の蘇我氏の勢力」（九州王朝の斉明天皇を支えた）が覆滅されたのです。

たとえば、あの「石舞台古墳」。蘇我氏の中心的古墳とされていますが、内部は〝ガランドウ〟です。〝ものの見事に〟破壊されています、あの装飾古墳群のように。しかも、もっと露骨に、「破壊」を見せつけています。

それは何か。

まず、「通説」あるいは「俗説」のように、「六四五年の入鹿斬殺の結果、このような破壊が行われた」ものではありません。なぜなら、

①蘇我倉山田麻呂のように、蘇我氏はなお「健在」だった。彼等が「一族のシンボル」のような、この巨大古墳の「破壊」を〝うけ入れる〟はずはない。

②「中大兄や鎌足と敵対した」からというのなら、聖徳太子と闘ったという物部氏の墳墓も〝あばかれ〟ていい。しかし、天理市の石上神宮周辺の物部氏関連の墳墓に、その形跡はない。「石上神宮」そのものも、〝崇敬〟をうけつづけている。

以上によっても、前の「俗説」は成り立ちにくい。そう思います。では、なぜか。

＊武彦今言

先述のように「東日流外三郡誌」は蘇我氏のもとにある（と思われた）「天皇記」の入手のため、としています。もちろん蘇我氏の〝反唐勢力〟としての存在という問題が背景にあります。

7　陵墓の破壊について

質問　白村江で敗れて、唐が日本に進駐してきた時に、唐からすれば俾弥呼の墓は一番許せない墓になるはずです。それで墓を暴いたのではないかと思いますが、いかがですか。

回答　唐の軍が俾弥呼の墓を破壊したかどうかは難しい判断ですが、壊したであろうと想定しても間違いとは言いにくい問題です。

その問題と離れて、はっきりしていることは、弥生の三種の神器が出てくるところは、全部上が壊されています。俾弥呼の墓だけではない。一つだけ壊されているのなら別で、それが俾弥呼の墓であっただろうなどということも可能です。しかし、そうではなくて須玖岡本でも、あれは農家の納屋の下から、甕棺が出てきました。はじめから、納屋の下に置くはずはないですから、当然上に盛り土があったはずです。それは削られている。誰かがなんかの時期に削っているわけです。

同じように吉武高木でも、あれは下水工事で出てきたわけです。下水工事をするようなところに初めから作っているはずはなく、当然上に盛り土があるはずです。それは削られているわけです。三雲が見つかったのは江戸時代ですから、その時の状況は分かりませんが、あれも、それぞれ弥生の頃の盛り土があったのが削られた状態で、見つかったわけです。

平原もりんご園でしたか、何かやっている時に出てきました。その時も盛り土がなかったわけです。あれも全部盛り土部分を削り落としているわけです。それはやっぱり、唐の軍隊がやって来た時にやったのではないでしょうか。

唐の軍隊は南京で南朝を征服した時に、南朝の陵墓を全部壊しています。百パーセント壊すつもりで、若干残ったのが、あの、石の辟邪《へきじゃ》だけです。あと陵墓は跡形もないように壊しています。日本に来たのも唐の軍隊です。やっぱりそういうやり方を彼等はしているのではないか。その前に俾弥呼の陵墓と特定してやったかどうかは分かりません。とにかく彼等が削り取って、平坦な状態にしたことは確かです。

その時幸いだったのは削り取った地下に甕棺とか色々のものがあった。それが偶然見つかってきているということです。

卑弥呼の墓と名指したかどうかは別として、唐の軍隊がそういう陵墓を壊させたことはおそらく事実だろうと思います。

さらに言うと、装飾古墳の中が全部抜き去られている。それを普通盗掘されたのだと言われていますが、これはおかしい。誰かが盗掘するとすれば夜に自分が入れるくらいの穴を開けて中の財宝のようなものを抜き出してくる、という方法になると思います。それを全部正面から大きな穴を開けて中のものを全部運び出すようなやり方を盗掘というのはイメージが沸いてきません。

8　白村江の戦いの期間について

質問　白村江の戦いはどのくらいの期間だったのでしょうか。

回答　まず陸戦が一・二月にあって、倭はかなり勝っていた。海戦が八月にあり、完全に敗れました。

9　破壊の範囲について

質問　唐の軍隊がきて表土を削ったのはどの辺のエリアですか。

回答　我々が知っているのは博多湾岸を中心とする弥生墓、三種の神器があるような弥生墓、これは全部壊されています。それから装飾古墳、これも全部中抜きをしている。山全体をなぜ壊さないのかと言われたら困るのですが。山全体を壊した例は見たことがない、しかし中抜きをやっています。

古墳の場合は、壊す気になれば、やれないこともないが、中抜きをやる方がやりやすいということでしょう。岩戸山は全部は壊されていないわけです。

これに関連して、白村江で、近畿天皇家が中心で戦ったものでないという最大の根拠がそれです。もし近畿天皇家が、『日本書紀』が書いているみたいに、白村江の戦いで唐から見た敵対勢力の中心であったとすれば、唐の軍隊がきたとすれば、真っ先に近畿に行くべきです。さっきの話からすると、天皇陵を全部壊してゼロにするか、あるいは中抜きする方が簡単です。

唐に敵対したのが近畿だとしたら、彼等はそれをやるはずです。天皇陵全部なくするのは技術的に難しいですが、中抜きぐらいならすぐできます。

近畿天皇陵が軒並み中抜きされているとすると、『日本書紀』が書いた通り、唐と戦ったのは近畿天皇家であるということになります。しかし、唐の軍隊は筑紫止まりで、近畿まで行っていない。全部壊しも中抜きも全くやっていないわけです。めんどうくさかったかと言うとそうでもない。中国からきたら同じようなものです。近畿が中心で白村江を戦ったのではない。白村江で戦ったのは筑紫の勢力である、という証明になっています。

古墳を全くなくした例もなくはないと思いますが、たとえば、人形原と言われる場所、昔は石の人型がたくさんあったはずですが、今は何もない。石の人型がたくさんあったというのはやはり、岩戸山古墳のように陵墓に関連してあったのではないか。そうすると人型がなくなったわけではなくて、陵墓全体をなくされている可能性はあるわけです。だから、陵墓全体をなくされたことがありえないとは言えないわけです。

要は天皇陵が、それをやられた形跡がないということが大事だと思います。

10　「唐の百済・倭国への対策」について

質問　唐は白村江の戦い以降も百済を滅ぼそうとはせず、復活を試みています。新羅の台頭を抑制する方針と思います。倭についても、占領してから滅亡させる方針があったとは思えません。「武周」（則天武后）の時代における新しいものへの愛着による日本国への転換と思われます。すなわち、一貫した唐の政策があったと見るのは行き過ぎではないでしょうか。

回答　唐は突如（「新羅の要請に応ずる」という形で）百済への侵略を行ない、その百済王や太子や諸臣を捕虜として連れ帰り、そのあと「放った」というのですが、もちろん彼等を「復位」させたわけではありません。

「反唐」にして「親倭国」の勢力を駆逐し、新たに「親唐勢力」の一派を〝権力の座〟につけました。もちろん、「唐の支配下」における、従属権力です。

倭国の場合も、根本においては変わりません。

「反唐勢力から、親唐勢力へ」です。

ただ、倭国の場合は、「捕虜」とした薩夜麻（九州王朝の皇太子）を〝連れもどし〟て、「倭王の位」に「復位」させました。

九州年号の「白鳳」は白村江の敗戦の前年（六六一）に発布されたものですが、その敗戦という一大変事を〝通じて〟存続しています。しかも、二十三年間。敗戦（六六二もしくは六六三）からも、約二十年間の存続です。薩夜麻の「帰還」以後も、十数年、「白鳳」です。

この「釈放」と「帰還」は、なぜか。当然、唐がそれを「望んだ」からです。何を「望んだ」か。「薩夜麻に対する政治的利用」を望み、薩夜麻はそれに〝応じた〟のです。

この「薩夜麻、利用」は「七〇一」までつづきました。

その間に「朱雀」「朱鳥」「大化」と年号は変りましたが、「倭王」は変らず、薩夜麻です。

なぜかといえば、もしその間に「X」「Y」といった、九州王朝の「倭王」が存在したとすれば、それは必ず『日本書紀』の中に、「貶・褒、いずれか」の形で姿を現すはずです。しかし、そのような「人物」の影すらありません。

あるのは、「薩野馬」のみ。それも「薩野馬」と、〝恥づかしめる〟表記に〝変えて〟出現させます。

「野の馬のように、やみくもに飛び出していって、捕虜にされた男。」

「身近の家来を奴隷に売ってまで、自分の生命《いのち》だけ、生きのびて、逃げ帰った卑怯な男。」

そういうイメージを〝どす黒く〟塗りつけているのです。『日本書紀』編成の「一眼目」に、この「黒いイメージの塗りつけ」があった、と思います。

「熊曾建も、醜い。磐井も、みじめだった。そして、薩野馬もまた、何とも恥づべき男だった。」

というのです。要するに、

「九州の男、彼等首長は皆、ろくでもない連中ばかりである。」

こういう「黒いイメージ」をこれでもか、これでもかと、〝塗りつける〟のです。

「だから、本当だ。」

と受け取るか。

「これは、あやしい。」

と受け取るか。それは人の感受性の問題でしょう。

わたしは、むろん、後者です。

要するに、唐は「薩夜麻の一時利用」を終え、本格的な「親唐政権の樹立」を〝目指し〟た。これが「七〇一」です。

もちろん、唐側の「対、倭国政策」には〝試行錯誤〟はあったでしょう。たとえば、

「薩夜麻を生かすか、処刑するか。」

とか、

「本格的な〝代替（親唐）勢力〟として、大友（皇子）を採るか、天武（天皇）を採るか。」

など、絶えず、さまざまな「迷い」と「決断」の連続だった、と思います。

肝心の「劉仁願の追放」というテーマも〝入り〟ました（何か、「マッカーサーの解任」を思いだささせますね）。

けれども、それらを一貫して、

「反唐勢力を徐々に根絶し、やがて、本格的な親唐政権の樹立に向わせる。」

という基本の方針には、変りはなかったのではないでしょうか。

＊武彦今言

薩夜麻と斉明天皇との関係（再考）に関しては後述しました。

11 「劉仁願と薩夜麻の釈放」について

質問 劉仁願と薩夜麻の釈放についてご説明ください。

回答 この回答をしたためている中で、今まで思いがけなかった、新しい「発見」がありました。次にしるします。

㈠天智紀にくりかえし出てくる、中国側の将軍（百済の鎮将）に、劉仁願のいたことはよく知られています。たとえば、

「(天智三年、六六四) 夏五月の戊申の朔甲子に、百済の鎮将劉仁願、朝散大夫郭務悰等を遣わして、表函と献物とを進ず。」

この劉仁願について、『岩波日本書紀』下は、次のような注を付しています。

「二八、唐の武官。蘇定法の指揮下に百済を攻略。→補注26―四。資治通鑑、唐紀など海外史料によると、凱旋後、麟徳元年（この年）二月、熊津都督府に再び来鎮、百済の元皇太子隆と新羅の王弟金仁問との和親誓盟に立会う。のち高句麗征討の役に軍を逗留させた罪で、総章元（天智七）年八月、姚州に流された。」（三六一ページ）

右に続き、「補注」では、

（A）「26―四」（五七七ページ）「唐の百済征討と百済滅亡の経過」

（B）「26―九」（五七八〜五七九ページ）「百済滅亡後の動乱」と、かなり長文で紹介されているけれど、劉仁願が流罪にされた事情、ないし理由については、特別の解説は見出されない。

右の「高句麗征討の役に軍を逗留させた罪」というのも、いささか「意味不明瞭」です。

(二)この点「新視点」を見出しました。もちろん、一個の仮説です。

①劉仁願は、来倭国の使者、郭務悰の上司であり、「対倭、政策」施行の当事者であった。

②劉仁願「流罪」の三年あと（天智十年）、突然、薩夜麻が〝釈放〟されている。

③劉仁願「流罪」の三年あとの「天智十年、正月十三日」に次の記事がある。

「辛亥に、百済の鎮将劉仁願、李守真等を遣して、表上《たてまつ》る」《α》

と。ここには「三年の錯誤」がある。すなわち、『日本書紀』の記事には、「三年のくりあがり」が行われているのである。

すなわち、右の記事《α》の実年代は天智七年正月十三日となる。劉仁願「流罪」の「天智七年」のはじめである。これ以後、「劉仁願」の名前は『日本書紀』に出ていない。

④この直後、「天智十年十一月」の『薩夜麻釈放』記事となる。三年さかのぼれば、「天智七年十一月」で

である。

すなわち、この年の八月に劉仁願が「流罪」された。右の「釈放」の十一月の「三ヶ月前」である。

⑤もちろん、「三年後」でも、ほぼ「直後」だが、右の「三年のずれ」問題を入れると、「三ヶ月あと」。文字通りの「直後」である。

いずれにせよ、

「劉仁願の流罪」と「薩夜麻の釈放」

とは、「時期的」に、「一致」もしくは「対応」しているのです。これは偶然でしょうか。

先述のように、劉仁願の「所管」が「対倭国、政策」であった点から見ると、この「一致」もしくは「対応」は偶然ではなかった。——その可能性が大なのではないでしょうか。

㈢以上を総括してみます。

第一、劉仁願は「薩夜麻の非釈放」の立場に立っていた。

第二、現地（倭国）へくりかえし訪問した郭務悰は、これと必ずしも「同一」でない立場だった。すなわち「倭国側の統治体制の尊重」の立場である。

第三、劉仁願が「流罪」によって、追放された。

第四、唐は、薩夜麻を「釈放」した。

第五、その新政策の「実行」にたずさわったのは、（それ以前にひきつづき）郭務悰であった。

第六、薩夜麻は「倭王」の位に復帰し「白鳳」の年号のまま、新たな統治体制をはじめた（注＝九州年号の「白鳳」はいわゆる「天武白鳳」の十一年までつづき、その後「朱雀」「朱鳥」を経て「大化」に至る。いずれも、薩夜麻、在位）。

第七、いわゆる「壬申の乱」も、この間に生じた（背後に唐軍がいた）。

＊武彦今言
その後の研究の進展により、①皇極天皇（大和）と斉明天皇（筑紫）とは別人であり、斉明に「唐に対する敵対」の責任者の〝汚名〟を着せている。②薩夜麻は「天子」でなく、「皇太子」。③「白鳳」は斉明天皇の下の年号。以上へと進みました。

12　「四国の酋長」について

質問　六六三年の白村江の戦いに敗れた日本列島に唐は「筑紫都督府」を置いて支配します。『旧唐書』劉仁軌伝には「麟徳二年（六六五）、封泰山、仁軌領新羅及百済、耽羅、倭四国酋長赴会、高宗甚悦」とあります（注＝中華書局版、二七九五ページ）。
四国の酋長とはそれぞれ誰をいうのでしょうか。

回答　興味深い問題です。
①「分からない」というのが、これまでの、わたしの理解でした。
②しかし、現在は、やや〝ちがって〟います。率直に言えば、「この倭の酋長は〝薩夜麻〟ではないか」という回答です。
③今までは、薩夜麻に対して「捕虜―奴隷」のようなイメージしかありませんでした。「奴隷」は、〝博麻（持統四年）〟からのイメージですね。
④しかし、天智十年（六七一）十一月の「薩野馬帰還」を以て「唐側の薩野馬に対する政治利用」というテーマに気付いてから、わたしの歴史認識は「一変」というより、一大進歩をとげたのです（別述）。
⑤この「四国酋長」の時点（六六五）は、薩夜麻（野馬）が「中国（唐）側滞在時期」ですから、彼がこの

「倭の酋長」であったとしても、何の不思議もありません。
⑥この年（六六五）は「白鳳五年」ですから、当然「薩夜麻在位中」です。
⑦したがって、「倭の酋長＝薩夜麻」は、むしろ「必然」といえるかもしれません。面白くなりましたね。

＊武彦今言

本章第11節末尾を参照。

13 「現代の占領と唐の軍隊」について

質問 白村江敗戦後唐による占領が行われた、とする論拠として厚木に上陸したマッカーサーの軍事力と『日本書紀』記述の唐将軍の数を対比させていますが、マッカーサー占領軍は全体とし四十五万人であり、九州のみでも五万人に達します。

先遣隊との比較で論ずるのは方法的に理解できないのですが。

回答 問題点を、次に列記します。

『日本書紀』の天智紀に記載された「九年間に五回」の唐の軍隊の「来日」について、「二千人や三千人の唐軍で、日本列島を〝占領〟もしくは〝征圧〟できるのか。」との〝疑問〟が出されたのに対し、「マッカーサーが厚木に降り立った時の軍隊も、その程度だった。」と〝お答え〟したのです。

いずれの場合も、「現地、派遣隊（A）」と「本国側の背後全勢力（X）」との相関関係が問題です。右の（X）を抜きにして、（A）だけを「見る」のでは、真の勢力関係は理解できません。

敗戦国側は、（A）の背後に（X）の存在を〝知る〟からこそ、（A）に「威怖」し、その「命」に従わざるをえないのです。これが、

「白村江の戦勝後の、唐軍の筑紫進入」と
「今回の戦勝後のアメリカ軍の厚木進入」

との、「共通性格」です。これが、問題の本質です。

では、他の側面も、すべて同じか。とんでもないことです。

第一、アメリカ軍は「日本進駐」によって、ここ（日本列島）を「足場」として、大陸側（ソ連と中国）の「共産主義勢力」と相対抗しようとしていた。この問題（大局的情勢）は、現在でも、本質的には〝変って〟いません。それが、「四十五万人、駐在」の背景です。

これに対し、唐の場合、日本列島の向う（太平洋側）に、さらなる「敵国」など存在していません。

第二、中国本土や朝鮮半島の「唐軍」は、きわめて日本列島に近い。これに対してアメリカ本土ははるかにはなれている。

ですから、「日本征圧」それ自身のためにも、唐の場合以上の「現地勢力」が必要です。

現在のように、日本が、きわめつけの「対米友好国」になっていても、アメリカ側の政治家や軍事専門家は、このような「地政学的基本事実」を頭から忘却していることなど、全くありえません。

第三、現代のアメリカ軍にとって、「台湾」問題は、対大陸戦略上、重要です。これは周知のところです。しかし、唐軍にとって、このような「台湾」は存在しません。

けれども、今は現代の戦略論への「深入り」は避けましょう。わたしにとって、これは「史料不足」の領域ですから。

要は、七世紀後半と二十世紀と、当然ながら「差異点」もまた多いということです。

14 『三国遺事』の「融天師彗星歌」について

質問 『失われた九州王朝』に『三国遺事』の「融天師彗星歌」が紹介されて、その一文から次のような帰結が導かれています（『三国遺事』朝鮮史学会編、国書刊行会、一九七一年刊、による。以下同じ）。

①融天師の歌は「星怪（佐）即滅、日本兵還国、反成福慶」の部分である。

②それに対しその後の「歌曰《旧理東尸汀叱、乾達婆矣…》」の部分は新羅語の郷歌である（本文は書かれてはいないが、漢文の当該部分を通俗的に歌い直したものと理解されたようである）。

③「日本兵還国、反成福慶」は融天師の言換えと推測ないし希望、一種の縁起直しの歌詞で真平王はその虚辞を賞でて、宝同郎たちをして岳に遊ばしめた。

④日本兵は新羅に恒常的に進駐しており、新羅君臣の憂いの元をなしていた。その本国に還ることは一種の異変であり、彗星が心宿《しんすく》を犯すごとき天変を引き起こしたと解釈された。

⑤AD六～七世紀の真平王の時代に、すでに「日本」の国名が使われていて、新羅人もそれに従っていた証拠である。

しかし『三国遺事』の前後を子細にみると、その論証は半ばは正鵠を射ているが、一部は誤っていると思われます。

⑥「星怪即滅、日本兵還国、反成福慶」の部分は〝歌の文〟ではなく、一然の〝地の文〟であり、「(融天師が歌を歌うと、その徳で)星の怪みはただちに滅し、日本兵は国に還って、反って福慶となった。(そこで)大王は歓喜し……」と読むべきである。その理由は、

a 「信忠掛冠」「月明師兜率歌」「広徳・厳荘」「永才遇賊」などの各篇に、漢文の詩を伴わずに「歌曰」

などと前置きして新羅語と思われる歌が記されている。

b「星怪即滅」とは彗星が心大星を犯した現象の形容としては適当ではない。

c「星怪即滅」の句は「月明師兜率歌」には「景徳王十九年庚子四月朔、二日並現。挾旬不滅。……既而日怪即滅、王嘉之」とあるように、凶兆の消滅をいう表現であって、星の有様を形容した文句ではない。すなわち、「星怪」は実際に消滅したのである。

dこの物語を含む「神呪第六」は、みな仏教僧の奇跡譚であり、単に言葉の上で解釈し直して解決するような傾向はない。また、「月明師兜率歌」のように梵唄も習わず、「郷歌」のみによって奇跡を現すような「国仙之徒」を顕称しているのであって、漢文や梵文を巧みにする教養ある僧侶をよしとはしていない。

⑦以上の点から、次のように考えます。

a倭国が真平王時代に新羅に侵入を繰り返していたこと自体は間違いない。

bしかし前述の理由から「日本」は真平王の時の呼称ではなく、一然の時期、即ち高麗忠烈王（一二七五～一三〇八）の時代の呼称であり、唐代以前に「日本国」の呼称があった裏付けの傍証としては使用できない。

c真平王時代のわが国の呼称は、融天師の歌に「歌曰《旧理東戸汀叱、乾達婆矣……倭理叱軍置來叱多烽焼邪隠辺也藪耶…》」とあるように、「倭」であって、「日本」ではない。

回答　今回の質問の中の「圧巻」と存じます。

わたしの『失われた九州王朝』の所論に対して、問題の一節をふくむ『三国遺事』の周辺の文面を調査した上での「御反論」ですから、貴重です。

わたしも、『三国遺事』の全文面を再調査して、御返報いたします。

(A) 質問者の論点と考察

(一) わたしは『三国遺事』(十三世紀成立)の「融天師彗星歌」(新羅、真平王〈五七九〜六三二〉代)の中の次の一節に注目しました。

「第五、居烈郎、第六、実処郎、一に実処郎に作る。第七、宝同等郎等、三花の徒、楓岳に遊ばんと欲す。彗星の心大星を犯す有り。郎徒、之を疑い、その行を罷《や》めんと欲す。時に天師、歌を作り、之を歌う。『星怪《あや》しく、即ち滅す。日本兵、国に還り、返《かへ》りて福慶を成さん』と。大王歓喜す。郎を遣わして岳に遊ばしむ。」(巻五 二十一ページ)

(二) これに対してわたしは次のように考えました。

①「この個所について、〝後代人などの手によって、『倭→日本』という名称置換が行われたのだろう〟という説は成立できない。

②この文の直後に「倭理叱軍置來…(以下略)」という表記(新羅独自の表音による『郷歌』)が出現するが、ここに『倭→日本』の置換はない。」

③さらにこの点、わたしは次のように述べました。

「同じく、高麗の一然(『三国遺事』の著者)が、そのような〝書き変え〟をする、という必然性はない。なぜなら、『三国遺事』自体の示すように、高麗は決して当時(十一〜三世紀)の日本に対して〝屈従的〟ではなかったからである。」(『失われた九州王朝』第四章、Ⅳ、四四五ページ)

(三) これに対し、質問者は次のように考えられました。

①「星怪しく、…福慶を成さん」は、「歌」の内容ではなく、地の文である(「福慶を成す。」と読む)。現実に、星の災いは消え、日本兵は(この歌のおかげで)帰ってしまった。——と解されたわけです。

その「効能の大であった歌」の内容を「郷歌」の形で、直後にしめした(先述の「倭理叱軍(以下)」)、と解されたのです。

融天師がこの歌を歌ったからといって、現実に、日本軍が帰った、というのはありえないことですが、この話（及びこの周辺）が、〝仏教的奇瑞譚〟の立場で書かれているため。そういう解釈です。

②この方の場合、前の「郷歌」の方が当時（六～七世紀初）の「正しい用法」であり、その前の「日本」は「地の文」中の出現であるから、『三国遺事』成立当時（十三世紀）の、国号（「日本」）によって記したもの。――そういう立場に立たれたものです。

（四）確かに、「筋の通った」立論。わたしはそう思いました。ですから、この点を、確実な検証を、『三国遺事』全体の表記事実（倭と日本の全使用例）について、検証したのです。それは次の一点です。

「『三国遺事』の〝地の文〟では、『日本』が使われているか、否か。」

第一、「論語正義云。九夷者。一玄菟、二楽浪、三高麗、四満飾、五鳧臾、六素家、七東屠、八倭人、九天鄙」（巻一、五ページ）

これは『後漢書』に出てくる、有名な「九夷」の事例ですが、この「倭人」は「日本」などと直されていません。中国側の史書からの引用ですから、当然とも言えましょう。

第二、「海東安弘記云。九韓者。一日本、二中華、三呉越、四乇羅、五鷹遊、六靺鞨、七丹國、八女真、九穢貊」（巻一、五ページ）

この「九韓」は、巻三の「皇龍寺九層塔」の中に詳細が述べられている。

「新羅第二十七　善徳王即位五年、貞観十年（六三六）丙申」にはじまる一段です。

ⓐ蔵（慈蔵法師）曰く「我が国は、北は靺鞨に連なり、南は倭人に接す。（下略）」（巻三　二十一ページ）

ⓑ「又海東名賢安弘撰、東都成立記云う。『新羅第二十七代女王、主と為る。道有れども威無し。九韓、侵労す。若龍宮の南、皇龍寺、九層の塔を建つ。則ち隣国之災、鎮す可し。第一層、日本。第二層、中華。

第三層、呉越。第四層、托羅。第五層、鷹遊。第六層、靺鞨。第七層、丹國。第八層、女狄。第九層、獩貊。』」

先の「九韓」とは、若干の変動がある。「毛羅と托羅」、「女真と女狄」、「穢貊と獩貊」です。「皇龍寺九層塔」の方が「九層の塔」の原物（金石文か）に依拠していると見られる点、この方が「原型」かと思われます。

ともあれ、今問題の「日本」については、両者同一です。それも、「善徳王」（第二十七代女王）の時代（七世紀前半）の金石文です。それにこの「日本」の二字があったことが証明されます。

その上、ⓐの方の「倭人」も、「日本」と〝書き変え〟られてはいません。

また、この「九韓」の場合、第二層の「中華」というのは「国名」ではありません。「呉越」などとは別の、黄河領域、いわゆる「中原の領域」を示す〝領域名〟です。したがって「日本」の場合も、後代（「七〇一」以後）の、いわゆる「日本国」という「国名」ではありません。〝領域名〟なのです（この点、後述）。

第三、「羅人云う、北に靺鞨有り。南に倭人有り。西に百済有り。是れ、国の害なり。」（巻一、八ページ）

先の慈蔵法師の言と類同している。ここでも、「倭人」は「日本」とは〝書き変え〟られていない。

第四、「亦云う、正明國。或は云う、琓夏國。琓夏、或いは花廈國に作る。龍城は、倭の東北一千里。」（「脱解王」巻一、一九ページ）

ここでも「倭」は「日本」と〝書き変え〟られてはいません。

第五、ⓐ「阿達羅王即位四年丁酉。東海の濱に延烏郎、細烏女有り。夫婦にして居す。一日、延烏、海に帰りて藻を採る。忽ち一巖一に云う、一魚有り。負いて日本に帰る。國人、之を見て曰く『此れ、非常の人なり。』」（巻一　二十一ページ）

と。乃ち立ちて王と為る。

ⓑ『日本帝記』を按ずるに、前後、新羅人の王となる者無し。此れ乃ち邊邑の小王にして真の王に非るなり（同右）。


右のⓐの「日本」について、次の二つの理解がある。

（その一）本来「倭（国）とあったものを「日本」と〝書き変え〟た（この点、次項によって否定される）。

（その二）「日本国」ではなく、先述の〝領域名〟。――わたしの立場。

右のⓑについて、

（その一）『日本帝記』という書物があった（『日本書紀』などを参照して、作製）。

（その二）『日本書紀』などを、『三国遺事』の著者が、この「名」で呼んだ。

いずれかの状況であろう。いずれにしても、この「日本」は「七〇一」以後の国号。


第六、「奈勿王（一に那密王に作る）金堤上」の項に「倭」、「倭王」、「倭国」が頻出する（巻一）。

ⓐ倭王使いを遣わして来朝して曰く。（二三ページ）
ⓑ以て倭に聘す。（同右）
ⓒ倭王留りて送らざること三十年。（同右）
ⓓ行きて倭国に至る。（二五ページ）
ⓔ倭王之を信ず。（同右）
ⓕ倭王に献ず。（同右）
ⓖ倭国に在り。（二六ページ）
ⓗ倭王怒りて曰く。（同右）
ⓘ倭国の臣子と為らず。（同右）
ⓙ倭国の爵禄を受けず。（同右）

ⓚ倭王屈す可からざるを知る。（同右）
ⓛ倭国を望んで痛哭して終る。（二七ページ）
これは「金（朴）堤上説話」です。新羅の奈勿王（三五六〜四〇二）の時の、有名な説話。すなわち、四世紀後半のものです。この中の国名・王名すべて「倭」が用いられています。「日本」ではありません。すなわち、
「『三国遺事』の著者は、当時（十三世紀）の国名の『日本』によって、史上の説話記述中の『地の文』では〝書き変え〟だ。」
という、質問者の「仮説」は、完全に否定されざるをえません。なぜなら、
「たまたま、あの部分だけ〝書き変えた〟。」
というような「立場」など、成立不可能だからです。
第七、「倭国と交通す。」（巻一、四二ページ）
「刑白馬而盟」とされる盟文。中国の帯方郡都督劉仁軌の作と書かれている。「龍朔二年（六六二）」、「総章元年（六六八）」、すなわち「白村江の戦い」（六六三）頃の作文。ここでも、「倭国」は「日本」と〝書き直され〟てはいないのです。
第八、「寺中記に云う。『文武王、倭兵を鎮めんと欲す。故に始めて此の寺を創る。未だ畢らずして崩ず。海龍と為る。其の子、神文立つ。』開耀二年（六八二）に畢る。」（巻二、六ページ）
白村江の戦いに勝った、新羅の文武王とその子の神文王の記事。「寺中記」という古記録からの転載です。
ここには、文武王が、
「倭兵を鎮めんと欲す。故に此の寺（感恩寺）を創る。」
という一文が印象的です。文武王が、白村江の戦いの「敵国」の「倭兵」の霊を鎮めるために、この感恩寺

を創った、というのが印象的です。倭国側の「俾弥呼」と共通する「敵を祭る精神」がここに現れています。

ここでも「倭兵」は、「日本兵」と〝書き変え〟られてはいません。

第九、「乃ち日本を塞ぐ垣なり。」（巻二、孝成王、一一ページ）

この冒頭に「開元十年（七二二）壬戌十月」とあるように、これは八世紀前半、当然「日本国」の時代です。ですから「倭国」ではなく、「日本国」。当然です。「同時代」の表現なのです。

第十、「皇龍寺九層塔」（前出）（巻三）

「南、倭人に接す。」（一三三ページ）

「第一層、日本。」（一三三ページ）

第十一、「融天師彗星歌、真平王代」（前出）

ⓐ「日本兵国に還らん。」（一三三ページ）

ⓑ「倭理叱軍…（下略）」（同右）

問題のこの個所は、『三国遺事』の「日本」「倭」出現の最末の個所だったのです。

以上によって、質問者の「仮説」は、残念ながら、事実ではありませんでした。

（B）「領域名」としての「日本」

右にあげた「国名」ではなく、「領域名」としての「日本」について、興味深いテーマにふれておきましょう。

博多湾岸には、三個所の「ヒノモト」という地名（字、地名）が存在しています。また、この周辺部（筑後等）にも、この「ヒノモト」という字地名があります。これが先述の「領域名」としての「日本」成立の基礎ではないか。わたしはそう考えています。

すなわち、

①「字、地名」ヒノモト（筑紫と周辺）

②領域名、日本（筑紫中心の領域）

③「日本国」名（七〇一以降）

です。「七〇一」以後、「国名」として正規に成立した、この国名の前に九州王朝内部における「前史」があり、朝鮮半島などの「倭国の外」にも知られていた。その貴重なテーマです。

これを再確認させていただいた質問者に感謝いたします。

（C）なお、質問者のもう一つの論点について

簡単にふれます。

①三花之徒。欲遊楓岳。

②有彗星犯心大星。

③郎徒疑之。欲罷其行

④時天師作歌歌之。

⑤星恠即滅。日本兵還国。反成福慶

⑥大王歓喜。遣郎遊岳焉

⑦歌曰。舊理東尸汀叱　乾達婆矣遊烏隠城叱肹良望良古　倭理叱軍置來叱多烽燒邪隠邊也（中略）彗星也白反也（中略）彗叱只有叱故。」

問題は、右の（⑤）。これを「歌」と見るのか、「地の文」と見るか、です。この点、質問者もふれておられる「月明師兜率歌」には、

「王曰く『既に卜の縁僧、郷歌を用うると雖も、可なり。』明（月明師）乃ち兜率歌を作り、之を賦す。其の詞に曰く『今日は此れなり。散花唱良巴寶白乎（下略）』」

右のように、この「兜率歌」の詞には「漢文部（傍点）と郷歌部分」の両者が〝共存〟している。当時の現地（新羅）人は、「郷歌」のような「古歌」型式を、いつも使っているわけではない。当然、「漢文部プラス郷歌」となるのです。ですから、先の「融天師彗星歌」の場合にも、当然「漢文部分」⑤と「郷歌部分」⑦に〝またがって〟いる。それで当然だったのです。

以上で、お答えいたしました。

＊武彦今言

『三国遺事』に、敵（倭兵）の霊を鎮めるために、文武王が寺を造った、という記事があり。注目したい。現在の韓国の「反日姿勢」のイデオロギーとは異なっています。逆に、日本側の立場（「祝詞等」）と共通している、アジアのヒューマニズムです。

15　都督について

質問　都督は南朝が滅んだ時、九州王朝はそれを廃したのではないでしょうか。『日本書紀』に出てくるそれは、白村江敗戦後、唐に復活させられたという考え方はいかがでしょうか。また、白村江当時の都督は誰かについて先生のご意見をお聞かせください。

回答　倭の五王が与えられた都督は文句なく中国からです。

その後、南朝の態度は従来と異なり、新羅、百済に傾斜しました。倭王は大将軍が外れ、百済がそうなっています。南朝梁の第一回貢献を最後に倭国は南朝史から姿を消しています。倭王は程なく元号を発し、南朝が滅んだ時期には天子を唱え、阿毎の多利思北狐に繋がります。

倭王が天子を称した時、中国に倣い都に都督を置いたと考えています。もちろん、従来とは位取りが異なることは当然でしょう。そして日本各地の評督に拡がります。

『日本書紀』に出てくる筑紫都督（『岩波日本書紀』下、三六六ページ）境部連《さかいべのむらじ》が倭国の親唐政策を担って、帰りは唐の軍事司令官に伴われて帰って来る記述がありますが、これは南朝系倭国都督の終焉の表明と言えます。

版本にはない「於」を挿入し（注＝送二大山下境部連石積等於筑紫都督府一）、其の意を歪めた形で現在理解されています。

同様に『続日本紀』の文武四年に突然現れる、征伐されるべき対象の評督が出てきますが（『岩波新日本古典文学大系続日本紀』一、二九ページ）、これも同じ性格で、九州王朝終焉宣言と言えます。

16　皇極と天智・天武について

質問　皇極天皇は天智・天武の母だという話がありましたが、天智・天武は兄弟と思ってよろしいのでしょうか。

回答　『日本書紀』によれば天智が兄、天武が弟ということになっています。弟の天武が年が上なのだと、だから、兄弟ではないというクレームというか問題意識を出されることがあります。

ただ、天武の方が年が上というのは『古事記』・『日本書紀』ではなくて、ずっと後世の史料に出てくることです。後世の史料に出てくるから全部ダメだとは言えませんが、しかしその場合はそこの箇所だけを抜き出してそれを根拠にそのあとの議論を展開するのは危ないわけです。それが出ている本の全体の史料批判が必要です。他は非常に正確にこの本は書いている。その正確に書いている裏付けの取れる本で、天武が年上になっている、だから、年上だろう、という論理をふんでいかなければならない。わたしが見た範囲で、天武年上説の場合、だれもそれをやっていない。歴史学の場合は部分と全体を見る必要があります。そういう手順をふんでいただければ良いと思います。

17　近畿天皇家に取り込まれた九州王朝の天皇について

質問　斉明天皇など九州王朝の天皇が近畿天皇家側に取り込まれている例をご説明ください。

回答　斉明天皇、正式にはサイミョウと読むべきと思いますが、これは九州王朝の天子です。九州王朝の終末期近くの天子です。それを近畿天皇家が取り込んで、近畿天皇家の系列に組み込ませています。組み込ませる場合に、近畿天皇家側の皇極天皇（つまり、天智と天武のお母さん、いわゆる大化の改新の時の天皇とされている）とイコールで結びつけて、同一人として扱ったということです。皇極は近畿の豪族です。皇極は非常に晴れがましい役、斉明に対しては、気違いの嫌らしい役を押しつけている。

同じように継体も九州王朝の天子の継体、年号にも現れている継体です。これを近畿の天皇の名前に取り入れて、使っている。景行天皇も九州王朝の天子の名前を近畿天皇家のように取り入れて、『日本書紀』はプラスアルファしています。

18　九州王朝の天子を『日本書紀』に入れた理由について

質問　斉明天皇は九州王朝の天子だったといわれますが、『日本書紀』の編者はなぜ、別王朝の天子をはめ込まなければならなかったのですか。

回答　唐の軍隊が入って来て、一番目につくのは、まず山城が延々と九州王朝を取り巻いていることです。それは、第一目的は防災ですが、同時に隋や、唐や、高句麗や新羅などの侵入に対しても重要な意味を持つことは当然です。とすると、こういうものを誰が作ったかということを説明しなければならない。そのため斉明という存在を指弾する必要があったのです。

斉明《さいみょう》は九州王朝の天子です。松山ではサイミョウという名前で地名が残っていると合田さんが言っておられますが、これは意味があります。つまり、サイメイは漢音で、サイミョウは南朝音、呉音の方です。そうすると南朝音の方が本来だと思います。これをみても斉明は南朝と関係をもった九州王朝の天子だった証拠になります。

もう一つ重要なことは、これも合田さんによって紹介されましたが、伊豫に紫宸殿という地名が、残っているということです。これは非常に重大なことです。

我々には紫宸殿は太宰府の場所にあったことは知られています。しかし、あそこは唐の軍隊が入って来ました。入って来てなおかつ紫宸殿と呼ぶはずがない。白村江以後において太宰府の紫宸殿の名前は消滅したと見なければならない。にもかかわらず伊豫の方になぜ紫宸殿という字地名が残っているか。要するに白村江以後九州王朝の中心勢力は伊豫の方に移った。そして、移ったところを彼等は紫宸殿と称した。その痕跡であると考えざるをえない。

このことともう一つ関連するのは九州年号です。白鳳という年号が白村江の前から、二十年続いていますい(六六一～六八三)。当然前は九州王朝の天子が作ったことは決まっています。それが、白村江が終わってもなお変わっていない。これは九州王朝の系列が少なくとも日本側では継続していた、ということを示しています。飛躍して言うと白村江以前の紫宸殿が太宰府、白村江以後の紫宸殿が伊豫に移っている、ということになるのではないでしょうか。そういう意味でこれをはめ込まなければならなかったという理由があります。

19　九州王朝の歴史をはめ込んだ『日本書紀』の記述について

質問　斉明天皇が九州王朝の天子であるとすると、近畿を舞台とする有間皇子に関わる『日本書紀』の話は成り立たないことになるのでしょうか。また、蘇我赤兄による有間皇子への挑発の中での斉明天皇の失政は、そもそもなかった、あるいは少なくとも斉明天皇の失政ではなかったということになるのでしょうか。

回答　『日本書紀』は九州王朝の歴史を持ってきて大幅にはめ込んでいるというのが基本だと思います。それでは、その中で、初めから近畿の話が入ってないかと言うと、論理的には近畿の話も入っている可能性もあります。しかしそれは個々に考察しなければなりません。

蘇我赤兄が斉明天皇の失政として、三つの失政を挙げていますが（『岩波日本書紀』下、三三四ページ）、必ずしも失政と言い得ないものもありますし、少なくとも「斉明天皇」の失政とは言えないものです。「舟に石を積みて、運び、積みて、丘」にした跡といわれる箇所がありますが（酒船石遺跡周辺）、この比定の適否は別にして、正しいとしても、これは近畿の首長が行ったもので、斉明天皇の失政ではありません。

20　「狂心《たぶれごころ》の渠《みぞ》」について

質問　先生のお話ですと、いわゆる「狂心の渠」というのも、近畿ではなく、九州になければおかしいということになると思いますが、そう理解してよろしいでしょうか。

回答　これについては『多元』三八号（二〇〇〇年八月）に小論文を掲載し、斉明天皇全体について論じま

したので、関係する要旨をここに書きますと（基本的には本文のまま）、

一

『日本書紀』は不思議な史書である。本書の中の、唯一にして最大の「敗戦」記事として著名な、白村江の戦い（天智二年、六六三）そのものは記述されてはいるけれど、その日本側の「主体」が明らかでない。斉明天皇は九州の朝倉宮にすでに崩じ（斉明七年、六六一）、次の天智天皇は未だ即位（天智七年、六六八）以前である。すなわち、この戦争に対する、「最高発令者、不在」のまま決行されたのが、この「国家の運命を決する」一大敗戦だったということとなろう。

二

この間の事情を、さらに明確ならしめるもの、それは備中国風土記の邇磨郷の記事である（『岩波風土記』四八六～四八七ページ）。

「皇極（＝斉明）天皇の六年、大唐の将軍、蘇定方、新羅の軍を率て百済を伐ちき。百済、使を遣はして救を乞ひき。天皇（斉明）、筑紫に行幸して、救の兵を出さむとしたまひき。時に天智天皇、皇太子たり。政を摂ねたまひて従り行でましき。路に下道郡に宿りたまひ、一郷の戸邑甚だ盛んなるを見まして、天皇（斉明）詔を下し、試みに此の郷の軍士を徴す。即ち勝兵二万人を得。天皇（斉明）大い祀悦ばして、此の邑を名づけて二万郷と曰ひき。後、改めて邇磨と曰ふ。其の後、天皇（斉明）筑紫の行宮に崩りたまひて、終に此の軍を遣はさざりき。

（本朝文粋、三善清行意見封事）」

右は、寛平四年（八九三）宇多天皇に三善清行が上奏した文中の引用である。ただ、「地名説話」として見れば、明らかに「付会《こじつけ》」である。けれども反面、右に記された「歴史記述」部分は注目に値する。

第一に、斉明天皇の命によって、白村江の戦いに参加するため、おびただしい青年たちが集められた。

第二に、斉明天皇崩じ、中大兄王（天智天皇）の時代となって、右の軍勢は解散され、白村江の戦いには参加しなかった。

以上は、「史実」である。わたしはそう考える。なぜなら、もしこの地域の青年たちが白村江の戦いに参加し、多大の死者・犠牲者を続出していたとしたら、右のような「地名説話」を創出しても、一笑に付される、あるいは大きな反撥をうける他はないからだ。だから、右は、この地域に関する「史実」であった、と見られる。

とすれば、そのような「不参加」のリードをとった中大兄王たちの「近畿勢」もまた「不参加」だった。そのように考える他はない。

すなわち、白村江の戦いの直前に、（斉明天皇の喪に服する形で）中大兄王たちの率いる「近畿及びそれに従った地域の軍事勢力」は脱落した。それゆえ、中大兄王とその周辺の人々の中には「白村江の死者や被捕囚者」が見出されなかったのである。（注＝ここでも斉明は近畿王朝の諱をもらった斉明であり、九州王朝の斉明のことを言っているのではない。本書一九八ページ参照）

三

一九九九年十一月十九日、「狂心の渠」跡かと見なされる「運河跡」が出土した、との報道があった。奈良県の明日香村の東垣内《ひがしがいと》遺跡である。幅十メートル、深さ一・三メートル、長さ五メートル（出土判明分）という（奈良新聞・日経新聞、他）。

二〇〇〇年の六月十・十一日、右と一連の設備、そのハイライトとして、有名な「亀石」の発見があり、その現地説明会があった。長蛇の列に対して、現地の学芸員の方が、「これこそ『日本書紀』の『狂心の渠』の痕跡」として弁ぜられたのが印象的だった。

しかし、これが果たして「狂心」の証跡か。そう問われれば、わたしは「否！」と答えざるをえない。なぜなら、それらは、

第一、もし、四囲の山の一隅から水を引くための施設であるならば、それが「対、渇水期」のための飲用であれ、あるいは農業用であれ、基本的には合理的（リーズナブル）な目的をもつ工事であろう。

第二、もしこれが、貴族の「遊宴」や「風流」を目的としたものであったとしても、それは彼等がしばしば望みとし、愛好したレベルの「奢侈」にすぎず、決して「狂心の渠」などという極言（極端な排斥のための言葉）を以て指弾さるべきもの、とは思われない。現在時点の認識では「深さ一・三メートル」の溝とは、そのような極言に比すれば、あまりにも可愛らしい溝にすぎないのではあるまいか。

四

『日本書紀』の斉明二年是歳条に、問題の発言がある。

「時の人謗りて云はく、『狂心の渠。功夫を損し費すこと、三万余。垣造る功夫費やし損すこと、七万余。宮材爛《ただ》れ、山椒《やますえ》埋れたり』といふ。又、謗りて曰はく、『石の山丘を作る。作る随《まま》に自づからに破れなむ』といふ。」

右の「亀石」やその関連施設は、とても「三万余」ないし「七万余」の巨大労働力を要したもの、とは見えない。右の引用句の前文として、

「廼《すなは》ち水工をして渠穿らしむ。香山の西より、石上山に至る。舟二百隻を以て、石上山の石を載みて、流

の順に控引《ひ》き、宮の東の山に石を累ねて垣とす。」
とあるけれど、それほどの壮大なる一大石垣群は飛鳥の周辺に存在しない。
結局、「今後見つかるかもしれない」とか、「それはすべて撤去されたのだろう」といった（学説というよ
り）一個の「憶説」に拠る他ないようである。
その上、今回の「深さ、一・三メートル」の溝は、「香山の西」より以南であり、『日本書紀』の記する
「以北」とは、いささか地理的位置を異にしているようである。

五

では右の「時人の誹り」の内実に当たるような一大工事の存在するところが、他に果たして実在するであろうか。

それは、いわゆる「神籠石」と呼ばれる一大山城チェーンだ。北部九州から本州西部に及ぶ。福岡県を中心部として、西は佐賀県、東は山口県に分布している。時には、山の中腹、というよりは、上腹ともいうべき位置（下から二分の一くらいの高さ）に延々と巨石が築造され、山城群が構築されている。

その築造時期は六～七世紀（六六三、白村江の戦以前）であるから、近畿天皇家側が気付かなかったはずはない。なぜなら斉明天皇のおもむいたとされる朝倉宮は、右の列石群の「中核部」（太宰府と筑後川流域）の中に存在していたのだからである。

しかし、『日本書紀』はこの一大山城群の存在について、一言も記すことがない。そして「近畿天皇家中心」の「一元史観」を奉持する、一般の歴史学者や考古学者もまた、この一大山城群のもつ「歴史的意義」については敢えてふれようとはしない。現代の「教科書」もまた書くことがない。けれども、当の一大遺跡群は厳然と今も実在している。

さらに太宰府に「水城」のあることは著名であるが、これについても、次の問題がある。

第一、右の太宰府には「水城」の地名があるけれど、それと同類の施設は、福岡県の各地に設けられている。太宰府の南や雷山（前原市）の「水門」、さらに筑後川流域の各峡谷や巨大水路をめぐる、一大工事跡が点在している。

第二、『日本書紀』の天智三年（六六四）の是歳条に、

「対馬嶋・壱岐嶋・筑紫国等に防《さきもり》と烽《すすみ》とを置く。又筑紫に、大提を築きて水を貯へしむ。名づけて水城と曰ふ。」

とあるのは、「在地場所」を単に「太宰府」と言わず、「筑紫」と言っている点、前に述べたような分布領域（福岡県）と、よく一致している。

しかし築造時点については、全く矛盾している。なぜなら、「白村江の敗戦」以後に、このような一大軍事網を築きうるはずがない。すでに「白村江の勝者」たる、郭務悰等が来日したあとであるからだ。

事実、あの「年輪測定法」によって約百年間、従来の「考古編年」を逆上らせなければならなくなった。すなわち、従来は『日本書紀』によって「太宰府の水城」を「天智三年（六六四）」に当ててきた出土の土器類も、それ（『日本書紀』の記載）に合うと称してきた。それを同じく、「約百年間」逆上らせてもやはりまた、「合う」と言いうるのであろうか。もし、そう言うとすれば、残念ながら「詭弁」と言う他はない。

要するに、『日本書紀』は、「白村江以前」に当たる築造記事を換骨奪胎して「白村江以後」の時間帯にハメこんでいる。そう考える他はないのである。

『日本書紀』は、一方では全く「無視」した神籠石築造記事、また「時間帯」をズラせて掲載した「水城」築造記事に対する「時人の謗り」を以て、意外にもここ（斉明二年、六五六）に転用していたのではなかろうか。

六

新たな局面へと向かおう。一層重大な『日本書紀』全体にとっての根本問題である。

右の斉明二年是歳条において、斉明天皇自身が「狂心の渠」の施行責任者として「指弾」されていること、この一事に関しては疑いがない。

この施行に対する「時人の謗り」なるものが、たとえ「他」（九州王朝関係の記事）からの「引用」（換骨奪胎）であろうとなかろうと、この「是歳条」そのものの構成において、斉明天皇その人が「狂心」という、極端な指弾の対象となっていること、そのこと自身は確実である。

『日本書紀』が、右とは逆に、称揚につとめている天皇がある。それは、他ではない。斉明の子、天智天皇である。

天智の八年八月に次の記事がある。

「天皇、高安嶺に登り、議りて城を修めむとす。仍《なほ》、民の疲れたるを慎み、止めて作らず。時の人、感じて曰く『寔乃ち《これすなは》仁愛之徳、亦寛かならざらむや』と、云々。」

天智天皇は、城を修めることを「止めた」という行為によって「仁愛之徳」ある天皇として讃美されている。

確かに、権力者にとって「不作為」が美徳、ということもありえよう。民衆の側から見れば、そのようなケースも少なくないであろう。

しかし、反面、このような手法で「讃美」するとすれば、どの天皇に対しても、なしうる「賞美」となるのではあるまいか。

事実、斉明元年十月にも、斉明天皇が小墾田に宮殿を造る企図をもちながら、「遂に止めて作らず」と記されている。しかし、これに対して「仁愛之徳」などと、一切賞美されてはいない。

これに対し、天智八年十二月に、

「是の冬に高安城を修して、畿内の田税を収む。」

とあり、先に、いったんは「止めた」はずの修城が、結局行われたことが記せられている。

以上の実状から見ると、「工事の有無」などは、一種の「口実」にすぎず、要は、そういった挙例を「種」にして、一方（斉明天皇）に対しては「狂心」といった批難のレッテルを貼り、他方（天智天皇）に対しては「仁愛」としてこれを賞美しているにすぎぬ。

「難明讃智」（斉明天皇を批難し、天智天皇を讃美する）――これが『日本書紀』の表示するところ、その隠さぬ「イデオロギー」の立場なのであった。

『日本書紀』は、二人の天皇を必要とした。一方は「狂心」の天皇、他方は「仁愛」の天皇だった。

21　なぜ皇極と斉明を同一人物にしたかについて

質問　『日本書紀』はなぜ皇極天皇と斉明天皇を同一人物としたのでしょうか。同一人物とすることで、かえって近畿天皇家にデメリットになったのではないでしょうか。

回答　この問題は非常に大事な問題です。白村江の時点で、現実に神籠石山城が軍事的目的で、太宰府を取り巻いていました。敗戦後唐が来た時には、実戦に使われないまま残っていました。あれを壊すことが、唐が来た一番の目的です。このような重大なものを誰が作らせたのかと、当然唐は問題にします。

近畿天皇家は「九州王朝はなかった」ことにしていますので、「九州王朝がやった」という答はできません。『日本書紀』では、名目上の責任者は斉明天皇としたわけです。名前が違うけれども、皇極天皇と同一人物です。斉明天皇はもうなくなっています、と言って懸命に唐の追及を免れました（実際は斉明天皇は伊豫に逃れて行っているのですが）。

同類の例を挙げると、俾弥呼と壹与とを神功皇后紀に纏めたことと連動する問題です。もっともこの場合は罪を転嫁するのではなく、近畿天皇家の歴史に取り込んだということですが。斉明を近畿天皇家に取り組む方法として、二人を同一人とする、その先例が、俾弥呼と壹与を同一人として神功皇后にするというテクニックです。

22　九州王朝を抹消しても残る痕跡について

質問　斉明と皇極を一緒にしても、先生の「論理の導く」ところからは、九州王朝は抹消できないと思いますが。

回答　おっしゃる通りです。

九州王朝の最大の証拠は、多利思北孤は男であり、女の推古と男のタリシホコが同一であるはずはないということです。

もう一つは、問題の斉明・皇極についても、斉明と皇極が同一ということ自体おかしいのです。皇極の方はよいことばかりしている、天智・天武を産んだり、大化の改新をやったり（もっともすぐ孝徳に譲位しますが）、皇極は光の部分のみに終始しています。ところが斉明は悪い方ばかりしています。しかも悪いことをして「気違い」とまで言われているのは、彼女だけです。それで土木事業をめちゃめちゃにやって、民衆を困らせた、となっている。それが同一人物だというのは、そもそもおかしいのです。

斉明は「狂心の渠」を作ったと言いますが、あれが奈良県の飛鳥であるかぎり、全く治水のためです。政治の基本でして、そんな良いことはないわけです。これを気違いの証拠だなどと、言うこと自体おかしいのです。

もう一つは、唐の軍隊が入って来た時に歴然とあったのが神籠石山城です。あれは、敵が来れば敵に対抗するものですから、皇極と同一人である斉明ならば、本来近畿に作らなければならないのです。それが九州にある。ちょっと考えてもおかしいのです。

23 斉明の諡について

質問 斉明は近畿天皇家で諡したものではないのですか。

回答 斉明は九州王朝で使われていた名前であり、九州王朝では諡《おくりな》をしたとはどこにも書いていません。継体も諡ではなくてその当時使われていたものです。

これに関して面白い問題があるのは、安徳天皇です。九州ではよく、安徳天皇の業績が語られています。ふつう、我々の頭では、安徳天皇は壇ノ浦で若くして死んだことになっている。ところが大人として、筑後とかあの近辺で活躍しています。伝承が色々残っています。これは安徳という名前だけが一緒でも二人は違う人物で、大人の安徳というのは九州王朝の天子の名前ではないかと思います。

太宰府の、川を隔ててちょっと西よりのところに、安徳台という平地が、かなり広がっておりまして、今果樹園がざーっとあります。その安徳台です。そこに居所があったから、安徳天皇と言われていたのではないか。赤ちゃんで入水した安徳天皇とは別の人物ではないかと思います。

ということで九州王朝では後で追諡したのではなく、生きている間に漢風諡号が使われている。そういう天皇名があちこち残っています。

24　白村江を境とする、九州王朝と近畿天皇家について

質問　近畿王朝の勢力が白村江から手を引いた動機は、斉明天皇の崩御となっていますが、斉明と皇極は別人物とすれば、むしろ皇極の死去（近畿王朝の首長で天皇でない）によるものではないでしょうか。

回答　『日本書紀』の記述によれば、斉明七年（六六一）秋七月に崩御し、白村江向けの主力部隊が撤退することになります。これは斉明天皇とありますが、さに非ず、死去したのは、後に「斉明」と諡された、近畿天皇家の首長「皇極」です。

一方、実際の斉明天皇は、白村江敗北を聞き、急いで四国伊豫に逃れます。白鳳の年号は辛酉の年（六六一）正月に始まったと見るべきで、斉明は少なくとも白鳳二十三年（六八三）までは生きていたと考えられます。天智十年（六七一）十一月の「薩野馬帰還」後については、薩夜麻の説明の箇所を参照して下さい（本書一七〇ページ以下）。

25　薩夜麻と斉明天皇について

質問　斉明天皇が白鳳時代の天子であるという話で目から鱗が落ちた気がしましたが、斉明天皇と筑紫君薩夜麻との関係はどういうことになるのでしょうか。この場合、倭国が降伏した記事が『旧唐書』・『新唐書』共にないと思いますが。

回答　まず薩夜麻と斉明との関係について、わたしは、前は薩夜麻が白鳳年間の九州王朝の王者ではなかったかと考えた時期がありました。しかし、今考えると半ば本当で半ば本当でない、変な言い方ですが、つ

まり薩夜麻は皇太子ないし摂政ではありえたが、天皇・天子であったのは斉明である、という形で理解しなければならない、と思っています。

前は薩夜麻の年号が白鳳と考えましたが、あれほど捕虜になったのに、その後も白鳳の年号が続いているのはおかしい。薩夜麻の年号ではなくて白鳳は斉明の年号です。その時、皇太子か摂政として、前線に飛び出していったのが薩夜麻です。天子が前線に飛び出すというのは、あの時代では不自然だと思います。うまく占領政策がいかなくて途中で薩夜麻を返してきます。返して倭国を統一するという方針に切り替えてきた、と解釈します。

それから、それが中国の歴史書にないと、これは大丈夫かというお話。これも考えてみますと、中国の歴史書はたくさんあるわけです。それは周辺との関係を皆書いているわけです。ところが周辺との関係を書いているが、皆これを捕虜にした、これを捕らえた、といちいち年次別に書いてくれてはいないわけです。ほとんど書いていないわけです。攻めて占領したというのは書いてあっても、だれだれを捕虜にした、国王はどうだった、皇太子はどうだった、などということをいちいち書いていない。書いていないからそんなものはいなかった、とは判断できないわけです。当然現地、現地の歴史書や伝承にはあったわけです。しかし中国の歴史書の書き方、目の粗さから言うとそんなことを一々書くような立場になかった。

また中国の歴史も時代によります。『三国志』は同時代の史書です。ただし西晋の泰始二年（二六六）のところまでは、かなり直接史料で書いているわけです。ということは同時代史料で書いていることです。ところが『旧唐書』などというのはずっと後ですから、ずっと昔の唐の歴史を文献に依って、その中で取捨選択して、残すものを残して、大量に、残せないものは捨てて、それで『旧唐書』ができているわけです。その取捨選択を大量にやった結果、ここにないから、『日本書紀』にあっても嘘だろうというのは、歴史書に対する判断のバランスを欠くことになります。『日本書紀』が根っこから創作で作ったとは思えない。

薩夜麻が捕虜になって帰って来たということは『日本書紀』ができた頃にはまだ、薩夜麻は生きていたか死んだばかりの頃でしょう。その時薩夜麻を捕虜として扱った連中はまだ生きているわけです。彼等は漢文が読めるから、『日本書紀』は読めるわけです。そんなものを、もし大嘘を書いたら、そんなことはないよ、薩夜麻はいなかったよとか、簡単にクレームが出てくる。唐の方が現場を知っているわけですから強いわけです。すぐバレて、すぐ面目を失するような嘘を書く必要はどこにもないわけです。

『日本書紀』で、薩夜麻が捕虜になり、後で返されてきたということは大筋では嘘ではないと考えています。年代などは、『日本書紀』はかなりいじっている。『壬申大乱』に書きましたが、持統期の吉野参詣を三十数回したことを麗々しく書いてある。それまでわたしは桜見物をしたければすればいいので、わたしには関心ないと思っていたのですが、ところが新庄智恵子さんがわたしの所に、「吉野がそんなに繰り返し行きたい所とは思えません。九州王朝の歴史を、あそこに取り込んで書いたのじゃないでしょうか」と手紙をくださいました。その間の事情については、本書一五三ページ以下にくわしく書きました。

要するに、九州王朝の歴史を題材にして、歴史物語を作ったみたいな、そういうやり方をしていることを新庄さんのおかげで初めて知ったわけです。

『日本書紀』の史料批判する場合、そういう立場で行わなければなりません。『日本書紀』は基本的に正しいのだとして、大阪あたりの歴史に、九州王朝の歴史をちょいちょい持って行って、当てはめて解釈するのは、大阪あたりに住んでいる人にはそうなりやすいのですが、それはアウトです。

倭国の降伏ということは何を意味しているか。白村江で負けたことが、降伏とイコールなのかというと、そうじゃないと思います。なぜかというと、両方とも天子という立場で来ているわけです。降伏なら、先方の天子というのは取り下げなければならない。取り下げたら天子を元にした白鳳年号を止めなければならない。止めてないわけです。だから降伏してないわけです。

確かに唐の戦勝軍が来ていますが、太宰府で続けているわけでなく、第二の首都のようにいま伊予に移っている。そこに紫宸殿を築くという風になって行くと思います。紫宸殿を築いている間は降伏していないわけです。

降伏というのはそういう意味で難しいのですが、公には七〇一年のところで評という九州王朝の制度が廃止になって、郡という近畿天皇家の制度が始まっています。降伏という言葉はただしくないですが、このときが降伏に当たり、王権の交替に当たることは間違いない。しかしこれは中央のはなしであり、各地においてはまだ九州王朝でがんばっている、信州とか、阿蘇とか、いろいろあったわけです。

26　天武天皇と壬申の乱について

質問　天武天皇が架空の存在で、壬申の乱が架空なら、なぜに『日本書紀』は、壬申の乱で天武を活躍させ、政権交代を演出する必要があったのでしょうか。また、その時の最高権力者は誰なのか教えてください。東洋書林刊『壬申大乱』一〇八〜一一〇ページを読んで…「天武天皇挽歌、欠落の検証」である…ではなぜ「天武天皇の挽歌」がないのだろう…「盗作のため恰好なモデル」がなかった。ありていに言えばそういうことではないでしょうか。

回答　「天武天皇と壬申の乱が架空」とは。ちょっと、「あれっ」と首をひねりました。

〈後半〉を見て分かりました。わたしが『壬申大乱』の中で、

「柿本人麿に、なぜ天武天皇の挽歌がないのか。」

と問うたのに対し、このように〝反応〟されたのでしょう。もちろん、わたしの立場は全く別です。

「柿本人麿は、近畿天皇家内部の〝大和の歌人〟ではなかった。」

からです。九州の歌人、九州王朝内部、しかも「正三位」という〃中枢部〃の人材でした。

その証拠は次のようです。

第一、『日本書紀』の天智・天武・持統紀とも、全くその存在がありません。「柿本猿《さる》」をそれに当てる説も出ましたが（梅原猛氏）、「ではなぜ、人麿を〃改名〃させて『猿』とした理由、その大義名分を明記しないのか。」という問題に対する解答が見出されません。またその「明記」を、『日本書紀』の編者が〃遠慮〃すべき理由がありません。ですから、わたしには全く「O・K」できないのです。

すなわち、

「近畿天皇家の〃内部〃には、柿本人麿はいなかった。」

と考えざるをえないのです。

第二、従来説では、右を肯定すれば、すなわち「日本に柿本人麿なし」とならざるをえません。ですから、右の道理を〃うけ入れ〃えないのです。しかし、わたしはちがいます。近畿天皇家中心の時代は「七〇一」以降。それ以前は、九州王朝の時代だからです。

第三、柿本人麿についての「錯覚」をもたらしたもの、それが『万葉集』です。そこにちりばめられた人麿の歌は、次の特徴をもっています。

①歌そのものは、長歌・短歌とも、すばらしい。絶品である。

②しかし、そのおかれた「状況設定」とは、全く〃合って〃いない。たとえば、「前書き」では「女の歌」であるのに、歌の内容は「男の歌」であったり、「前書き」では〃真夏の戦としての「壬申の乱」〃を歌っているとになっているのに、歌の内容は〃真冬から早春にかけての、百済（朝鮮半島）における戦〃を歌ったものである。

これらは、「原歌（人麿作歌）」の一部の地名としての「飛鳥」や「不破山」などと〃合わせ〃て「題」をえらび、そこに「原歌」を〝当て〟た。しかし、他の個所、また全体のイメージは合致していないのです。〝無理な当てはめ〟のために生じた〝チグハグ〟なのです。

③そのような「無理」を〝あからさま〟に示すもの、それは今回とりあげられた、

「天武天皇の挽歌がない。」

というテーマです。もちろん、「天智天皇の挽歌」をとりあげても、同じです。もちろん、これらの両者が「いなかった」とか、「亡くなられなかった」などではなく、人麿が〝近畿天皇家内部の歌人ではなかった〟ためです。

そして『万葉集』の編者にとっても、これらの両天皇の崩ぜられた時「挽歌」にふさわしい「原歌」、より正確にいえば、それに〝換骨奪胎〟できるような類の「原歌」がなかったからです。

人麿が本当に「近畿天皇家内部の歌人」だったとしたら、これらの両者に対する「挽歌の欠如」は、考えられない。——これがわたしの理路です。わたしの理性の指さすところなのです。ちがいましょうか。

なお、念のために付言します。

最初にあげた「記事がない」問題。「金印」や「俾弥呼」「九州年号」の場合、それらはいずれも、「近畿天皇家の〝内部〟の事実ではなかった。」

からです。あの巨大な、そして頻出する銅鐸群についても、記・紀ともに一切記事がない。これと同じテーマです。「銅鐸」も、近畿天皇家〝内部〟の宝器ではなかったからなのですから。

最後にあげた、柿本人麿について、「『日本書紀』に記事がない」のも同じです。彼は「近畿天皇家〝内部〟の人物ではなかった」からです。これが『日本書紀』の編者たちの「編集の立場」です。彼等が、「七二〇」という彼等のいた時期から見て、「直前」というべき七世紀後半に実在し、活躍した、この巨星、人麿という特出歌人の「存在」や「名」を知らなかった、とは夢にも考えられないでしょう。

要は、「大義名分の立場」から、この名を「除いた」のです。この点、この歌人の「歌」の滅び去ることを惜しみ、
「近畿天皇家の〝内部〟の人であるかのように〝挿入〟する。」
という再活用の道をえらんだ、『万葉集』の編者とは、その立場を異にした。それだけのことです。

27　近畿天皇家への禅譲か簒奪かについて

質問　九州王朝から近畿天皇家への権力の交替は禅譲ですか。禅譲とすればその証拠はどこに残っていますか。近畿天皇家が曲がりなりにも今日まで続いたのはなぜでしょう。

回答　禅譲かどうかということは、古田史学の会で「禅譲か簒奪か」という題名を掲げて討論する時間を設けられましたが、その時の話では、禅譲は中国で前の王朝を追放して、新しく王朝になった時、それを、放伐と名を付けるのもあり、禅譲と名を付けるのもあるが、実体はそんなに変わらないです。禅譲と言っているが実際は追い出しているわけです。それを、追い出したのではない、禅譲だという、格好を付けているだけです。

日本の天皇家が曲がりなりにも今日まで続いたというのは必ずしも正確ではない。

第一、近畿天皇家は、鎌倉時代には全然実力がなかったわけです。平安時代でもそんなに実力があったわけではない。まして江戸時代など、形だけです。それを結局、明治以後になって万世一系という考え方で、むりやりつなげただけの話です。それを曲がりなりにもつづけたというのは、ひん曲げた解釈をうまく表現しただけだとわたしは思います。むしろ、万世一系ではないということを『俾弥呼』でははっきりと、繰り返し書いております。

28 「天武天皇は天皇でない」について

質問 大海人皇子、天武天皇は天皇でなかったというお話しをお聞きしました。これに関連して『日本書紀』には大皇弟と書いていますが、その意味はどのように解釈するのでしょうか。天智天皇を大和王朝の天皇とすれば、大海人皇子は天智を乗っ取ったという感じになるのでしょうか。

回答 結論の方からいきますと、要するに七〇一年まで、九州王朝だった。近畿天皇家の時代ではないのです。近畿天皇家は地方豪族です。大皇弟というのは八世紀に作った言葉で、『日本書紀』は八世紀に作った本です。八世紀の近畿天皇家は天智や天武を権威にして作っているわけです。自分たちが正しいということを天智や天武を権威にすることによって正当化しようとした本です。それが、本に大皇弟と書いてあるから大皇弟であろうという考えは駄目です。

一方実際の天武というのは真人です。名前が真人です。九州王朝の天子、それが天皇という名前に変えられていますが、そこから任命されたナンバーワンクラスの家来です。天武は家来なのです。家来でもなぜナンバーワンクラスの真人になれたかというと、奥さんが宗像からまいりましたから、そういう九州王朝との関わりはあった。それで真人になれた。しかし第一権力者ではなかったのです。

『日本書紀』は天智を中心に据えています。実際の乙巳の変も天智がしたことになっているわけです。八世紀の自分たちの統治が正当であるとするための、コマーシャル用語なわけです。コマーシャル用語がこうあるから事実もそうなのだという考え方はぬぐい去るべきです。

29 「歴史の改竄の必要性」について

質問　天武が色々な言い伝えや豪族たちが代々持っていた歴史を集めさせた理由は、自分達の歴史と国の歴史を改竄するためだと思われますが、当時そんな必要が本当にあったのでしょうか。

回答　その必要性は、当然ありました。なぜなら、「南朝を支持してきて、やがてみずから天子を名乗った」九州王朝に対し、現実には白村江の戦いの戦勝軍が日本列島（筑紫など）へ乗り込んできていたからです。

近畿天皇家は、親唐勢力として、白村江の戦いには（直前に手を引き）参加せず、やがて九州王朝から「権力と権威」を受け継ぎました。

その際、「九州王朝なし」の歴史を記そうとしたからです。それには「古事記、方式」か、「日本書紀、方式」か、いずれかを〝採る〟ほかなかったのです。

そうです。北魏の『魏書』の方式に従って、

「南朝も、九州王朝もなかった」

それを「実」としたからです。

――以上が、「模範解答」ですが、では、

「本当に、それしかありえなかったのか。」

と問われれば、わたしは静かに首を横に振ります。

30 『日本書紀』と『新唐書』の関係について

質問　『日本書紀』というのは九州王朝の天皇の事績を近畿の天皇家のものとして書き換えたものだと思っています。九州年号がその中に入って来たり、この年とかこの月とか入って来たりすると、ほとんど九州王朝の話で、近畿のものは少ない、そういう歴史書だと思います。海外史料の『新唐書』があり、そこに『日本書紀』では孝徳天皇が大化と白雉の年号だけの天皇です。大化が前で白雉が後というのは九州年号としてはおかしいわけです。

『新唐書』によりますと孝徳が即位し白雉と改元し、となっていて、大化が抜けています。九州王朝の『二中歴』の大化は持統天皇の所に行っていると思います。そのようにわたしは考えていますが、先生はいかがですか。

回答　『新唐書』の問題ですが、『新唐書』は明らかに、近畿天皇家の歴史伝承です。それを紹介しているわけです。『新唐書』の内容は近畿天皇家が作った、歴史伝承のまた紹介です。ところがその場合の近畿天皇家側の史料というのは我々が知っている『日本書紀』と必ずしも同じでない、ということがありますので。これは参考になるわけです。その場合は我々の知っている『日本書紀』と『新唐書』が伝える近畿天皇家の歴史書との誤差がどこから生じたかという検証が要ります。これもなかなか難しいのですが、できないことはないと思います。

31　王年代記について

質問　『新唐書』と『宋史』で（南宋でなくて）、『宋史』の方は一応奝然《ちょうねん》という人が「王年代記」を持って行っていますが、神様などはほとんど一致していません。

回答　その通りです。今の『宋史』になるとさらにそれが出てくるわけで、当然『宋史』を作るときには、彼等は近畿天皇家側の歴史書はキャッチしているわけです。キャッチしているとは言え、我々が知っている『日本書紀』とは必ずしも同じでない所が面白いわけです。だからそれを日本書紀A、『新唐書』に出てくるものを日本書紀B、『宋史』に出てくる近畿天皇家の歴史書をCとしまして、A、B、Cの比較研究はまた面白い分野です。

32　九州の紫宸殿について

質問　紫宸殿の問題で、太宰府の政庁跡の考古学年代にわたしは疑問を持っているのですが、果たして一期工事が白村江の後なのでしょうか、それだったら多利思北孤の宮殿は一体どこにあったのですか。後宮に数百人の女性もいる大変な宮殿だったと思うのですが、実際に考古学年代はどうなのでしょうか。

回答　紫宸殿跡とか紫宸殿を福岡県教育委員会は認めていないわけです。ところが紫宸殿という言葉が使われているということは例の『大日本地名辞書』（吉田東伍、冨山房刊、一九〇八年）にもちゃんと書いてある。また江戸時代の文書にも出てくるのですが、教育委員会がそれをシャットアウトして、紫宸殿はなかった建前になっているわけです。これがまず問題で、いわゆる現在教育委員会がこれだと言っている紫宸殿はいつかという質問がありましても、答えられない。教育委員会や考古学会は紫宸殿そのものを認めていないからです。

もう一つ紫宸殿というのでなくて、権力者の建物ということになると、内倉さんが書かれたように弥生時代から、建物の跡が連綿と続いています。わたしは『邪馬壹国の論理』の最後に書きましたが、九州大学が古いと言って出しているものを、今の考古学会は知らない振りをしているわけです。そういう問題をクリアしなければならない。

もう一つは弥生の初期が従来はBC三五〇年だったのが、千葉の歴博によってBC八〇〇年からBC一〇〇〇年に遡った。遡ったままで後はそのままにしておく、これは歴博と九州学会の談合状態です。弥生の後期は小林行雄氏の言ったとおりにしておくからこちらの測定結果は認めて欲しい、という悪い談合状態を作り出している。だから現地の考古学は知らん振りをしているわけです。根本的には稲作が遡ったことは一般化しているのに、それ以後は従来通りだとしているわけです。

絹の問題でも三世紀を含む年代でなければおかしい。杉原荘介の区分がうまくいくはずがない。全面的にやり直さなければならない。

考古学者が『日本書紀』を元にして考えることもやめなければならない。水城など白村江以後に作れるはずがないのです。

もう一つ重要なことは太宰府一カ所が都ではない。博多湾岸全部都で、その都の一角に太宰府がある。博多湾岸が中心であったのは弥生時代。高句麗からの圧迫を感じるようになってからは後退してきます。久留米中心に後退します。玉垂命がおいでになったのが三一六年とか。高良山で伝えているわけです。筑後川流域に中心が移るわけです。移ったからと言って、太宰府を廃止して移ったのではなく、表は太宰府、実際は久留米近辺となるわけです。二重構造になっているわけです。

九州で若い研究者から古田説を支持している声を聞きます。しかし公には支持できないのです。しかしこれは時間の問題です。いつか爆発します。『日本書紀』を元に編年を考えるのは間違いであるとどんどん言っていただければ現地の教育委員会の人ももうダメです、国民を騙しきれません。ということになってくると思います。

33 「『日本書紀』と南北朝」について

質問　『（北）魏書』に倭国関連の記事がない事実をもっと重視すべきという古田先生の説は、その重要性が充分に認められるまでには到っていないように思えます。あらためて、中国の南北朝並立の時代と東夷、特に日本列島の国、との基本関係を多元論の立場から概説して戴きたいと思います（漢〜唐）。

そのなかで、『日本書紀』が、神功皇后を俾弥呼、壹與に擬する解釈をしている点、「倭の五王」に言及しない点、『隋書』『旧唐書』の記事との整合を必ずしも留意していない（しかし、微妙に意識してはいる）点などについて俯瞰していただければと思います。書紀の編者達にとって、外国史料の取捨選択、近畿天皇家側からの新解釈には統一したガイドラインの様なものがあったのでしょうか。それとも各人（グループ）の判断に委ねられたものだったのでしょうか。

これは、若い人達に多元史観の基本を理解してもらう枠組みとして大切なように感じます。書紀編者の修史姿勢を具体的な史料処理から理解するのは、リバース・エンジニアリングのようで、容易ではないでしょうが、その基本方針を示していただければ大いに有意義と存じますので、よろしくお願い致します。

回答　次のようです。

（一）北魏の『魏書』の「倭国不在」の件

これは重要です。彼等（北魏）は倭国の存在は知っていた。あの高句麗好太王の時代、中国では「北魏」ですから、当然です。

しかし、大義名分上、「倭国は北魏に〝朝貢〟していない」から、「歴史書には書かない」のです。

『古事記』も、『日本書紀』も、その「大義名分主義」の歴史記述方法を〝真似した〟のです。

「南朝に朝貢した倭の五王や、みずから『天子』を称した〝九州王朝〟（倭国）は、なかった」ことにしたのです。

その上、『古事記』も、一部「倭国の歴史」を〝盗用〟しています（「ヤマトタケル」など）が、『日本書紀』はこの〝盗用〟を前面に拡大したのです。

しかも歴史それ自身としては、北魏に従って「九州王朝はなかった」立場で、『日本書紀』は歴史書を〝作った〟のです。

（二）「神功皇后と俾弥呼・壹与」の件

北魏の『魏書』では、三世紀の魏朝と西晋朝の初期、北魏（当時は「鮮卑」）は、魏、西晋、高句麗等と厚い「国交」を結んでいたこと、『（北）魏書』に明記されています（注＝例、百衲本『魏書』九六一九ページ下段）。俾弥呼・壹与のときの「下賜」や「献上」の壮麗な「国交」と〝同様〟の壮麗な「下賜」や「献上」が行われていたのです。

『日本書紀』は、それに〝合わせ〟て、「倭国側」の「俾弥呼・壹與」の「国交記事」を挿入しました。その「挿入」のために、（『古事記』にはなかった）問題の「神功皇后紀」が〝必要〟となったのです。

〝あきれた〟話ですが、これが真相です。

（三）「統一したガイドライン」の件

この点、次のように考えています。

①歴史を一貫して、近畿天皇家を「中心軸」とする。
②「九州王朝の歴史」を歴史の〝表面〟から、一切「カット」する。
③「九州王朝の歴史」の各部分を「近畿天皇家の歴史」として〝再活用〟する。
④すなわち、「九州王朝の、倭王や天子」の形の主語を「近畿天皇家の中の各〝天皇〟」の形の主語に〝切り替え〟る。
⑤中国の南朝の存在は、一切「カット」する。
⑥この点、『古事記』序文に書かれた、天武天皇の「削偽定実」とは、「南朝や九州王朝の歴史」を「偽」として削り、それを「カット」し、右のような形で書かれるべきを示したものである。
⑦したがって『古事記』序文の「削偽定実」を以て、「三人は二人のあやまり」とか、「但馬は山城のまちがい」といった〝微訂正〟と解したのが、従来の本居宣長以降の『古事記』研究者の見解であるが、すべて「非」。

「偽」は当時（七世紀後半）における「大義名分」上の「偽」である。すなわち「南朝」や「九州王朝」の史実こそ全くの「偽」である。

だから、それらは『古事記』・『日本書紀』とも、姿を見せないのです。

34　「『日本書紀』編纂の黒幕は誰か」について

質問　『古事記』を抹殺して、『日本書紀』の編纂をすすめさせた黒幕は持統なのですか。元明・元正なのですか。藤原一族なのですか。

回答　もちろん唐朝です。戦勝国です。その戦勝軍は、「天智の没後」も居残った、と思います（「郭務悰等、帰る」という形で、何人帰ったか、何千人帰ったか、不明の形で書いてあるのが、「秘密の鍵」です。この点、改めて精しく書きます）。

「持統」や「元明・元正」や「藤原一族」は、その〝日本側協力者〟にすぎません。とても「黒幕」という名に値しません。

35　「庚午年籍の保存」について

質問　大和朝廷が九州王朝系の「評制文書」の隠滅を計ったとされていますが、その一方で庚午年籍の保存を命じています。庚午年籍は当然「評制」文書だと思われます。矛盾をどのように考えられますか。

回答　ここには、いくつかの「認識の錯誤」があります。簡単にいえば「思いちがい」ですね。次のようです。

①先述のように、『日本書紀』は「九州王朝の史書」を、「主語書き替え」で〝転用〟しています。いわゆる「盗用」です。したがって、天智紀の（天智九年）二月の、

「戸籍をつくる。」

に対して、「学者たち」は、これを「近江令」と名付けてきましたが、これは「×」です。これは、

「筑紫令」

なのです。この時期（白村江の戦いの、何年かあと）に、「戸籍」をつくるのは、大変リーズナブルです。なぜなら、白村江の戦いで、多くの「倭国の将や兵」が海に沈みました。「捕虜」になった人々もありましょう。一応それらの「事態」が〝落ち着いた〟段階で、新たに「戸籍」を作り直すのは、不可欠です。ですから、もし「白村江の敗戦」の主体が「天智天皇」だったとしたら、これは確かに「近江令」です。

しかし、真の「主体」は九州王朝です。天智（中大兄）や鎌足は、参戦せず、直前に〝引き揚げ〟ました。それゆえ、この「戸籍」の主体はやはり「九州王朝」なのです。九州年号の「白鳳」は六六一から六八三まで。前の「天智九年」は六七〇。「白鳳十年」です。九州年号の実在が確証された現在（別述）、大義名分の所在は明らかです。

「近江令」という言い方と、九州年号とは、決して「両立」はできません。

「九州年号―筑紫令」

です。なお「白鳳」という年号の実在したことは、『続日本紀』の、有名な「聖武の詔勅」（神亀元年〈七二四〉十月）で明白です。

次は「保存」の件について。

②『続日本紀』の聖武天皇、神亀四年（七二七）に次の記事があります。

「秋七月丁酉。筑紫諸国、庚午籍七百七十巻。以官印々之（官印を以て之に印す。）」

これがいわゆる「保存」の記事です。しかし、問題は「保存の目的」です。すなわち、

（A）公開・公示のため、か。

（B）隠滅・廃棄のため、か。

これが問題のポイントです。わたしたちの「現代の（通例の）感覚」では、（A）のように見えます。しかし、逆です。なぜなら、

もし、（A）だったとしたら、この八世紀段階で「『評』をふくむ庚午年籍が公開」され、わたしたちにとっての史料となっていたはずです。しかし、それはありません。

第一、もしそれがあったら、二十世紀になって「郡評論争」など、起るはずもなかったでしょう。

事実は右と逆に、

㋑正倉院文書では「評」の文書がない。

㋺『万葉集』にも「評」が出現しない（「郡」ばかり、九十例）。

㋩『日本書紀』でも、六四五〜七〇一の間がすべて「郡」とされている。

こういう状況で「評にあふれた、庚午年籍」が「公示」「公開」されたら、すべて〝ぶちこわし〟です。

すなわち「評の庚午年籍」を〝集め〟て〝封印〟し、〝排棄〟させるのが、この、いわゆる「保存」、この「封印」の意義とみる他ありません。
③『日本書紀』の「神功紀」で、
「卑（俾）弥呼・壹與＝神功皇后」

の「定式」が立てられたのと対応して、日本列島全土に「俾弥呼・壹與の遺跡」が消え、「神功皇后の遺跡」があふれています。これも、「偶然の手」ではなく、「人間の手」、もっとハッキリ言えば「権力の手」による〝隠匿〟ではないでしょうか。――これと同じです。

要するに、あやまった「保存」という言葉に人々は〝だまされ〟てきたのです。

『岩波日本書紀』下の「補注」巻第二十七―一四「庚午年籍」の項も、

「この『近江大津宮庚午年籍』だけは永久に保存さるべきものとされた。」（五八三ページ）

と結ばれています。ですから、一般の読者は、

「本当に、保存したのだ。」

と錯覚させられる。そういう「形」を、学者たちはとってきたのです。
④もう一つ、重要なことがあります。
この「庚午年籍」が、

「いわゆる『近江令』かそれとも『筑紫令』か。」

この答は、右の「庚午籍七百七十巻」という、大量文書の出土が、「近江」でなく「筑紫諸国」であること、この一事からハッキリ分かるのではないでしょうか。もしこれが、学界「通説」のように「近江令」だったとしたら、この大量出土は「近江（と周辺諸国）」から出なければ、おかしいのです。

——これが、自明の道理です。「目」にふたをし続けない限り、疑う余地のない事実です。

36 「近江令・浄御原令の実在」について

質問 近江令や浄御原令は実在したと考えられますか。もし実在したのなら、それらは九州王朝系令でしょうか。もし九州王朝系令ならば白村江敗北後の倭国に律令を度々作る必要性は何だったのでしょうか。また、そのような力があの時期にあったのでしょうか。

回答 以下のようです。

（一）近江令等の実体について

近江令、浄御原律令に当たる「実体」は実在します。ただし、それらはいずれも、

「筑紫令」

「筑紫律令」

です。


その「主体」は「近江」や「浄御原」ではありません。これは『日本書紀』の〝たてまえ〟、言うなれば「擬装」です。

それらの「施行」は不可避です。なぜなら「白村江の敗戦」によって、数多くの将兵が死亡したり、捕虜になって〝一定期間〟帰ってこない。

そこには、当然「土地や財産」の所有・権利関係が「不明確化」する。そのため、「他人（親族や近隣者を含む）」からの〝奪権〟問題も、数多く存在したはずです。これらに対する新たな「令」や「律令」の施行は当然「不可欠」です。それが七世紀後半の「白村江の敗戦」以後の実状です。

（二）「筑紫令」「筑紫律令」を必要とした背景について

①「白村江の敗戦」で、「将兵」は失われたけれど、「遺族・遺地」そのものは〝失われて〟はいないから、そのための「行政力・統治力」は不可欠です。

②問題は、次の一点です。

「戦勝国（唐）の軍隊の来日（倭国）駐在」です。「天智紀」では、九年間に「五回」も彼等は来日しています。とくに、天智十年十一月には、「二千人」をもって来日しています。

そして、その十二月には天智天皇、崩。その翌年（天武元年）の五月、「庚申（三十日）に、郭務悰等罷り帰りぬ」とありますが、この「等」が先の「二千余人」（それ以前の来日「二千余人」――天智八年、是歳条――など）の「帰還」は書かれていません（「重出」記事問題については、別述）。

③すなわち、右の「等」に、

㋑これまで「駐倭国」していた、すべての人間（戦勝国の軍隊）が、果たして〝総引き揚げ〟したのか。

㋺それとも、「等」は、せいぜい「十人か二十人前後」程度。圧倒的多数は、そのまま〝居座っていた〟か。

「等」の一字は、〝どちらにでもとれる〟表現ですが、わたしは右の㋺だと思います。なぜなら、「親唐派の代表（鎌足と共に）である天智の没」は、唐側にとっても「大事件」です。

「今後、どうなるか。」

あるいは、

「今後、どうするか。」

は、唐側にとって、最大の関心事のはずです。それなのに、重大な「天智の没」を以て全員（主力部隊）が引き揚げる、というのではまったく不可解です。

この時の「賜遺物」が〝おびただしかった〟ために、「全員引き揚げた」のだろう、などという説は、全くナンセンスです。それでは、

「マッカーサーへの〝プレゼント品〟が少なかったから、彼ら（占領軍）は〝居坐った〟。」

ことになりましょう（従来の「通説」側の一部の説）。当然〝居残った〟のです。それをあたかも、

「全員引き揚げた」

かに〝見せる〟ための、『日本書紀』の「筆法」なのです。

このことは、ひるがえって考えれば、そのあとの「天武の行動」（いわゆる「壬申の乱」等）、「唐軍の背後支援」が〝なかった〟かのように「見せたい」からなのです（『日本書紀』は、天武天皇の後継者（元正天皇たち）の王朝の「編述」です）。
④では、「戦勝軍（唐）」は、いつまで〝居坐って〟いたか。
わたしの回答は、「元正天皇の頃」までです。すなわち、

「山沢亡命の〝禁書〟と〝兵器〟の接収」

までは、少なくとも、

「唐軍が、九州王朝や近畿天皇家の背後にいた。」

そう考えています。

びっくりされるかもしれませんが、「では、アメリカの〝占領軍〟は、どのくらい居座っているかと。」

少なくとも、敗戦後、六十年は、アメリカ軍は「決して引き揚げて」はいませんよね。

戦勝国は、その「戦勝の果実」をそうやすやすと、手ばなすものではない。――おそらくこれは人類史上の「鉄則」ではないでしょうか。

もちろん、それを「手ばなさざるをえぬ」、別条件が出てくれば、話は「別」でしょうが。――わたしはそう思います。

⑤「唐軍と九州王朝との関係」の件

前の「天智十年十一月」には、注目すべき人物が〝返され〟ています。

「筑紫君、薩夜麻」

です。これは、九州王朝の天子（天皇）であり、「白鳳元年（白村江敗戦の直前）六一一」に、九州王朝の天子（あるいは皇太子）だった人物です。では、

「捕虜となっていた彼が、なぜ〝返され〟たのか。」

これが最大の「謎」です。しかし、この「謎」の回答は容易です。

「唐側が、彼を『利用』したかったたから。」

これしかありません。まさか単純な〝人道的配慮〟などと言う人はいないでしょうね。これは明らかに、唐側の「政治行為」なのですから。

「白村江の勝戦」後の、倭国内の「状況」を見て、唐側は、それを「必要」と判断した。だから、とっておきの「駒」を出してきたのです。これが「九州王朝の天子（皇太子）の釈放」です。

その結果、「白鳳」は「二十三年間」も〝存続〟したわけです。

「唐軍を背景とした九州王朝の天子」ですから、その「権威と実力」は抜群だった、と思います。彼等（唐軍）は、このカードを「七〇一」まで、〝使いつづけた〟のです。

この興味深い問題は、次々と、わたしの（研究探究）中で、進展してきました。その間、藤原宮の大極殿問題を発端とする、古賀達也氏（古田史学の会）との（論争的）応答や西村秀己氏（同上）の（「七〇一」禅譲）説などが、大きな刺激となりました。改めて、詳述の機を得たいと思います。

＊武彦今言

ここに述べられた点は、その後変更がありました。すでに何回か「追記」したように、「白鳳」期の天子は斉明天皇で、九州王朝の天子です。薩夜麻は皇太子です。「発言時点」によって、改めて理解してください。

㈢「重出記事」の問題について

①『岩波日本書紀』下巻（補注26—四）に、「天智紀の重出記事（三六〇ページの注一二）」として、数多くの、いわゆる「重出記事」をあげていますが、〝恣意的〟です。なぜなら、

（A）第一記事

（B）第二記事

の二つがあり、その際、

㋑（A）と（B）がまちがいなく「同一記事」であるとの論証。

㋺その中で（A）は是、（B）は非（あるいは、逆）の論証。

これが必要です。少なくとも、㋑は不可欠でしょう。それなしに、安易に「重出」を〝言う〟のは、「現代における、自己の〝合理的判断〟を至上化し、絶対化する」立場だからです。いわば、自己を以て「昭和（あるいは平成）の、『日本書紀』編述者」に擬するようなものです。越権です。

②この「全体の重出論の吟味」は、別の機会とし、今は問題の、

(A)(天智八年、是歳)また大唐、郭務悰等二千余人を遣せり。
(B)(天智十年、十一月)「唐国の使人郭務悰等六百人、送使沙宅孫登等一千四百余人、総べて二千人(下略)」

について、考えてみましょう。

この(A)について、大系本の注は(三七三ページの注三四)「十年十一月の重出か、記事の簡略な本条を削るべきかという。」

と書いていますが、それ以上の「論証」は存在していません。では、

(イ)「八年」と「十年」に同一人物(郭務悰)が来ることは、不可能か。

(ロ)「二千余人」と「二千人」、計四千人が「来、倭国」して、戦敗国(倭国)への「間接統治」ないし「圧力としての軍隊」を〝おく〟ことは不可能か。

郭務悰は、〝いったん〟「来、倭国」したらそのまま〝動けない〟のか。副将に現地を委ねて、郭務悰自身は、百済の唐将(劉仁願やその代理)への「報告」を行わないのか。むしろ、その「義務」があるのではないか。

③これらへの「回答」も「対案」もなしに、すぐ「重出」を〝言う〟のは、やはり「恣意的」です。

この問題の本質は、次のようです。

「『日本書紀』の編者を、〝ウッカリ・ミス〟の当事者と見なす」。わたしは、この姿勢は不当だと思います。津田左右吉は、「『日本書紀』の造作説を突く」ためには、いわば、この類の『日本書紀』のもつ、不用意や矛盾を、次々と列記する」傾向がありましたが、今はすでにそのような学問上の「レベル」ではないのです。わたしは、そう思います。

37　「元嘉暦と儀鳳暦」について

質問　持統四年（六九〇）の詔勅に「…初めて元嘉暦と儀鳳暦とを行う。」とあります。一つの権力が二つの暦を併用するというのもおかしな話ですが、わたしは次のように理解しました。いかがでしょうか。
「元嘉暦」は南朝劉宋の時に造られ、元嘉二十二年（四四五）から約六五年中国で使われたとありますから、倭の五王の時代に九州王朝もこの暦を採用、実施していたのではないでしょうか。一方、「儀鳳暦」は唐の時代に造られた暦です。近畿天皇家は九州王朝が第一権力であった時代は「元嘉暦」を使っていましたが、白村江後、権力奪取してゆく段階で、北朝の造った暦へ移行しようとする、その過渡的な情況・姿勢を表現しているのではないでしょうか。

回答　これも、重要な問題です。わたしは、あえて今まで〝ノータッチ〟でしたが、今回「対面」してみて、その重要さを知りました。

①まず、二つの暦の特徴を書いてみましょう。

（a）元嘉暦――南朝の宋の元嘉二十年（四四三）、何承天が造った暦。（『唐書』芸文志）

（b）儀鳳暦――唐の麟徳二年（六六五）、李淳風が造った暦。「麟徳暦」。（『旧唐書』経籍志「大唐麟徳暦一巻」。『唐書』芸文志「麟徳暦一巻」）

儀鳳暦という名は日本へ儀鳳中（六七六〜六七九）に伝わったためとされている（日本側の現在書目録には、「麟徳暦八、儀鳳暦三」とある）。

以上は、『岩波日本書紀』下の五〇六〜五〇七ページの注一八、一九によりました。

②わたしの考えを述べましょう。まず当文面をあげます。

「(持統四年)十一月の甲戌の朔庚辰に、送使金高訓等に賞賜ふこと、各差有り。甲申に、勅を奉りて始めて元嘉暦と儀鳳暦とを行ふ。」

『日本書紀』は、原則的に九州王朝の史書(いわゆる「禁書」)に依拠しています。それはこの「甲申」項にも、明白です。なぜなら、

第一、基本的に「南朝系の暦」を使用している(九州王朝)。

第二、新たに「(北朝系の)唐の暦を併用している。

これは「一見」不思議に見えますが、そうではありません。なぜなら、現在(二〇〇六)、わたしたちは「西暦と元号」とを、日常〝併用〟しています。いわゆる「敗戦後の現象」です。戦前には、こんなことはありませんでした。「西暦」の存在は知っていましたが、日常的には「昭和何年」だけ。西暦なんか(学者は別として)使いませんでした。

このような「現在」の経験からすれば、「白村江後」の倭国とすれば、当然です。ことに、倭国に「進駐」した戦勝国の唐軍が「北朝系の暦」を使っていたのは当然です。「白村江(六六二)」の三年あとの「麟徳二年(六六五)」からは、当然この「麟徳暦」を彼等(唐軍)は使ったでしょう。まかりまちがっても、「南朝系の暦」を使うことはありえません。

この「麟徳暦」のことを、日本(倭国)側で「儀鳳暦」と言っているのは、右のように「儀鳳中」に、日本側にもたらされた(日本側が受用した)、その〝証跡〟でしょう。中国側にはなく、「倭国側の名称」です。この「六七六〜六七九」という「麟徳年間」は〝天武四〜七年〟ですから、いわゆる「壬申の乱」直後の〝時期〟であるのが注目されます(この点、別記)。

③一つ興味深いテーマがあります。それは、

この「元嘉暦」と「儀鳳暦」との間には、もしかすると、「一年のずれ」があったかもしれない、という

点です。

例の「景初二年」（倭人伝）問題で、魏朝の記事にはない「景初三年」が、呉朝側の「紀年」では、〝一年のずれ〟があったらしいこと、すでに論じました。すなわち「洛陽（魏）系」と「建康（呉）系」の〝紀年のずれ〟です。

とすれば、ここにある「南朝系の暦」と「北朝系の暦」との〝一年のずれ〟が、例の「白村江の戦い」における"一年のずれ"問題と「連動」する、その可能性大です。

『日本書紀』は、「禁書」という名の九州王朝からの〝盗用〟で成り立っていますから、「南朝系の暦」に従っていることと〝なる〟わけです。

「白村江の戦い」とは、一つの視点からは「南朝系の暦（元嘉暦）」と「北朝系の暦（麟徳暦の前身）」との、「二つの暦の決戦」だったわけです。

38　九州王朝の伝承について

質問　九州王朝を抹消しようという近畿天皇家の努力にもかかわらず、残っている伝承などお話しください。

回答　安徳天皇について、ある記憶がありまして、土地の古老にきて貰って、聞いたところ「安徳天皇は、この木の下でお亡くなりになりました」「敵に囲まれて、弓矢に撃たれて、ここでお亡くなりになったのです」という説明を聞いたのを覚えています。当然赤ちゃん安徳とは違います。

もう一つ、そういう九州王朝の伝承は果たして消えたのかというテーマがあります。結論から言えば消えてないと思います。たとえば『日本書紀』第十、一書にあるように、女の神が「妍哉可愛少男（あなにあや、えおとこ）」と言って、為夫婦（みとのまぐあい）をして淡路島が生まれました。そして男性の輝ける太陽神である「ヒルコ」が生まれました。これは明らかに旧石器から縄文前半期に成立した話だと思います。それが『日本書紀』の元本となる九州王朝の史料に書かれているということで、すごい年代が経っているわけです。それだけ長い間伝わって残っているのを見ると、三世紀や七世紀などから現在まではたいした時間ではありません。それが全部消えてしまってなくなっている方がおかしい。民俗学では、民話が残っているのが江戸時代で、いくら遡っても鎌倉が一番早いところです、と梅棹忠夫さんがまだ生きておられる時に、国際的な学会の席でその時の報告者が話しているのを、聞いた覚えがあります。それが現在の民俗学側の常識で、いまでもそれほど変わっていないのじゃないかと思います。

しかしそうすると、さっきの旧石器時代の話は残っていて、記録されているのとあんまり落差がありすぎます。日本人の記憶力が激減したような感じです。

何を言いたいかというと、三世紀や七世紀の伝承は現代にも残っていると、そういうふうに考えざるをえない。

どのような形で残っているかというと、俾弥呼・壹與の話が、神功皇后の話として残っている。これも例があるのですが、あの中近東で、「旧約聖書の中の話など現在あるのですか」と聞いたわけです。アメリカの学者で長年中近東に住みついている学者に聞いたのです。「残っています。それを土地の人は語っています」、「とマホメット様がおっしゃった」と言うのです。とすると日本の場合でも、天皇家のだれだれと言葉を変えればいい訳です。という問題があります。

もう一つ面白いのは筑後川流域に運河が残っています。長者堀といわれています。何のためか。本来筑後川があるのに、それに沿って運河を作るのはあまり意味がないです。有明海から敵が筑後川を上って侵入してきた時に運河を切って水を流すわけです。谷間にも運河のようなものが作られています。いわば軍事施設のようなものです。それ以外の目的は考えられない。三〇〇メートルほど運河が残っていました。実際にはそれは斉明がやらせているわけです。それが長者と名前を変えている。斉明がやったというのでは具合が悪いが、長者堀という形に変形されて現在も残っているわけです。

もう一つ小郡市の飛鳥ですが、元のところに住宅のような場所があって、三、四メートルの幅で半円のような形で回っています。後の半円はもう陸地にされていますが、残りの半円は最初に行った時は残っていました。二回目に行った時はそこがぐちゃぐちゃになっていました。そこの堀に囲まれた中に、長者丸さんがいたといいます。

偶然といいますか、面白いことがあります。あそこで実験をしようという時、わたしの近所に銀色の紙を売っていました。これを敷き詰めて上から写真を撮れば何もないところを撮るよりはしっかりするだろうと考えました。

紙を売っている店の本社が東京にあることを聞き、こういう紙が手に入るか聞きましたが、部長さんが出てきて「入ります」ということでした。たまたまその方が長者原という方でした。ルーツを自分で調べられたら、小郡でした。「今の人の前は、わたしの先祖がいたようです」、という長者原さんの話でした。本人も大変感激して、安く売ってくれましたが。そういう長者原さんがいまだに東京にいます。

長者というのはあちこちに残っています（注＝福岡県糟屋郡粕屋町長者原等）。邪馬壹国や、九州王朝はみな長者と名前を変えられています。伊豫朝倉にも長者屋敷というのがあります。

39　「近江遷都論」について

質問　古賀達也氏の「近江遷都論」（九州王朝の遷都）についてご意見をお聞かせください。わたしの感触では、太宰府が唐に占領される。↓豊前（もしくは久留米）に都を移す。↓壬申の乱↓近江遷都。その後に、大和朝廷といった流れに見えます（ちなみに、久留米には「小朝廷」の地名が、豊前には京都郡があります）（注＝古賀達也氏は現在難波遷都論を唱えておられるが、なお、近江遷都論についても掘り下げて研究しておられ、古田先生の反論についても詳しく研究しておられるので、本書では、論点整理の意味も含めて、初版の通りの質問として掲載した）。

回答　古賀達也さんが、くりかえし述べている、いわば「持論」のように見えますが、残念ながら、わたしには「否！」です。

第一、その依拠資料は『海東諸国記』です。

「斉明天皇。皇極復位。元年は乙卯。（中略）六年庚申、始めて漏刻を造る。七年辛酉、白鳳と改元し、都を近江州に遷す。在位七年。寿六十八。」

右の「七年辛酉」は「六六一年」です。白村江の戦（六六二、あるいは六六三）の〝直前〟です。

第二、右は「斉明天皇」という〝近畿天皇家〟の名と、「九州年号」という〝九州王朝〟の名とが並存しています。

したがってこれは「九州王朝の史実」からの「移置」という可能性もあるわけです（『日本書紀』も、これに準ずる「移置」と見る）。

ここに古賀説成立の〝背景〟があるわけです。少なくとも、「可能性」は存在するわけです。

第三、平安時代に成立した「二中歴」の中の「年代歴」に「九州年号」が記録されています。そこでは「継体元年（五一七）～大化六年（七〇〇）」までの連続年号が記されている上、各項目に「歴史記述」があります。しかし、その中に、右の「近江遷都」は書かれていません。

この点、古賀説には「不利」です。

第四、一番、決定的なのは、「考古学的出土物」です。

㋑土器類など、この時点（六六一）前後で、この滋賀県内で「近畿型土器」（α）と「九州型土器」（β）

との〝断絶〟があるかどうか。——わたしは知りません。

㋺近江（滋賀県）を〝囲む〟「神籠石山城群」の「成立」もしくは「造りかけ」があるかどうか。九州では、福岡県の瀬戸内海側の東岸部の南端、大分県との接点の「唐原」の神籠石山城群は、「白村江の戦い」の直前まで造りつづけ、その「時点」（六六一か六六二）で「中絶」した。そういう痕跡を残しています。

それなのに、肝心の「（九州王朝の）近江京」を〝囲む〟神籠石山城の〝痕跡〟でも、あるか。——わたしは知りません。

第五、もし「白村江の敗戦」の際、九州王朝の「都」が近江にあったとすれば、その敗戦後、くりかえし、日本（倭国）に来入した唐の戦勝軍が、真先に向かうべきは、この「近江京」であったはずです。

しかし、『日本書紀』の天智紀を見ても、「来入」したのは「筑紫」だけ。近江へ「来入」した形跡はありません。

第六、前と同じく、考古学的出土物から見ても、このような「唐軍侵入の痕跡」はあるか。わたしは知りません。

第七、もう一つ。「（九州王朝）近江京」説にとって、思いがけぬ「陥穽」があります。それは「表函《ひょうひつ》」問題です。

『日本書紀』の天智四年（六六五）に、次の記事があります。

「九月の庚午の朔壬辰に、唐国、朝散大夫沂州司馬上柱国劉徳高等を遣す。等といふは、右戎衛郎将上柱国百済禰軍・朝散大夫柱国郭務悰を謂ふ。凡て二百五十四人。七月二十八日に、対馬に至る。九月二十日に、筑紫国に至る。二十二日に、表函《ひょうひつ》を進ず。」（『岩波日本書紀』下、三六三〜四ページ）

前は、従来では「不明」の一文でした。なぜなら、

㋑白村江の戦い（天智二年）から二年後、戦勝国の使者が敗戦国へ来て「表函」を進ずる、などという行

為は、意味不明。

㋺おなじく、それを日本（倭国）の誰に奉ったか、不明。

だったからです。

第八、ここで重要なのは「三年の誤差」問題です。

中国から百済に派遣されていた、総司令官ともいうべき人物が「劉仁願」であったことは有名です。『日本書紀』の天智紀にも、くりかえし出現しています。

ところが、『資治通鑑』など、中国側の資料によると、総章元年（天智七年）、この劉仁願は雲南省（姚州）に流された。

『日本書紀』の天智十年正月の項には、次の記事がある。

「辛亥に百済鎮将劉仁願、李守眞等を遣して表上《たてまつ》る。」

これは、右の劉仁願配流の年（天智七年）の「三年」あとですから、『日本書紀』の記事には「三年（以上）の誤差」がある、と見なさざるをえないのです。

とすると、先の「表函」記事の「天智四年」は、実は「三年前」の「天智元年（以前）」とならざるをえません。すなわち、「白村江、直前」の記事となります。

第九、この場合、当然、倭国は「九州王朝」の時代とならざるをえません。九州王朝の皇太子は「薩野馬」です。その薩野馬（あるいは斉明天皇）に、

「表函を進じた。」

わけです。その内容は書かれていませんが、おそらくこの「表」の文字が、倭国の開戦を〝決意〟せしめる、直接の契機となったのではないでしょうか。

第十、今の問題は次の一点です。右の「表函」記事によると

（α）九月二十日に、筑紫に至る。

（β）二十二日に、「表函」を進ず。

とありますから、この「表函」進上の「場」は、筑紫であって「近江」ではありません。なぜなら、二十日と二十二日の「なか一日」で、筑紫から近江へ行くことなど、不可能ですから。ですから〝近畿天皇家側〟であれ、〝九州王朝側〟であれ、「近江京」がこの時の「倭国の都」であること、それは不可能でしょう。

第十一、もう一つは、「庚午年籍」問題です。これは『日本書紀』の天智九年（六七〇、庚午）の二月に、

「戸籍を造る。」

とある記事によって、これを「庚午年籍」と呼んでいるものです。「近江京を中心とする戸籍の制定」とみなすのが、いわゆる「定説」です。

しかし、これに対応する、注目すべきものは、次の記事です。

「聖武天皇の神亀四年（七二七）、秋七月丁酉、筑紫ノ諸国、庚午籍七百七十巻、官印ヲ以テ之ヲ印ス。」

（『続日本紀』巻十）

すなわち、問題の「庚午年籍」が、大量に集中出土しているのは、「近江諸国」ではなく、筑紫諸国なのです。

いわゆる「近江令」なるものに対して、

（甲）近江令を中心とし、そこで発令されたもの。――「通説」

（乙）筑紫を中心とし、そこから発令されたもの。――これは九州王朝の史実からの「移用（盗用）」である。これがわたしの立場です。

前の「二つの仮説」のいずれが是か、その回答を示すものが、右の神亀四年の記事です。この出土はまぎれもなく、（甲）ではなく、（乙）が史上の真実であったことをしめしています。いわゆる「近江令」は「虚」、正しくは「筑紫令」であったのです。

この問題は、古賀説の、

「近江京は、九州王朝の遷都」

という立場をとっても、変りません。その場合でもやはり、七百七十巻という膨大な「庚午年籍」は〝近江諸国〟から出土し、官印を以て印せられなければなりませんから、史料事実は、これに反しています。

以上、「近畿天皇家中心」の「近江京中心」論者——従来説のすべての学者——と同じく、古賀説の場合も、これらの「難関」を実証的に「反批判」してこそ、学問上成り立ちうる。そう思います。

ただ、

「たまたま、『都の一部』を遷しただけで、本体はやはり〝筑紫〟だったのである。」

とか、

「たまたま、筑紫諸国出土の七百七十巻が記録に残っただけで、より大量の近江諸国出土の庚午籍は、空しく失われて『記録』されなかったのだろう。」

といった類の〝安易〟な「反論」では駄目です。その場合、すぐ、

「『都の一部』を遷しただけで、それを『遷都』といいうるはずはない。」とか、

「もし壬申の乱で『近江京』が潰滅したとしても、周辺の『近江諸国』まですべて、庚午籍が〝潰滅〟した等とは、考えられない。」

そういった再反論が直ちに予想されるからです。

あくまで、厳密で、慎重で、良心的な「再反論」が呈出されれば、わたしはいつでも、喜んで、双手をあげて、賛成します。古賀さんの鋭い問題提起のおかげで論点を進めることができました。感謝します。

＊武彦今言

再三述べたように、この「薩野馬」は「斉明天皇」と訂正しました。「薩夜麻」は皇太子（摂政）です。

40「阿倍仲麻呂の探究」について

質問　九州王朝実在の証言者は阿倍仲麻呂としている以上、どうして追求しないのでしょうか。『日本古代新史』で倭国と日本国について論じておられますが（同書二三二ページ）、「唐側の倭国と日本国に関する情報がかれの認識によって裏打ちされていたこと疑いがない」（同書二三二ページ）。「近畿天皇一元史観」を固持しようとする論者は、必ず肝心の「仲麻呂の証言」問題を回避してはならない（同書二三二ページ）。

中国側の資料から朝衡の言動にその証を探し出せば、九州王朝実在の強力な武器になります。西安の興慶宮跡に記念碑があり「安南史略」には彼の善政を讃えていると聞いています。そうした中に朝衡を知り、倭国と日本の違いを中国側に認識させるものがあった証拠が出てくることを期待します。

回答　おっしゃる通りです。たとえば、ベトナムで探す。これも有意義です。すでに、戦前、あの戦争の末期に、すごく大冊の研究書が出ています。しかし、「現在の目」で見れば、また新たな発見があるかもしれません。トライしてみませんか。

（注＝阿倍仲麻呂の表記については一般には阿倍仲麻呂とあり、『広辞苑』には「安倍とも」と書いてある。『古今和歌集』四〇六には「安倍仲麿」とあり、百人一首にも「安倍仲麿」とあるが、『土佐日記』には「阿倍の仲麿」とある。本書は二〇〇六年の初版では「安倍仲麻呂」とあったが、古田武彦氏の表記〈『人麿の運命』ほか〉に改めた。）

41 「天の原」について

質問 仲麻呂の歌とされる「天の原振りさけ見れば春日なる…」の歌の中の天の原は万葉の他例で七箇所あります。壱岐の原の辻との関連ではいかが解釈すればよいのでしょうか。

また、仲麻呂は遣唐使として赴き、あまり間を置かずして、難しかろうと思われる大学に入り、中国官吏となり、早い昇進をしていますが、他に例はあるのでしょうか。

回答 『万葉集』は段階的に成立していますが、早い段階でも天の原を天の上としています。巻七、巻八辺りは無条件に天上となっています。結論は成立段階によって歌毎に考えるべきものです。

仲麻呂に関しては唐王朝の民族にかかわらず優秀な人材登用が背景でしょう。回族辺りでも高官の昇進が記録されています。最近、評判になった玄宗皇帝の寵愛を受けた井真成もその一人といえます。ただし、井真成は遣唐使ではありません。生年が六九八年となっていることから、九州王朝からの亡命者を父親に持つ人と考えます。

42 「聖武天皇の〝三宝の奴〟」について

質問 「聖武天皇は自分を〝三宝の奴（奴隷）〟」というくらい深く仏教を信仰していたそうですが、それほどまでに仏教に夢中になったのはなぜですか。

回答 わたしには、聖武天皇の「全体」を研究したことがないので、分かりません。

ただ、八世紀初葉、いまだ「近畿天皇家、自体の権威」が確立していない（七〇一から始まる）ため、東アジア共通の「権威」としての、仏教の「権威」に〝依存〟しようとしたのではないか。そう思っています。
奈良の大仏（東大寺）の建造も、この「七〇一以来」という一点なしでは、十分な説明は不可能です。

43　菅原道真について

質問　二〇〇三年に古田先生とご一緒にスミソニアンに出かけた時に、太宰府のすぐ南の二日市《ふつかいち》からYさんという九十過ぎのお医者さんも参加なさった。Yさんのまわりはみな被差別部落だそうです。Yさんによれば、九州王朝のシンボルは梅の花だったのではないか。菅原道真《すがわらみちざね》はそれを知っていて『東風吹かば　にほひをこせよ　梅花　主なしとて　春を忘るな』を歌ったのではないかということです。太宰府天満宮のお祭りの時も必ず、二日市との間にある、菅原道真が住んでいたという榎社《えのきしゃ》に寄ります。『新撰万葉集』（注＝上巻には寛平五年〈八九三〉九月二五日、下巻には延喜一三年〈九一三〉八月二一日の序がある）も、そのような考えで作られていて、九州王朝の痕跡を、そのなかに残しているのではないかと思われます。藤原時平との政争にも、影響しているのではないかと思いますがいかがですか。

回答　藤原時平との政争に関係あるかどうかは不明です。菅原道真が住んでいたという榎社も重要な神社です。太宰府天満宮のお祭りも榎社から出ないと、お祭りが始まらない。もちろん被差別部落と九州王朝が無関係であるはずがありません。世間的には、中世の被差別部落の研究は盛んですが、古代についてはまだまだです。この前、九州を訪れた時に被差別部落の研究のための史料を大量にもらいました。順々と研究を進めていきたいと思っています。

＊武彦今言

いわゆる「被差別部落」は現在の天皇家以前の神聖な存在だったのです。『俾弥呼』『古田武彦が語る多元史観』（いずれもミネルヴァ書房)、及び大下隆司「千代にある翁別神社」『東京古田会ニュース』一五九号を参照ください。

Ⅷ　歌集等に見える歴史の真実

1　記・紀と万葉の歌について

質問　記・紀には『万葉集』に関連した歌がありますが、その点についてお話しください。たとえば、天香具山は『古事記』では、尾張にあることにされていますが。また、別府の火男《ほのお》火売《ほのめ》神社から、水野さんが、鶴見岳が天香具山であることを記した文書を購入されたようですが、その紹介をしていただければ幸いです。

また、国偲び歌（偲ぶ国歌）についてお話をお願いします。

回答　次のようです。

(一)「天香具山」の歌

①「ひさかたの　天の香具山　利鎌《とかま》に　さ渡る鵠《くび》　弱細《ひはぼそ》　手弱腕《たわやがひな》を　枕《ま》かむとは　我はすれど　さ寝むとは　我は思えど　汝が著《け》せる　襲《おすひ》の裾に　月立ちにけり」（『岩波古事記』二二七ページ、倭建命の東伐）

②「高光る　日の御子　やすみしし　我が大君　あらたまの　年が来経《きふ》れば　あらたまの　月は来経《きへ》往く　諾《うべ》な諾な諾な　君待ち難《がた》に　我が著せる　襲《おすひ》の裾に月立たなむよ」（①の歌に対する美夜受比命の返歌）

すでに分析したところ（『古代史の十字路』）ですが、次に簡明に記します。

ⓐ「天の香具山」は、大分県別府の鶴見岳である。「海士《あま》郡の香具山」です。

ⓑ①の（本来の）作者（誦み手）は、九州王朝の王者。

ⓒ②の（本来の）作者（誦み手）は、別府温泉の〝商売〟の女性。

ⓓ①は〝年末から新年にかけての〟滞在を「歎く」歌。

ⓔ②は「歎く」男性に対し、（男馴れのした）女性が「からかう」歌。

ⓕ鶴見岳の祭神は「火之迦具土神」。

ⓖ「月」は〝十二月から一月にかけて〟の「月」。「津城《つき》」とも、〝かけ〟用いられている（「月経」は〝否〟）。

ⓗ九州王朝の史書（伝承）の中の歌を、倭建命の「説話」に〝転用〟している。

ⓘこの倭建命の「東と西へ」の遠征説話は、そのほとんどが、他（九州王朝の説話や現地の伝承）からの〝転用〟である。すなわち「盗用」。この論証の詳細は『古代史の十字路』『壬申大乱』（ともにミネルヴァ書房）でご覧ください。

（二）「水野説」について

①水野孝夫さんは「別府・鶴見岳を天の香具山とする文献」と題して『古田史学会報』No.六二（二〇〇四年六月一日）に発表されています（注＝インターネットでも入手可能）。

残念ながら、この「原文書」は、所蔵者が「公開」していないようです。

「式内火男火賣神社史」千百五拾年大祭実行委員会刊行、二〇〇〇年三月発行。執筆者：大野保治（別府出身、大分大学等に奉職、別府史読会代表）原文書は「鶴見山神社由来記」です。

②この問題の経緯は、次のようです。

④わたしが『古代史の十字路』で、「天の香具山」は、本来大分県（「海士郡《あまぐん》」）の鶴見岳を指している、と論証しました。祭神が「かぐつちの神」であり、そのそばに「かぐらめ湖」がある、等にもとづく論証でした。奈良県（大和）は「海士《あま》」ではありません。

⑤これに対して、水野さんが現地（大分県）の文書から、この［鶴見岳＝天の香具山］を示す部分を「発見」され、これを古田史学の会報に報告されたのです。

㋩そこで、今御質問の件となるわけですが、

（その一）わたしはわたし自身の「新たな論証」に合致している点、「有力な、証拠」になりうる、と考えています。

（その二）しかし、現在はその文書の所有者が「非公開」を主張しているようで、〝行きづまって〟います。

（その三）このようなことは、親鸞でも、古代史でも、しばしば「行き当る」難所です。

（その四）所有者の「世代」が代ると、途端に解決。そういう経験もあります。

（その五）今のところ、部分的に紹介されたものしか、わたしたちは「見ていない」わけです。残念ですね。

（三）「国偲び歌」について

①『古事記』

㋑「倭は　国のまほろば　たたなづく　青垣山隠れる倭しうるわし」（『岩波古事記』二二二ページ）

㋺「命の　全けむ人は　畳薦《たたみこも》　平群の山の　熊白檮《くまかし》が　葉を　髻華《うず》に　插せ　その子」（㋑の直後）

㋩「愛しけやし　吾家《わぎへ》の方よ　雲居起ち来も」（㋺の直後）

②『日本書紀』

㋑「愛しきよし　我家の方ゆ　雲居起ち来も」（『岩波日本書紀』上、二九二ページ）

㋺「倭は國のまへらま畳づく青垣山籠る倭し麗し」（㋑の直後）

『古事記』では　倭建命

『日本書紀』では　景行天皇

しかし、両者とも、「同一の矛盾」があります。それは、

「大和の平群」

は、大和の西北隅にあり、「倭建命」にせよ、「景行天皇」にせよ、〝遠征軍〟の凱旋の「目的地」としてふさわしい地域ではない。また、この「平群」から出発したのでもない。天皇家にとって、「飛鳥」や「三輪山」「桜井市」のような、その類の地帯ではない。

③わたしの端的な分析を次に簡記しましょう。

第一、これは「九州王朝の歴史書」の説話・歌謡からの「盗用」である。

第二、「作歌者（誦み手）」は、「ニニギ」（か、その後継者）に当たる人物である。

第三、「筑紫」を原域とする、九州一円征服譚である。

第四、遠征軍の「出発地」は、吉武高木（「戸栗」＝平群）に属する。

第五、その地は、「日向《ひなた》」である。

第六、歌の、本来の順序は、『日本書紀』の方②である（本書二四一ページの「天香具山」の歌）。

第七、『日本書紀』の景行紀の「九州遠征」記事は、筑後の「浮羽」で終わっている。

第八、そのあと、（筑前へと北上するのではなく）別府湾に出たと考える。

第九、別府から、関門海峡を通過し、西行して博多湾岸へ向かった。

第十、その「途次」の行路は、『日本書紀』の「仲哀紀」に「盗用」されている（仲哀二年八月項）。

第十一、彼等（遠征軍）は、博多湾に帰ってくると、「糸島半島と能古島との間」を通って「（筑紫）山門」へ向かう。

第十二、その際の歌が、前の『日本書紀』の方の②の歌である。

㋑の「はしきよし」（「波辭枳豫辭」）は、「速し」であって、『岩波日本書紀』にある「愛し」ではない。

第十三、②の㋺は、「（筑紫）山門」である。

第十四、「區珥能摩倍邏摩」は「くにのまへらま」である。「へらま」は〝胸のわきの毛皮〟の稱。「中心」ではない。そのため、後代写本（伊勢本、内閣文庫本）で「保」と変更。「初期写本（熱田本、北野本）」は「倍」。「へらま」が本来形である。

『古事記』も、後代改定形の「まほろば」（麻本呂婆）である。

第十五、肝心の一点、それは「凱旋の帰着点」が、吉武高木の地であることである。「凱旋地」として、これ以上にふさわしいところはない。

第十六、ここから生ずる「言語学上の重大問題」は、「甲類と乙類」（上代音韻）の問題である（別述）。

以上、この問題は、きわめて重大です。

2　「人麿の『淡海』」について

質問　人麿の「淡海の海」についての最新の見解をお聞かせください。

回答　ご質問の歌を色々な面から分析してみましょう。

（一）従来の解釈の疑問

「鯨魚取り　淡海の海を　沖放《さ》けて　漕ぎ来る船　邊附きて　漕ぎ来る船　沖つ櫂　いたくな撥《は》ねそ　邊《へ》つ櫂　いたくな撥ねそ　若草の　夫《つま》の　思ふ鳥立つ」（巻二―一五三）

原文、鯨魚取　淡海乃海乎　奥放而　榜來舡　邊附而　榜來船　奥津加伊　痛勿波袮曾　邊津加伊　痛莫波袮曾　若草乃　嬬之　念鳥立（注＝前の舡は原文で『岩波万葉集』では船とかえている）

これは天智天皇の「大殯《おほあらき》」の時、その「太后」（皇后）の御歌とされている歌です。

そこで、従来は、

①「淡海の海」は琵琶湖。
②「鯨魚取り」は〝修辞〟（実際には、琵琶湖には鯨はいない）。
③「若草の嬬《つま》」は、「太后」が〝天智のこと〟を言っている。
このように解されてきました。しかし、〝変〟です。②も「？」ですが、歌として「生命」の最後の③が、全く〝体をなしていない〟。――わたしはそう思いました。

（二）視点をかえた読み方、従来の読み方の問題

この「前書き」、

「太后の御歌一首」

を〝とりはずし〟て、「歌それ自身」を純粋に理解してみよう。そう思ったのです。

「鯨の取れる〝淡海の海〟を、沖をはなれて漕いでくる舡（ふね、ジャンク船）や岸辺近く漕いでくる船よ。沖の舡の擢よ、あまり撥ねてくれるな。岸辺近くの擢よ、あまり撥ねてくれるな。若草のような、新婚間もない妻（新妻）が（帰る夫を待つ）思いをさそう、鳥が飛び立ってはいけないから。」

この歌の「作者」は、海辺の漁師たち。もしくは、彼等の側の一人です。
①〝歌われている〟対象は、新妻。結婚して間もなく、夫は旅立っていった（たとえば、「白村江の戦い」への参加）。
②戦が終わっても、夫は帰ってこない。
③若い妻は、いつも海辺に立って、夫の帰りくる「舟」を待っている。
④「舡」は、ジャンク。遠洋航海可能な舟。一回目の、「奥放而　榜来舡」です。
「舡」は、元暦校本。古い平安時代の写本です。その他も、この形です。それを「後代写本」の金記本・紀州本・類聚紗が、「船」へと「原文改定」したのです。「琵琶湖に〝ジャンク〟は似つかわしくない」からで

しょう。「改悪」です。

⑤この歌は、

㋑若妻が「帰らぬ夫」を待つ、切実な姿。

㋺その姿に、胸を痛めている漁師たちのやさしい心。

それをしめした秀歌です。全万葉集切っての、抜群の名歌だと思います。しかし、従来の万葉学者は、そのように「とる」ことを一切せずにきました。

なぜか。

「『前書き』を絶対とし、それに合わせて歌を読む。」

その〝手法〟に立ったからです。

わたしは、この「解読」によって、決定的に知りました。

「『万葉集』の歌は、『前書き』を、いったん保留し、〝歌そのもの〟を純粋に読む。」

この方法です。

(三)　次は、この歌の「淡海の海」の場所です。

①「淡海の海」とは、

㋑当然、「鯨の取れる」海です。

㋺「淡海」に当る地名です。

この立場から、いくつかの案が出されましたが、わたしの結論は次のようです。

それは、「阿波の女神」が「淡海」です。徳島県寄りの瀬戸内海です。ここに「鯨」がいたことはよく知られています。

「鯨魚取り　海を恐《かしこ》み　行く船の（下略）」（巻二―二二〇）は、人麿が「讃岐の狭岑《さみね》島に、石の中に死《みまか》れる人を視て」作った、とされている歌です。

もちろん、讃岐の隣が阿波です。「あはみ」を「淡海」と表記したのではないでしょうか。
②『日本書紀』の神代巻に、「イザナギ」と「イザナミ」の神話が記されています。
「但し、親ら泉国をみたり。此既に不詳し。故其の穢悪《けがらはしきもの》を濯《すす》ぎ除《はら》はむと欲して、乃ち往きて粟門及び速吸名門を見《みそなは》す。然るに、此の二の門、潮既に太《はなは》だ急し。」（第五段一書 第十）

この「泉国」は、「和泉（大阪府）」。『古事記』はこれを「黄泉」と〝書き直し〟、「よもつ（くに）」と〝訓ん〟だ。「観念化」です。現実の地名「泉国」を中国風の〝地下の世界〟と〝化した〟のです。「天武の手」によるものかもしれません。

ともあれ、前の描写は明らかに「鳴門海峡」の地名です。いわゆる「鳴門海峡」は、文字通りの「鳴門海峡」、すなわち「速吸の名の門」と「阿波国」側の「阿波の門」に分かれています。それをズバリ、精細に〝表現〟しているのです。

すなわち、ここは「イザナギ」が亡き妻の「イザナミ」を偲んだ地。その地に人麿は来ました。

彼もまた、「大和」で妻を失いました。「古え」の亡妻神話と、今の自分の「亡妻の嘆き」とを重ねているのです。だからこそ、「情もしの（め）に」という〝表現〟とも一致しているのです。「琵琶湖」では、こうはいきません（注＝「情もしのに」と「古思ほゆ」の表現は巻三―二六六の「淡海の海夕波千鳥汝が鳴けば情もしのに古思ほゆ」だけである）。

その上、「古思ほゆ」は「古所念」ですから、ピッタリです。琵琶湖で、〝つい先年の〟「近江京の滅亡」では、やはり〝ふさわしくない〟のです。

従来は、「いにしへ」という言葉を〝往ぎ去った時〟と解し、これに〝無理に〟あてはめていたのです。「古」という〝表記〟を「無視」せざるをえなかったのです。

＊武彦今言

ここで扱われた「万葉集理解の方法」は重要です。「前置き」と「歌の内容」が見事に〝分裂〟しています。わたしは「歌そのもの」を的確にキャッチする。この立場です。実は「万葉集の編者自身がこの〝分裂〟を意識し、それを後代の人々（わたしたち）に伝えようとしている。」――このイメージを得たのが、今回（二〇一四年十月三・四日）の松本深志での講演の時に泊まった、富士の湯（浅間温泉）の一夜でした。

3　「『さねさし相模』の歌」について

質問　「さねさし相模」の歌は有名ですが、相模の国の式内社に「小野神社」があることを知りました。摂社に「アラハバキ」が祭られていました。その周辺は地名も小野、石器時代に遡る古い土地柄です。「さねさし相模」の歌は、この歌が走水で転用された。現在ではそう考えていますが、これについてご意見をお聞かせください。

回答　端的に、わたしの「到達点」を述べます。

①「さがみ」という地名（国名）は、「『さ』プラス〝神〟」。本来の「地名」は「さ」である。
②この「さ」を〝連続音〟に使用。
③「ね」は「根岸」の「根」（寒川神社）。
④「し」は〝人の生き死にするところ〟（「言素論」）。
⑤「さねさし」は寒川神社（根岸）の地名を指す。
⑥そこから「相模」とワンセットの「枕詞」となる。
⑦この歌は、寒川神社周辺、相模川流域における恋歌（相聞）。

⑧ときは「野焼き」あるいは「火祭」。
⑨「問ひし」は、男が恋人に〝呼びかける〟こと。恋の〝発端〟。
⑩この「民謡的相聞歌」を、〝転用〟やはり「盗用」。
この歌が「野焼きの中の相聞歌」であることは、すでに説あり（田遠清和《でんどうきよかず》氏が紹介）。
⑪「寒川（さむ）」は、「さ」プラス「む」（大地）。
⑫「川」は「か」（神聖な水）プラス「わ」（祭りの場）。
⑬相模川の西岸に「小野（神社）」あり。
（注＝『古事記』では弟橘姫は海に身を投じる際、「さねさし　相武《さがむ》の小野に　燃ゆる火の　火中《ほなか》に立ちて　問ひし君はも」〈佐泥佐斯　佐賀牟能袁怒邇　毛由流肥能　本那迦邇多知弖　斗比斯岐美波母〉と詠んだという（『岩波古事記』二一五ページ）。）

＊**武彦今言**

『古事記』も、土地に伝わる伝誦歌を〝借用〟して、自家の物語の一部に使っています。これはその好例です。田遠さんが紹介されました。

4　人麿の出身地と活躍地について

質問　人麿の二つの歌、一つは『万葉集』一七九八番の「古き家に妹と我が見しぬばたまの黒牛潟を見ればさぶしも」、もう一つは一二四七番の「大穴道少御神《おおなむちすくなみかみ》のつくらしし妹背の山を見らく良しも」からみると、人麿は紀州の出身のように思えるのですが。

回答

①人麿が作歌した場所

一二四七番は、大穴道と少御神がお作りになった山が妹背の山だと言っているわけですが、大穴道、少彦名ですから、当然出雲の神話の話です。『古事記』には、大穴道と少彦名が出てくるのですが、二人が作った山というのは出てきません。腰掛けて見渡したところはあるのですが。ですから独自の伝承が出雲・石見にあったのでしょう。それを人麿は歌いました。「人麻呂歌集」に入っています。ですからこれは若いときの人麿が石見にいて作った歌だと考えて良いと思われる。石見の方の歌がずいぶん入っています。

②人麿の系図

それともう一つ言えることは、元々彼の家の出身は大和です。これは実は福岡県の大野町という所で柿本さんという方が系図をもっておられて、柿本人麿の子孫だと称しています。その中に大和から来たと書いてあります。

もう一つその系図で面白いのは、人麿の息子の名前が繰り返して出てくる。息子の名前がどれだけ出てくるかと言うと、八世紀に東大寺の大仏を作ります。あの時息子が鍛冶師、金属の加工の技術者で、それで九州福岡県から呼ばれて東大寺の仏像作りに参加している。その息子は九州にいて小郡市近辺にいて、それで東大寺に呼ばれて行った。その名前は何回か出ています。

それはそれとして、九州へ来る前大和から来たと書いてある。これをわたしは本当だろうと思う。なぜそう思うかというと、人麿の歌の中で、大和で恋人を失ったという、有名な長歌があります。妻を失って血の涙を流したという。前書きのついた万葉集巻二　二〇七番の歌です。

自分の妻を亡くし、辻に立って妻の姿を見ることはできない、という若い人麿の感情というか、血のにじむような情があふれた歌が『万葉集』巻二の終わりの方に出ているわけです。これについても恋人が九州や島根にいてそれを連れて大和に行ったとは思えない。その時代若い青年が奥さんを連れて旅行するなんてできないでしょう。それは高い身分の人は別ですが、若い時のことですから身分は低いわけでしょう。それが奥さんを連れて九州なり島根から大和に行ったとはとても考えられない。そうすると奥さんはやっぱり大和の奥さん。歌の中でも大和の人だということが先頭で歌われている。大和出身の恋人を人麿は大和で失っているわけです。それに関連する歌が一七九八番の歌です。

③柿本の地名

もう一つ裏付けとして、島根県には柿本という地名がありません。太宰府や九州などにもない。ところが大和にはご存じのように柿本という地名があります。柿本寺というのがあります。この間行ってきました。シホンジと音で言っていますがね。これは柿本という地名があって、そこにお寺があったから柿本寺と言っています。そこはまた、人麿に関する伝承をもっています。ですから柿本家の出は大和の柿本と考えて良いと思います。

それが、人麿の親御さんが、どういう事情か知りませんが石見に行ってそこで土地の娘と結婚したか恋人になったのか、それで生まれたのが人麿です。親父は大和へ帰ったか、そのことは分かりません。親父さんの名前が今のところ残っているところはない。しかし全国に一二〇近く柿本神社があるのですから、逐一調べていったら出てくると思います。

わたしがビックリしたのは石見の浜田市戸田の人麿が都に呼ばれて行ったという、都はすぐ目と鼻の先の豊浦の都であったということです。今の人麿神社の残り方から見ると、わたしは人麿神社にとって山口県が主要な場所であったということはおそらく間違いないだろうと今のところ考えています。

④まとめ

質問に戻って、妹背の山が和歌山というのは誰かの解釈、学者の解釈です。問題は大汝《おおなむち》や少彦名が和歌山まで来たという話はないわけです。これは出雲の話です。彼が出雲で過ごしたという話に結びつくわけです。それを知らないから和歌山にするわけです。妹背というのはあちこちにありますから、和歌山の妹背にその人が無理矢理結びつけただけなのです。

5　柿本人麿の人物像

質問　先生は『万葉集』についても色々新説を出しておられます。特に、柿本人麿の歌について、もっともな説を出しておられます。その柿本人麿なのですが、そのひとの人物像なるものをお話しいただきたいと思います。特に大和朝廷と九州王朝の関係について、どういう出自でどういう経歴をへて、亡くなったところは島根県、益田あたりと言われていますが、今の先生のお考えをお聞かせください。

回答

①人麿の歌を大和とした従来説

『万葉集』の最大のスターとして、現れているのが柿本人麿の歌であることはご存じの通りです。ところが柿本人麿の歌というのがおかしいので、何がおかしいかというと、その歌の内容と前書きとが、どうにも一致しない。たとえば有名な歌として、

「大君は神にしませば雨雲の雷の上にいおりせるかも」

という歌があります。現在教科書にも載っていまして、昔天皇は神様と言われていた、という解説が書かれています。

しかしあの歌がどこで作られた歌か、というと飛鳥の雷の丘というのがあり、ここで作られたのだ、と言われています。

ところがそこへ行って見たらがっかりする。あそこは十メートルちょっとの高さの丘に過ぎないわけです。

そこに上がるのに、五、六分で上がれます。

そこへ、天武天皇か、持統天皇が上へ上がられた。そこを廬《いおり》として休んでおられた。あれをみても天皇は神様であることが分かるだろう。だから、雷の上に廬をしていらっしゃる。なんてすばらしい歌だ、ということになるわけです。こんな「おべんちゃら」なことはないわけです。世界中に類を見ざる「おべんちゃら」で、そこまで権力者に「おべんちゃら」を使った歌人をわたしは見たことがない。これなら一番見下げた歌人ということになると考えざるをえない。

②人麿の活躍の場を九州王朝とする新展開

ところが、これを一旦九州王朝に置くと話は一変するわけです。九州に雷山というのがありまして、そこは代々の、九州王朝の墓地であります。

上の宮、中の宮、下の宮があって、一番上のところには、九州王朝の君主たちの墓が造られている。それが雷の丘で、だいたい千メートル近い高さをもっている。そこには当然雨雲がたちこめます。わたしは何回か行きましたが、一日中晴れたのは一回だけで、普段はちょっと晴れていると思うとすぐ雨雲が出てきます。天候が非常に不順な山です。

「雨雲」はその通り、雷山ですから「雷の」、上に廬せるかもで、廬は一つの擬人的表現で、そこに、死んだら、神様として、祀られている。人間は死んだら神様になるわけです。仏教では仏さんになります。だから、大君は死んで神様になっておられるので、雷山の上を廬として安らかに眠っておられます。

しかし民衆は白村江に敗れて塗炭の苦しみを味わっている。戦いに出て行った父や兄は帰ってこない。そこで女や子供たちだけが途方に暮れています。そういう生活が成り立たないような、苦しみの中で、あえいでいる。しかしもう死者となられた大君はこの雷山の上に安らかにしておられます。

これは痛烈な皮肉なわけです。唐と戦争したその方針が誤っていたために、民衆は塗炭の苦しみに嘆いております。それを下目に見て、あなた方は、死んで神様になり、安らかに眠っている。謳われた本人は墓場で聞いてもたまったものじゃない。これほど痛烈な権力者批判をわたしは見たことがない。ドイツやイギリスやフランスの詩人の中にもいない。世界一の「おべんちゃら」詩人が、世界にまれに見る権力批判の詩人に変わるわけです。

それだけでない。白村江で勝った唐の軍隊が筑紫に進駐している。しかし唐の軍隊が倭国と戦った戦い方は実に理不尽です。彼等は「日出ず（づ）る処の天子」を称した倭国を叩き潰すのが、目的で、そのために、いきなり百済に侵入した。それも百済が、単に新羅の国境で、百済の軍勢が来ていることを新羅が唐に何とか仲裁してくださいという程度の訴えだったのに、唐の軍隊が大軍をもって、百済を襲い、そして、国王、大臣たちを捕虜にして西安に連れ帰った。これを侵略と言わずして、何を侵略と言う。恥知らずもいいところです。

それはなぜかと言うと、百済が目標ではなかった。百済と同盟を結んでいた倭国を引き出すための策略であったのです。だから百済は倭国に救援を求めて、倭国も従来の同盟の約束からして、渋々かもしれませんが、出て行って負けたわけです。負けたのは筑紫の倭国です。九州王朝です。そこに占領軍が来たわけです。洛陽や西安を占領しに攻めて行ったのを向こうが逆襲してきたのではないわけです。九州王朝の人たちが洛陽や西安をせめる意図などまったくなかった。それを唐が一方的にこしらえた百済侵略を口実にして、潰した。そして首都圏である筑紫を占領した。

だから一番けしからぬのは唐です。そのために民衆は塗炭の苦しみにある。だから人麿が訴えているのは、筑紫の君が政治を誤ったこともあるが、しかしそれ以上に言っているのは唐の軍隊の理不尽な倭国占領を告発しているわけです。だからこれは占領軍への批判の歌です。ここまで表現した詩人を、わたしは知りません。人麿は世界でまれに見る、超一流の詩人です。

ただそれは、雷山を舞台にした場合です。ところが『万葉集』の表面は、飛鳥の一〇メートル余りの丘に登った、生きた天皇は、あれは神様である証拠ですという、くだらない歌に満足していれば、そうはならない。

今の万葉学者は全部くだらない歌で満足している。わたしのように解釈することは一切ない。書いたものを送って、電話しても、いただきましたというだけで、一切返答無しです。

わたしの「万葉批判はなかった」という立場で、書いたり喋ったりしている。これはだらしないと思いますね。要するに人麿を天下無類の「おべんちゃら詩人」と見るか、あるいは世界で抜群の「権力批判、占領軍批判の詩人」と見るか、天と地の違いです。

③人麿の総括

さてそこで、その人麿はどういう生涯を送ったかというと、順序から言いますと、彼は大和、奈良県の出身です。証拠がありまして、最初の奥さんを大和でなくして、その痛烈な、嘆いた歌があります。大和を故郷とした二人の歌です。だから大和が故郷、先祖の地であったことは、わたしは間違いないと思います。

しかし、お父さんだと思いますが、これが出雲に赴任して、そこの官僚を務めていた。お父さんは大和ですが、彼自身は石見で生まれた。これは現地の、伝承に残っています。彼がここで生まれたという、神社や民間伝承がいくつもあります。この間ビデオに撮ってくれましたスターゲートの望月政道氏が非常に詳しく調べて報告してくださいました（注＝作品名『701　人麻呂の歌に隠された九州王朝』販売元株式会社アンジュ・ド・ボーテ・ポールディングス）。だから人麿が石見で生まれたことはおそらく間違いないでしょう。

しかも生まれて非常に天才的というか、歌に関して、才能を伸ばしました。それで七歳でしたか、すでに歌の才能を示して、それで都に呼ばれました。都というと従来は大和と解していたのですが、実は、その時の九州王朝の都は豊浦、つまり下関にありました。

下関にあったということは、下関から出雲は一続きで、船に乗ればすぐ行けます。そういう都との関係です。彼が十歳前後の頃、才能が認められて、都に呼ばれたというのは豊浦に呼ばれたことです。

豊浦に、彼が活躍したという証拠があります。人麿神社があちこちにありますが、その八割は山口県にある。これは、従来の考えでは説明不可能です。

彼が都に行って、活躍した都というのは下関の豊浦宮です。豊浦宮は山口県です。山口県に人麿神社がたくさんあるというのは不思議ではないわけです。

初め太宰府かと思ったのですが、太宰府や、奈良が彼の活躍の中心であったら、そういう現象は起きません。下関の豊浦宮が当時の九州王朝の都でした。こう考えれば非常に分かりやすい。

その後彼は白村江にも出て行きます。その時の歌が残っています。唐津から手を振る人々に別れて出て行く、歌もあります。

それで倭国が負けた後、敗戦後の筑紫、太宰府に帰ってきます。そこで、唐の暴虐を見ます。それを彼は目の前に見たわけです。しかし、唐の暴虐をそのまま歌にできるような時代ではありません。それが先ほどの歌になってきます。

本当の主人公は唐の軍隊です。これは従来の万葉学者の夢にも見ざるところです。

それで最後は自分の故郷の石見にもう一度帰ります。唐に踏みにじられた筑紫にいるに忍びなかったのでしょう。帰っている内に、暴れ川で洪水がありました。その中で巻き込まれて死んで行った。その時の歌がやはり残っています。それが彼の生涯です。

＊武彦今言

この人麿論に対する「批判」を待っています。「賛成」でも「反対」でも可。学問ですから。後世の人も。

6 「題しらず」「読人しらず」の歌について

質問 『古今和歌集』八七八番に「わが心　なぐさめかねつ　さらしなや　をばすて山に　てる月をみて」も「題しらず」「読人しらず」になっていますが、これも九州の歌ということでしょうか。

回答

①信州で歌った歌

これは、信濃では有名な歌です。その直前の歌から解説します。

『古今和歌集』八七七番「をそくいづる　月にもある哉　あしひきの　山のあなたも　惜しむべら也」

「今日は遅く出る月であるなあ。三笠山の向こう側にいる人も、それを惜しむだろうな」この人は九州の三笠山の西で歌っています。

それに対して、

八七八番「わが心　なぐさめかねつ　さらしなや　をばすて山に　てる月をみて」を歌っている人は、信濃でこの歌を作っています。八七七と八七八は対をなしています。「をばすて山」は小さな山ではあるが、巫女たちが月に祈る、月信仰の聖地です。ドイツのビールのジョッキにそっくりな形の、縄文土器が長野で出てきます。もとは、両方ともシベリアが発生源でしょう。バイカル湖あたりからドイツ人は来たという学説があります。中央アジアでは、月の信仰が盛んだったと思われます。

「月の信仰の聖地で月を見ていても、故郷の太宰府で月を見て自分のことを思っている人を思うと、心は晴れない」と信濃で歌っているのです。

②信州と九州王朝

ではなぜこの人が信濃にやってきているかというと、そこに出てくるのが信濃遷都問題です。東京古田会の会報の連載で「八面大王《はちめんだいおう》」という題で、この問題を扱っています。『日本書紀』天武紀（天武十四年〈六八七〉）で、「天武天皇が都を移そうと信濃の地図を得て、信濃の束間《つかま》に都を置く計画を決めたが実行しなかった」（注＝『岩波日本書紀』下、四七二ページ）という記事がある。しかし、天武天皇は白村江のあとで、唐の制圧下にあり、唐の許可無く都を移せるはずが無い。当然、白村江より前の出来事のはずです。地理的にも、信濃は大和や近江と同様な盆地であり、都を移す意味が無い。九州の倭国であれば、三世紀頃は博多湾岸にあった中心を、その後高句麗の攻撃に備えて筑後川流域に移動しており、さらに六世紀の終りに隋が南朝を滅亡させた後に、唐の時代となると有明海側への備えも必要となってくる。そういう流れの中での遷都問題と考えるとリアルな状況となる。八面（はちめん）は「やめ」と読め、八女を指しているのではないか。

さらに、そういう遷都を受け入れる信濃側の在地勢力がなければ遷都できない。九州の久留米には高良《こうら》大社・高良《こうら》玉垂宮《たまだれぐう》がありますが、信濃にも高良玉垂宮が点々と祀られています。さらに松本には高良《こうら》幅玉垂水《はばたまだれのみず》という泉がある。ここからは推測になりますが、久留米から曲水《きょくすい》の宴《えん》の跡が出てきている。松本の高良幅玉垂水でも曲水の宴を模した行事を行ったのではないか。要するに信濃遷都とは束間・松本中心への遷都の話であり、九州筑後川流域からの遷都と考えられる。そう考えると、「わが心なぐさめかねつさらしなやをばすて山にてる月をみて」の歌は、「題しらず」「読人しらず」でもあり、九州筑後川流域から信州へ移った九州王朝の人の歌と考えられます。

Ⅸ　消されていた東北王朝の歴史

1　「寛政原本」について

質問　「東日流外三郡誌」の寛政原本はどうして出てこないのでしょうか。これが出れば偽書説はなくなると思うのですが…。（注＝本書の初版の段階では、寛政原本が一部も出ていなかったために、このような質問になっているが、その後第5節、第6節にあるように一部出現した。しかし、和田家文書研究の重要な観点であり、あえて当初のままの質疑・応答を残した。）

回答

①明治写真が証明する寛政原本の存在

言われる通りです。わたし自身も、その立場で、くりかえし、（生前の）和田喜八郎氏に要求していました。彼の亡くなる前、「あった！」という電話があり、「見せる」という約束になっていました。しかし、まもなく、彼は亡くなりました。

あの時の「あった！」が本当にせよ、かりに彼の「思いちがい」であったにせよ、わたしは「寛政原本の実在」を一回も疑ったことはありません。なぜなら、

第一、「東日流外三郡誌」の中の秋田孝季の文章、さらに近く公刊される『北斗抄』（注＝二〇〇七年七月刊）や『北鑑』（注＝未刊）などの中の彼の文章、それらには「一貫した個性」そして彼の「高い志操」がみなぎっている。とても和田喜八郎氏やその他の方々の「文章」とは、「全く異質」だからです。

第二、また彼と他の人物（和田吉次など）との往復書簡は、それぞれ別人の文章です。さらに、伊達藩と秋田藩との間の往復書簡も、当然ながら、それぞれの「文体」です。とても、「一人の偽作者」の「造作」しうるものではありません。

第三、いわゆる「明治写本」には、明らかな「写誤」があり、「元の漢文」を〝訓みあやまった〟個所、文字の〝書きちがえ〟があります。

これらはいずれも、「明治写本にとっての、書写原本の存在」をしめしています。その点、これらの「写誤」や〝書きあやまり〟の類も、研究者にとって「貴重な資料事実」なのです。

もう一つの問題。それは「どうして出てこないのか」のテーマです。

貴方の言われる「これが出れば偽書説はなくなる」。――わたしも、大賛成です。

しかし、逆の見方もあります。

「『寛政原本』が出れば、もっとたたかれるにちがいない。」

と。おそらく、現在の「後継者」は、そう考えておられるのでしょう。これも、「一理」あります。なぜなら、この方々にとって、「偽作説」なんて、とんでもないことです。「そうでないこと」を、最初から〝百も承知〟なのですから。

②偽作論者の真実

わたしが、いわゆる「明治写本」の筆跡が「和田末吉・長作」の筆跡であることを精細に「証明」しました。そして、「偽作者」に擬せられている「和田喜八郎の筆跡とは、全くちがう」その一事を、丁寧に証明しました。

しかし、それにもかかわらず、彼ら（「偽作論者」）は、一段と「攻撃」や「中傷」を強めました。彼らにとって、大切なのは「事実」ではない。――このことを、「後継者たち」は、〝庶民の本能〟で、感じとっているのです。たとえば、

「『東日流外三郡誌』への中傷によって、その文書のもつ意義を肯定する古田の学説（九州王朝説など）をおとしめる。」

そういう目的の「偽作説」論者にとって、「偽作でない〝証拠〟が出れば出るほど、攻撃や中傷を強める」。そういう構造なのです。ですから、

「黙って耐える。」

のが、一番賢い防御策。そう〝信ずる〟に至っておられるようです。——悲しいことですが、いわゆる「農民の知恵」ですね、封建時代以来の。

ですが、わたしはちがいます。「真実を真実として明らかにし抜くこと」それだけです。「寛政原本」も、必ず日の目を見ることがある。そう信じています。

「中傷」に負けず、「東日流外三郡誌」の意義を信ずる声の拡大と強さ。

それが、「寛政原本」を〝闇から光へ〟呼びもどすのです。

2　真作であるとの〝宣伝方法〟について

質問　「東日流外三郡誌」の明治写本に直接触れたわたしにとって、これが偽作であろうなどとは露疑ったことはありませんが、未だに世間ではマスコミ、出版界を含めて偽作説に傾いているようです。これは何が原因なのでしょうか。「古田史学の会」「東京古田会」「多元の会」の発行するニュースでは、ことあるごとに前向きに取り上げていますし、この三団体が共同で出している『新・古代学』は元々「東日流外三郡誌」の真実を打ち出すために発行された雑誌です。偽作説の人々はそれらを読み、学問的に論駁されて反論できないくやしさから、ただ声を張り上げて面罵しているように思われます。マスコミも出版界も、その声の大きさに惑わされているのではないかと思われる節があります。わたしたちは、宣伝の方法をもっと考える必要があるのではないでしょうか。先生のご意見をお聞かせください。

回答　玉文に接し、「まことに、然り！」の思いに満たされました。心からうれしく存じます。

「宣伝の方法」も、是非お聞かせいただきたし、と存じますが、わたしの「基本の考え」を述べます。

第一、「手品を見破る方法」がありますね。術者が、「右手」をあげてみせたら、下方の「左手」の〝にぎり〟を見る。「左手」をあげてみせたら、逆です。

彼等が、「右手」で「偽書説」をかかげてみせるのは、「左手」の「九州王朝説」が〝こわい〟からです。

こちらでは、『隋書』俀国伝という七世紀前半の「同時代史料」に、

（α）「阿蘇山あり（云々）」

（β）「日出ず（づ）る処の天子」

が、「ワンセット」で出ています。それを〝無理矢理〟「大和の王者」に仕立てているのですから、わたしと「論争」すれば、「不利」は必然。だから、「戦場」を東北に〝移し〟「偽作説」で勝負しようとしたのです。ですから、相手が「右手」に「偽作説」を〝宣伝〟しはじめたら、じっと落ち着いて「九州王朝」説で「対応」する。――この方法です。

「右手をあげるのは、左手を〝人目から隠す〟証拠。」

それが、ことの真相です。少なくとも、「偽作説」の中核にいる人、の「手の内」です。恐れることはありません。

もし今後、再び「九州王朝説」へと刃を転じてくるとすれば、それはすなわち「偽作説、不利」を知りはじめた証拠。――そう思って、まちがいないでしょう。

要は、手品師の「トリック」に、一喜一憂しないこと、これが、「相手の宣伝」に対応する、唯一の秘訣です。

第二は、「後世に語る」ことです。

現代は、「情報」にあふれています。その中には「正しい情報」もあれば〝手品〟もどきの「いつわりの情報」もあるわけです。そのような「情報に対する、史料批判」すなわち「情報批判」こそ、現代に生きる者にとって、最重要課題と思います。

そのような「情報の海」、もっと端的に言えば、「情報の霧」は、「時の女神の手」によって、徐々に晴れはじめます。

後代の人々には、「問題の本質」、その「真相」が見えはじめるのです。偉大な「時」の力です。

そのとき、後代の人々はいぶかります。

「あの時代の人は、何をしていたんだろう。」

と。その問にこたえるために、「事実」を、「真実」を、実直に積み上げる。それが、最大の「宣伝方法」なのです。

第三は、「現代の発信」。前の『新・古代学』もそうでしたが、今回の『なかった――真実の歴史学』（ミネルヴァ書房刊）や、英文雑誌『フェニックス』など、着々とわたしたちの情報を惑わず、発信しつづければいいのです。インターネットなどによる、世界への発信と共に〝けれんみ〟なく、自信に満ちて、述べつづけ、訴えつづければいい。それだけのことです。

身のまわりの人、学者でも、教育者でも、子供でも、女性でも、次々とひろげつづけていただければ、無上の幸せです。

そして貴方独自の「宣伝方法」もお教えください。

＊武彦今言

少年や少女は、すぐれた直観力の持ち主です。「確信に満ちている人間」の声色に、真実のありかを感じとっています。

3　蝦夷国領域（多賀城問題）と観世音寺との関係について

質問　多賀城碑文の史料批判から見えてきた、蝦夷国の領域の問題は大和朝廷の東国支配の実態を新しい視点で理解するうえで重要だと思いますが、一般には反響が少ないようで残念に感じております。『拾芥《しゅうがい》抄《しょう》』（注＝十四世紀頃の百科全書。その中に「行基図」と呼ばれる日本国図が掲載されている）の地図に、陸奥国と夷地の境はなく、陸奥鎮守府は夷地の中にあるかたちになっているのも興味深い事実です。

太宰府の観世音寺と同様の伽藍形式の建物址が多賀城の東南のすぐ近くにあり観世音寺と呼ばれていたらしいことは、九州と東北の関係、大和朝廷の太宰府、多賀城に対する政策を考えるうえで注目すべき事実かと思います。古田先生の（二つの）観世音寺への見解、ひいては、蝦夷、隼人などの（近畿からみての）「周辺地域」論を多元王朝実在の立場から概括して頂ければ有り難いです。

回答　御指摘の「二つの観世音寺」問題。興味深く思って注意しています。

①「観世音寺、多元説」の立場です。仏教の中の「観世音菩薩」の存在は、著名です。ですから、同じ日本列島へでも、一方は九州へ、他方は東北地方へ、という「流伝」があっても、不思議ではありません。ことに、東北地方へは、津軽（青森県）へ日本海側からのコースで、「仏教」の流入があったことは明らかです（『東日流外三郡誌』）。

また逆に、関東地方。そして福島県へも、独自の「仏教の流入」があったようですから、このルートから「宮城県方面へ」の流入もありうるわけです。

これらについて、「先入観のない研究」が必要です。無限の広野と言えましょう。

②それと同時に、「筑紫の観世音寺と宮城の観世音寺との関係」も看過すべきではありません。特に「近

畿における観世音寺の不在」というテーマも、重要でしょう。いずれも今後の、興味深い研究対象です。

「周辺地域」論となると、それこそ千万言を費やしたいところですが、その要は次の一点です。

「隼人も、蝦夷も、偉大にして光栄ある先進文明の人々である。」

「それなのに」ではなく、「それだからこそ」〝侮蔑の対象〟とされているのです。

逆に言えば、「侮蔑の対象とされているのは、先進文明の証跡」なのです。この詳細については、雑誌『なかった——真実の歴史学』の「古代通史」等をご覧ください。

＊武彦今言

『俾弥呼』（ミネルヴァ日本評伝選）の「歴史の革命——「被差別部落」の本質」をぜひご覧ください。

4　「東日流外三郡誌」（α）からみた「沿海州と日本の関係」（β）について

質問　極東ロシアの沿海州と日本の関係については、古田先生の「黒曜石の交流」や「ヅウヅウ弁」の論証によって、かなり明確になってきたように思います。他にも縄文土器や遺跡出土人骨などの比較研究によって、さらに明白になってくるものと期待されます。
「東日流外三郡誌」からみた「沿海州と日本との関係」についてご説明ください。

回答　とてもいい御質問です。（α）という資料の価値の「一つ」、それも大切な「一つ」は、「沿海州と日本との関係」（β）資料を豊富にふくむことです。

古代では、例の「阿曽部《あそべ》族」（A）と「津保化《つぼけ》族」（B）の来歴。これは当然、「沿海州」をふくむ、東シベリア領域（黒竜江流域）と日本列島との歴史的関係を語る資料です。

これは同時に、「そ」と「け」と、いずれも「神」を意味する「言語原素（「言素」）」をふくんでいます。

「そ」は「木曽」「阿蘇山」「浅茅湾《あそう》」、「け」は「もののけ」「おばけ」など、日本語の奥深くにしっかりと〝潜んで〟います。

さらに、秋田孝季が特記する「名久井山」（青森県）の「くい」は、「上久井敷《かみくいしき》」（山梨県）、「福井《ふくい》」（福井県）、「溝咋《みぞくい》」（大阪府）、「鯉喰《こいくい》」（岡山県）などの中に〝生き〟ています。

ことに注目すべきは、秋田孝季による、黒竜江流域の「探索」です。「黒竜の白竜となれる（云々）」の言葉に驚きましたが、「雪におおわれた黒竜江」の描写でした。「山丹国《さんたん》」というのは、シベリア領域を呼ぶ「国名」です。孝季や他の人々による、その領域に関する「情報」は豊富です。

未刊の「北斗抄」や「北鑑」にも、この種の情報は豊富ですから、今後の研究にとって、重要な「新史料群」となりましょう。楽しみに、その公刊をお待ちください。

＊武彦今言

『和田家資料』（1〜4）（「北斗抄」は3・4）（藤本光幸編、北方新社、一九九四〜二〇〇七年）として刊行済みです。

5　「寛政原本」の出現について

質問　「寛政原本」が出現した当時の事情をお話しください。

回答　「寛政原本」は二〇〇六年に出現しました。そのいきさつは、古田武彦・竹田侑子著『東流日［内・外］三郡誌——ついに出現、幻の寛政原本！』（オンブック、二〇〇八年刊）に詳しく説明されています。

明治初年から昭和初期にかけて、和田末吉、和田長作が書写元本としての寛政原本から写または再写または再々写した「明治写本」（活字本、①市浦村史版、②北方新社版、③八幡書店版もそれに基づく）ではありません。

二〇〇六年十一月十日、わたしは八王子大学セミナーハウスで講演している最中、竹田元春氏が母侑子さんの依頼をうけて持参した数多くの文書類の中に存在していることを発見しました。

第一「寛政五年七月東日流外三郡誌二百十巻　飯積邑和田長三郎」

第二「東日流内三郡誌、安部小太郎康季、秋田孝季編」

第三「付書第六百七十三巻、寛政二年五月集稿、陸州於名取、東日流内三郡誌、秋田孝季、和田長三郎吉次」

第四「健保元年安東七（「十」か）郎貞季殿之軍蝶図ナルモ是ノ原図追書セルハ巴（「己」か）道ナリ

文政五年六月二十一日写之

和田長三郎源吉次（花押）」

さらに二〇〇七年二月初旬送られてきた古文書類の中に次の一点がありました。

第五「東日流内三郡誌、次第序巻、土崎之住人、秋田孝季、及び第一巻（合冊）」

これらを含む文献六点に関して、国際日本文化センター研究部笠谷和比古教授は、江戸時代中に作成された文献と認められると、保証されています。

6　その後の偽書派の人たちの攻撃について

質問　「寛政原本」が出現しても、いわゆる偽書派の人たちは色々攻撃を仕掛けてきていると聞いていますが、その辺の事情をお話しください。

回答　せっかくの機会ですので、少々紙面を頂いて、発見以前の段階からお話しすることをお許しください。

一

第一は「裁判」問題です。

①虚報が掲載されたのは『アサヒ芸能』の一九九四年九月二十九日号である。わたし自身の「語った」ところとは、似ても似つかぬ記事が公表されました。

早速、抗議の電話をしたけれど、「当事者がいない」旨のくりかえしで、要をえませんでした。

②この記事を、安本美典氏は『季刊邪馬台国』（一九九五年秋号等）に転載しています。

③朝日カルチャーセンター（横浜）では、しばしば講義の合間に、この資料を受講者に配布し（最近では二〇一二年六月十二日）、古田批判を繰り返しています。

その上で、「古田はなぜ、これらに対して名誉毀損で訴えないのか」。この一点が、二十年近く経った今日でも「安本主張」のポイントのようです。まずこれに答えます。

二

現在の裁判制度では「訴えた者」（甲）が「訴えられた者」（乙）の在地の裁判所へ、出向かなければならない。すなわち、わたし（京都）が東京（『アサヒ芸能』）や博多（『季刊邪馬台国』）へくりかえし行かねばならないのです。

通例、裁判所はその（二審・三審を含め）結果は長期間にわたること、「周知」の通りです。わたしが、最初経験させられたように、「当事者、不在」あるいは、「当事者、退職」などの問題が介在すれば、問題の「解決」はさらに〝長引く〟ことでしょう。

その結果、わたし自身の「研究活動」は大幅に「遅滞」せざるをえなくなります。

――これが「安本氏の隠された企図」に他ならない。わたしはそう考えました。

もちろん、「裁判制度」は貴重なものです。だが、人間にとっては「一つの文明所産」であり、それ以上でも、以下でもありません。

三

さらに、この「裁判問題」には〝奥〟があります。ここに収録されている「桐原正司氏の念書」なるものによれば、

「わたしは一九九三年六月から同年七月にかけて、いわゆる『和田家文書』と見られる文書のレプリカ作成を、昭和薬科大学教授古田武彦氏から確かに依頼されました。」

これが、具体的な内容として（当人の「自筆」ではなく）「ワープロ文字」でしめされています。

とんでもない「内容」です。そんな依頼など、わたしには全く関係がありません。しかも文字通り〝読め〟ば、「コピー作製の依頼」だから、名誉毀損とも無関係です。人間の常識から見て、不道理です。

裁判では「訴追事項」の一字一句が問題です。厳密に検討されます。されればされるほど、

「名誉毀損の事実なし。」

というのが当然の決着です。訴えた側（古田）の「無駄骨折り」に終わる。

これが、安本氏側の〝しかけた「罠」〟だったのです。それを「見こした」わたしは、その〝何重もの「霧」の底〟の実態を見抜き、応じなかったのです。

「なぜ、名誉毀損で訴えないのか。」

二十年近くたった今、ことさらに、声高に強調する、その言葉の裏に、自分の予想通りに「こと」が運ばなかった、氏の「くやしさ」の〝歯ぎしりの音〟を聞く思いがしたのです。

四

端的にわたしの考えを述べましょう。

問題の本質は「裁判」ではない。今まで流布してきた「和田家文書」の「明治写本」（明治・大正を中心とするもの。和田末吉と長作の筆跡による）ではなく、江戸時代の「寛政原本」（寛政〈一七八九～一八〇一〉を中心とする。秋田孝季・和田吉次・りくの筆跡による）の発見こそが、この真偽論争のキイをなす。そこに努力の中心をおかねばならぬ。そのように考えたのです。

この研究方向は正しかった。二〇〇六年十一月十日（金）以降の「寛政原本」の「発見」がそれを証明しました。

（A）「寛政五年七月、東日流外三郡誌二百十巻、飯積邑和田長三郎」（コロタイプ版一〇九ページ）

これは、和田長三郎吉次の筆跡による「表紙」を持っている。

次いで、秋田孝季。

（B）「第一巻　東日流外三郡誌　秋田孝季」（コロタイプ版二四九ページ）

これと「対照」すべき資料は、

（C）「詩集　瀛奎律髄《えいけいりつずい》　下」末尾の「道中慰讀書　孝季」です（同二九六～二九八ページ）（なお解説が同七九～八〇ページにある）。

（B）と（C）には共通の筆跡として、「孝季」等の字面が存在します。（C）は特に「偽造」する必要のない「断片資料」であるから、基礎資料と見なすことができます。

すでに、

「『寛政原本』はなかった」

という時期とは、研究史上の「時代」を異にしているのです。

五

第二は「筆跡」問題です。

①安本氏が「和田喜八郎側の筆跡」として扱っているものには「喜八郎自身の筆跡」（甲）と「娘の章子さんの筆跡」（乙）との「区別」がついていない。

外部（和田家の外）へ〝出回って〟いる、いわゆる「和田家文書」には（乙）のケースが少なくないのです。「筆跡」を論ずる場合、この「基本問題」から〝目をそらす〟ことはできません。

安本氏の「筆跡」論にはこの肝心の一点が欠けています。

②次の問題は「曲字《くせ》、継承」問題に対する「関心」がない、あるいは著しく乏しい点です。一定の「系列」（〝流派〟等）の文書が「筆写」される場合、根源をなす人（宗祖等）がそのまま〝継承〟されるケースが少なくない。

親鸞の筆跡研究によって、「親鸞架空人物説」に一大打撃を与えた、有名な辻善之助の『親鸞聖人筆跡の研究』（金港堂、一九二〇年刊）も、この「あやまち」を脱しえなかったこと、今は著名です。

すなわち、親鸞自身が「南無阿彌陀佛」の「無」（注＝略字は无）の字に対して「旡」（「がい」）という「誤字」を用い馴れていたため、これを〝受け継いだ〟弟子や孫弟子等の「筆跡」がこれに「従った」のです。同じく辻も、これに従ったため、弟子による「高田専修寺本」や孫弟子以降による「西本願寺本」を以て、同じく「親鸞の自筆」と解したのです。しかし現在では、国宝となった「坂東本」（東本願寺本）のみが、「親鸞自筆」であることが知られています。

もちろん、この「旡」問題に限らず、全般に「親鸞の曲字」が、〝継承〟されているのです。

この「辻以前」と「辻後」ともいうべき「曲字検証の危険性」についても、安本氏側の「筆跡検証」には「深い注意」が払われた形跡がない。あるいは乏しいのです。

このテーマに関しては、すでにわたしは詳論しました（「和田家文書筆跡の研究――明治二年の『末吉筆跡』をめぐって」『新・古代学』第2集、新泉社、一九九六年七月刊参照）。

これは先述の「寛政原本」の「発見」以前です。その「発見」以後の現在、このテーマの持つ重大性は限りなく深いのです。

六

第三は「金銭支払い」問題です。

このテーマについても、わたしはすでに詳細に論じています。「貴方は何処へ行くのか――桐原氏へ」（『新・古代学』第1集、新泉社、一九九五年七月刊）です。その要点は次のようです。

（その一）「和田家文書」の「真偽論争」がテレビ等で「公開」されたあと、桐原正司氏からの接触がありました。氏は広島市の「旧制広島二中」に在学したことがあり、わたしの父親（古田貞衛）を同校校長として知悉している様子でした。事実、氏の住居のある「己斐《こい》」（現在西広島駅近く）は、わたしのいた校長官舎（西観音町）とは〝隣町〟といってもいい、近隣です。

（その二）わたしは直接、氏のお宅をたずねました。そこで、氏や氏のお子さんたち（AさんとB君）から彼等の「不幸」を聞き、心を動かされました。すなわち、氏の奥さんは京都に来ておられたとき、突然の交通事故に遭って亡くなられたというのです。

その後、氏は二人のお子さんを〝かかえ〟て悪戦苦闘してこられたのでした。

（その三）わたしは氏の「申し出」を〝受け入れる〟こととしました。それは後述するように、安本氏の

「活動振り」に対して、大きな「不安」をもっていたからです。

安本氏との接点をもっている、あるいは「知っている」という氏の言を信じたのです。はからずも、今回の安本情報（二〇一二年六月十二日）によって、氏が安本氏と〝接触〟したことは、事実だったことが分かりました。幸いです。

（その四）この問題の「キイ・ポイント」は次のようです。

「わたしの、桐原氏に対する信頼は正しかった。」

と。その、何よりの証拠は、今回の二回（二〇一二年五月二十二日と六月十二日）の「安本情報」です。約二十年前の「旧情報」しか、安本氏は提供できていないからです。

わたしにとっての「最高の願い」は、安本氏側からの〝さそい〟に乗らず、あくまで「寛政原本」の「発見」に全力を集中したい。その一点でした。それが果たせたのです。

すでに桐原氏は電話のたびに「わたしの言葉をカセットに取ってください」と言い、最後に京都駅前の京都タワー下で、第三者の立ち会いの上で、長時間「おわび」の言葉を告げられた時も、「カセット・テープ」収録の中で、

「古田さんは、何一つ、わたしに対して〝まちがった〟ことをされていません。」

と「証言」されたのです。

大阪の短期大学へ進学された「Aさん」もすくすくと育っておられ、わたしは深い喜びにひたったのです。

七

第四は「（偽）天才」問題です。

わたしが最初に、その「被害」を受けたのは、「市民の古代」（故藤田友治氏等）に対する安本氏の「攻撃」

でした。

和田喜八郎氏の親族に対する「身上調査」（保険関係）を大量に「複製」して、当時年々会員が増大中（一千名に迫る）であった「市民の古代」の幹部、ないし関係者に〝送りつけた〟のです。そこには、「和田喜八郎氏にまつわる醜聞」が赤裸々に〝語られ〟ていました。

「わたしは、古田さんは信用しますが、和田喜八郎は信用しません。」

当時の副会長のMさん（女性）から言われて驚きました。この方は、和田喜八郎氏に〝会った〟こともない方だからです。

その理由は、例の「怪情報」でした。喜八郎氏の「親子関係」にまで〝立ち入った〟醜悪な情報だったから、「女性としての感性」から、激しい「反応」をしめされたのです。この点の「虚報」であったことは、やがて明らかになりましたけれど、その当時、この「虚報」は、有効に「作用」し、その「目的をとげた」のでした。

このような「相手の内懐《うちぶところ》」に〝手を突っこむ〟やり方は、安本氏得意の手法です。たとえば、わたしの昭和薬科大学教授時代のH君もそうだった。「副手」から「助手」へと、渾身の力を込めて彼を支援しました。わたしの研究室より広い部屋を助手室とし、わたしの部屋にない電気器具もおいた。その上、「研究に専念できる」ように、お茶汲みや弁当買いなどの雑用は命じませんでした。その点、わたしの恩師、村岡典嗣先生（東北大学法文学部教授）のしめしておられた「方法」の継承でした。その頃の助手は梅沢伊勢三さん。後年、『古事記』の詳密な研究者として学界に著名となった方でしたが、当時は雌伏時代。戦争末期の当時、「常識」だった「お茶汲み」や「弁当買い」など、村岡さんは一切「助手」に求められず、研究への専念のみを求められたのです。

しかし、H君の場合、当初からの「約束」（大学内部の「助手期限」問題）の時期が近づいた時、「外部の手」

の〝さそい〟に彼は屈した。わたし自身としては、H君に関して他校（大学）の「講師」としての〝めど〟をもっていたので、彼の「不幸」としか、言いようはない。この「外部の手」が誰か。知る人ぞ知るところでしょう。

明白な証拠があるのは、わたしの「家の内部」の問題です。安本氏はわたしが昭和薬科大学に行っている時間に、わが家に電話をかけ、妻に対して長時間「説得」を行った。「和田家文書」の問題から〝手を引く〟ようにとのことでした。けれどもこの安本氏の「企図」は失敗したのです。

しかし、わたしは驚嘆しました。当人が勤めに出ている時間を〝狙え〟ば、その妻などと「会話」をすることは、当然可能です。けれども、その時間帯を〝狙う〟など、通常の人間にはとてもできない。それを安本氏は「行った」のです。わたしは彼を「（偽）天才」である、と感じたのです。

しかし、そのような「手法」は、わたしの方法ではない。安本氏にも、親族があり、身内がありましょう。氏の属する大学の内外にも、毀誉褒貶《ほうへん》があると思います。

しかし、そこに「手を突っこんで」〝かきまわす〟、そういった趣味はわたしにはありません。なぜか、と問われれば、答えましょう。

「一回しかない、わたしの人生は、わたしのやりかたで、終始したいからだ。」

と。「安本氏の方法」と「わたしの方法」とは、全く別途の道なのです。

八

第五は「本源」の問題です。

今回の、二回にわたる「安本情報」に接し、現在の時点において不可欠な幾つかのテーマが欠けているのに注目させられました。

（A）「藤村新一氏の『旧石器ねつ造』事件との『関係』がない」という、わたしの問題提起です。今は周知のように、「二十六年間（一九七五〜二〇〇〇）」前後の間、絶えざる「藤村発掘」のニュースは（東北地方はもちろん）全国の大新聞等の紙面をにぎわせた。二〇〇〇年十一月五日（朝刊）の『毎日新聞』の大スクープ以前は、彼は「考古学の英雄」だったのです。

その間は、もちろん和田喜八郎氏の生存中（一九九九年九月二十八日、午前四時に氏は永眠）であり、「名声の中の藤村発掘」の〝最中〟だったのです。

しかし、すべての「和田家文書」と呼ばれるものの中に、右の「藤村発掘」と称される偽遺跡の偽遺物と「一致」する記事は〝皆無〟なのです。なぜか。たとえば、

「それは、偶然だろう。」

とか、

「喜八郎が、明敏にも、その虚偽性を見抜いていたのだろう。」

とか、この種の「弁明」は一切〝成り立ちえない〟のです。わたし自身、何回か、新聞紙面を大きく飾っていた「藤村発掘」を話題としたことがあります。けれども、喜八郎氏は、そのたびに「ふぅ〜ん」と言うだけで、いつものような「いや、それは『東日流外三郡誌』にちゃんとあるよ」といった類の応答は一回もなかったのです。

この「喜八郎と古田の応答」を〝疑う〟人があっても、結構です。だが、その人は現存の「東日流外三郡誌」の中から、「藤村発見」、あの〝天下無類の偽発掘〟との一致点を見出して、学界に、そして問題提起者のわたしの前に指し示すべきです。

安本氏に限らず、今なお「偽作説」を〝有効〟と称する人々には、その回答が義務づけられている。しかし、今回の「安本情報」は、いまだにそれが見つけられずに「現在」に至っていることを告白しているよう

です。

これらのわたしの〝問いかけ〟は、

「『東日流外三郡誌』序論――日本を愛する者に」（『新・古代学』第7集、新泉社、二〇〇四年刊）

になされた。すでに「十年間」を経て、「応答なし」なのです。

九

（B）「吉原賢二論文」の衝撃。東北大学名誉教授、吉原賢二氏の寄稿です。「東日流外三郡誌の科学史的記述についての考察」として『古田史学会報』No.九七、二〇一〇年四月五日に掲載されました。

わたしは早速、

「知己あり、三郡誌」（『東京古田会ニュース』No.一三二、二〇一〇年五月）の一文を書きました。ところが、この同じ号に吉原氏は「『東日流外三郡誌』について」という論稿を寄せられ、一段と進んでみずからの「率直な見解」を述べられたのです。それによると、秋田孝季が寛政五年（一七九三）八月から長崎で三十六日間英人史学教師エドワード・トマスの博物学あるいは自然史の講義を聞いたという、その内容は、氏の専門の立場から見れば、「確実」と見られます。素人の偽作者の「でっちあげ」など無理です。「まず不可能といってよいだろう」とし、「『東日流外三郡誌』を和田喜八郎氏の一〇〇％偽作とする偽書説は荒唐無稽といってよいだろう」という「結論」をしめされたのです。

古代史学とは無縁だった学者、しかも科学史の分野では著名な研究者だった方からの「自発的な寄稿」であっただけに、これこそ「事件」でした。

世上、自己風の「偽書説」の書名として「～の事件」といった〝呼び名〟を用いたものが、この和田家文書についてもあるけれど、それは「ジャーナリズム用語」としての〝事件〟にすぎない。学問上の、真の

「事件」とは、この吉原論稿の出現です。

誠実な「偽作論者」なら、この「吉原事件」を無視することは許されないでしょう。

しかし、今回の二回の「安本情報」には、これに対する「一片の反論」もないのです。

＋

「本源」の問題、すなわち、（A）「藤村新一、旧石器ねつ造」問題。（B）「吉原賢二論文」問題。から、さらに進んで、積極的に、

（C）「高天原寧波《たかあまばるニンポー》」問題

を検討しましょう。

二〇〇六年の十一月十日（金）に最初に発見された寛政原本は、和田長三郎吉次による「表題」をもつ書写本でした。

「寛政五年七月、東日流外三郡誌二百十巻、飯積邑和田長三郎」と書かれていました。

わたしはすでに、大量の「明治写本」と接しつづけていた。昭和薬科大学の在職時代、和田喜八郎氏から、次々とそれが送られてきた。研究室のコピー器（リコー）で複写して喜八郎氏に全部送り返したのは、わたしが同大学を定年退職した、一九九六年の三月末でした。四月二日、喜八郎氏から「すべて受け取った」との返事がありました。その「明治写本」のほとんどは和田末吉と息子の長作（喜八郎氏の祖父）のものであり、料紙は明治・大正を中心とする時期のものでした。

今回「発見」された書写本は料紙・筆跡とも、右の「明治写本」とは全く異なっていた。料紙は、顕微鏡写真で明らかになったように、江戸時代にさかのぼる時期のものでした。

わたし自身、古代史研究に入る前、親鸞関係の中世・近世古文書の書写本研究に専念してきていましたか

ら、右の事実を疑うことはできませんでした。この点近世文書研究の専門家笠谷和比古氏の同意するところとなりました（「左記文献に対する所見」『東日流〔内・外〕三郡誌』九二〜九三ページ）。

十一

だが、この文書の「形式」について、〝疑い〟をもつ人もありました。それは表紙の「和田長三郎」署名の一枚だけが同筆であり、そのあとにつづく「すべて」は異筆なのです。しかも何人かの熟練した「書き手」による写本であり、さらに最末尾だけは、〝拙劣な〟筆跡の持ち主による〝メモ書き〟風の乱雑な筆致のものです。当人の自作の漢詩が〝訂正〟されつつあった途次の姿を示しています。

その漢詩は、

「月真宥堂長老和尚遷化」

と題され、「奠茶」と表記し、「野語篤應」という、この漢詩の作者らしき人物の名前が記されています。さらにその漢詩を〝添削〟して「萬嶽」を「一味」に、「一味」を「深意」へと書き改めたままの「形」で終わっているのです（原文は『東日流〔内・外〕三郡誌』一六七ページ、説明文同二五ページ）。

いわばこの文書全体としては、はなはだ〝まとまり〟のない姿が露呈されているのです。このような「文書全体の形姿」から見て、「これはいわゆる『和田家文書』ではないのではないか」と疑う人が現れたのも、一応〝もっとも〟と言えましょう。

十二

しかし、わたしの判断はちがったのです。

かつて青森県五所川原市の石塔山を訪れた時、これに類したタイプの「和田家文書」を、喜八郎氏から

〝見せられ〟ていた。すなわち、既成の文書類に対して、表紙のみ秋田孝季、和田吉次の署名をもった形式の「和田家文書」の存在である。もちろん「明治写本」です。

事実、現在の「東日流外三郡誌」（北方新社版・八幡書店版）、「和田家資料」（北方新社版）を観察すると、同類のケースが存在します。すなわち、秋田孝季・和田吉次等は各社寺等の古文書に対して「再写」して収録するのが通例だけれど、一部には「元《もと》の文書」そのものを〝ゆずりうけ〟て、それに表紙をつける。そういうケースも存在したのです。

わたしはかねてから右のような「文書認識」をもっていたから、今回の「寛政原本」に対しても、あえて「不審」をもたなかったのです。

十三

さらにこの点、わたしは現地（秋田市）の社寺及び教育委員会において、当文書成立の「背景」を知ることができました。

〈その一〉当地の著名神社、古志王神社は「神仏習合」の立場に依拠していた。その最初は天台宗、次いで真言宗、さらに（佐竹氏が領主となってより）禅宗（曹洞宗）となった。

〈その二〉古志王神社の宮司は代々「宥」の文字を名前に付ける習わしであった。今回の文書の末尾の漢詩表題の「月真宥堂」も、この「宥」の字が用いられている（古志王神社宮司、亀井宥三氏の指摘による）。

〈その三〉当文書の大部分（何人かの達筆者による執筆部分）は、中国の天台宗関係の文書である。なぜならここに、

「天台北是五臺南」（〝書き込み〟あり）という一句が存在するからである（本文『東日流〔内・外〕三郡誌』一三七ページ、説明文同二二一ページ）。

〈その四〉すなわち、当文書は本来「天台宗」系の文書であったが、後に禅宗（曹洞宗）の時代になり、最後の余白が「ノート」代わりに使用されていた（『東日流〔内・外〕三郡誌』一〇九～一六七ページ参照）。

以上の文書形式をもっています。すなわち、右に挙げた「当地の宗派変転の歴史」と〝対応〟する形の文書なのです。

十四

当文書のもつ「重大な本質」を指摘されたのは藤沢徹氏（東京古田会会長）でした。

『和田家資料1』（藤本光幸編、北方新社刊）の「荒吐神要源抄」の中に次の一文があります。

「今より二千五百年前に支那玄武方より稲作渡来して東日流及び筑紫にその実耕を相果たしたりきも、筑紫にては南藩民航着し、筑紫を掌握せり。」（同二二三ページ）

「天皇記に曰わく、一行に記述ありきは、高天原とは雲を抜ける大高峯の神山を国土とし、神なるは日輪を崇し、日蝕、月蝕既覚の民族にして、大麻を衣とし、薬とせし民にして、南藩諸島に住分せし民族なり」

「高砂族と曰ふも、元来住みにける故地は寧波と曰ふ支那仙霞嶺麓、銭塘河水戸沖杭州湾舟山諸島住民たりと曰ふ。」

「筑紫の日向に猿田王一族と併せて勢をなして全土を掌握せし手段は、日輪を彼の国とし、その国なる高天原寧波より仙霞の霊木をもって造りし舟にて、筑紫高千穂山に降臨せし天孫なりと、自称しける。即ち日輪の子孫たりと。」（以上、同二二四ページ）

右の趣旨は次のようです。

〈その一〉筑紫（福岡県）を支配したのは、中国の杭州湾岸から到来した住民（「海士《あま》=天」族）である。

〈その二〉彼等は自らの住地、寧波《ニンポー》を「高天原《たかあまばる》」と称していた（「たか」は〝神聖な水の出るところ〟〈言素論〉。

「あま」は〝海士〟。「ばる」は聚落)。

〈その三〉この杭州湾領域は「雲を抜ける大高峯の神山」をもつ国土の一端に当たっている。

〈その四〉彼等は「高砂族《たかさご》」と称している(台湾の高砂族はその〝分派〟か)。

以上です。

十五

右の杭州湾の寧波は、テンタイ(天台)山脈の一端に当たっている。その上、禹の崩じたところとして知られている会稽山がその一画に存在しています(司馬遷『史記』)。

この天台山脈の高山地帯で〝生み出された資料〟とみなされたもの、それが今問題の「和田家文書」の資料でした。何人もの〝達筆な書き手〟による書写部分です。

和田長三郎吉次が「注目」したのは、そのためだったのです。

したがって、この文書が「和田家文書」に関係なき〝内容〟と見えていたのは、その観察者が、この文書の〝表面〟だけを観察して、真の「中味」に及ぼす「目」をもたなかったためでしょう。

十六

元来、「和田家文書」は各社寺等に伝わっていた、文書類からの「抜き書き」としての再写です。その社寺等伝来の文書は、秋田孝季、和田長三郎吉次たちが、「関心をもつ部分」だけで、〝成り立って〟いるものではないこと、当然です。「元《もと》、文書」の姿の全体が知られるケースとして、今問題になっている文書(「和田長三郎」署名の表題のもの)は、極めて貴重です。「元、文書」の姿がキャッチできるからです。

(α)もし、他の大部分のように、「再写」されたとすれば、このような「全体の姿」ではなく、彼(和田長三郎吉次）にとって〝必要な部分〟、たとえば、先掲の「天台、云々」の語句前後部分のみの「再写」となった可能性が高いのです。

（β）けれども、当文書が当時点において当所有者（禅宗系の人物。野語篤應か）にとって「不要」となっていたために、その「元、文書」全体を「ゆずりうける」ことが可能であったもの、と見られます。

（γ）以上の「文書形状」は、次の一点を指し示している。すなわち、「昭和の和田喜八郎が、これらの『和田家文書』を造作した。」という、偽作論者の「主張」は、全く成立不可能の、一片の「虚構」にすぎなかったのです。

十七

さらに進んで「筆跡問題」をはじめとして、和田家文書のもつ、日本の古代史上、枢要の存在意義を論じましょう。

「偽書説」にとって、不可避のテーマがあります。もちろん「筆跡問題」です。

すでに「寛政原本」が見出された現在「偽書説」論者にとって、必須の義務、それは彼等が、「偽書」の当人に〝当てて〟きた「和田喜八郎氏の筆跡」と、今回見出された「寛政原本の筆跡」との「異同、いかん」の「問い」に対する応答です。

すでに述べたところですが、関係各人の筆跡を並示しましょう（本書では写真省略、東京古田会ホームページに詳細に掲載している他、『古田武彦が語る多元史観』三九九ページ以下に詳しい。写真が掲載されているため、それも併せて参照されたい）。

《A》明治廿年一月

（和田末吉と長作）

史習帳　　和田末吉　　　子息長作
《B》和田喜八郎
第參百五十巻上中下
　原本保つために写す　　和田喜八郎
《C》1　和田喜八郎（裏書き）
《C》2　和田喜八郎
「北鑑第廿二巻
平成七年六月十四日到着」の筆跡は古田
和田喜八郎（表書き）
《D》明治十年五月六日写　　和田長三郎（末吉）（花押）
《E》秋田孝季
　　　　寛政原本
《F》和田長三郎（吉次）
　　　　寛政原本

もしなお、右の《E》《F》を以て「和田喜八郎の筆跡」と称する者（「偽作説」論者）あれば、その「論定の詳細」を純実証的に、学界に提示しなければなりません。

さらに、もし「和田喜八郎以外のX氏《エックス》」に、右の《E》《F》の筆跡を「同一視」せんとする論者は、その（《E》《F》との）同一筆跡を、（当然ながら）現代の「X氏」に見出さねばならぬ。それなしの「偽作説」は、学問に非ず、一片の戯論《ぎ》にすぎません。

十八

第二に「筆跡問題」で注意すべきは「曲字《くせじ》」問題です。同一の宗派、あるいは同一の流派の中では、「特定の曲字」が〝延々〟と継承されることが少なくないのです。

たとえば親鸞筆跡問題において「画期」をなした辻善之助の『親鸞聖人筆跡之研究』（一九二〇年十月、金港堂）において、「親鸞の曲字」としての「南无阿弥陀仏」の「无」の「筆癖」などから、「西本願寺本」（教行信証）を親鸞直筆本（坂東本〈東本願寺本〉）と同じく、親鸞の「自筆」と〝錯認〟したこと、著名です。

最近「展示」された『古事記』の諸本の場合にも、「參」の一字が、意味（「まいる」と「さん」）によって、それぞれ「字型」が使い分けられています。ところがいわゆる「正倉院文書」の場合にも、「同様の使い分け」が行われています（『古事記の歩んできた道――古事記撰録一三〇〇年』奈良国立博物館、十一ページ及び十四ページ写真）。

この興味深いテーマは、逆に次の一点を「立証」しています。

「時期をへだてても、『曲字』は継承されている。」

と。すなわち、「特殊な曲字」が共通しているからといって、その両者を以て「同一人の筆跡」と〝見なす〟ことができない、と。この一事です。

この「曲字問題」の〝分別〟について、従来の「和田家文書、偽書説」の各家とも、極めて「安直」にして、「軽易」だった、と言わざるをえないのです。

十九

第三に、さらに、一歩を進めましょう。

すでに述べたように、「東日流外三郡誌」の「荒吐神要源抄」には次の一節があります。

「高天原寧波」

この「高天原」は「たかあまばる」。〝神聖な水の出る、海士《あま》族の集落〟の意です。「寧波《ニンポー》」は中国の杭州湾近傍。会稽山の山下にあたっています。海士族は「高砂族」と呼ばれています（注＝台湾の高砂族は昭和十年「戸口規制」改正で「生蕃」を改称したもの）。

海士族は黒潮の分流の対馬海流の周辺にいた部族であるが、その海流の周辺に「水の飲むことのできる集落」があり、それを「高天原」と呼んでいるのである。壱岐の北端の「天の原海水浴場」も、その一つです。何の不思議もありません。

これに反し、「壮大な誤読」を行ったのは、本居宣長の『古事記伝』です。「高天原」を〝文字通り〟（中国語として）「はるか天空の上方」と解し、その「何万メートルもの」上空から「矛」を〝突きおろし〟てかきならす、それが「こをろ、こをろ」という、擬音として〝表現〟されている、と宣長は「解説」したのです。

けれども、『古事記』の「真福寺本」では「矛」ではなく「弟（おと。sound）」です。それを「矛」と〝改ざん〟した写本（寛永二十一年木版本）に、宣長は〝従った〟のです。

「天の沼弟《ぬおと》」の「沼」は〝小銅鐸〟です。また「天の浮橋」は〝海士族の用いる（陸地と舟との間の）長板〟です。現在でも隠岐《おき》島（島根県）や広島県では、常用語です。

宣長はこれらへの「知見」なく、〝壮大な巨像〟を空想して、これを神話と信じたのです。津田左右吉も『古事記』・『日本書紀』のもつ「矛盾」を〝一気に解消しよう〟として、有名な「記・紀、造作説」を唱えました。しかしその「判断の基礎」は宣長と同じ「壮大な虚像」にもとづいていたのです（これらの点は、「『古事記伝』――本居宣長批判」『九州王朝の歴史学』以降の「日本の生きた歴史」参照）。

このような「明治維新以降の百三十年の虚像」に対し、「真実（リアル）な表記」、人間の理性判断に耐えうる表記をしていたのが、他でもない、「東日流外三郡誌」の方だったのです。ですから「和田家文書、偽作説」がどのような「虚像」を守ろうとしていたか、今は明白なのです。

二十

第四は「名称問題」です。

わたしは「東日流外三郡誌」に対して「和田家文書」という名称を〝与え〟ました。「通称」として使用したのです。

けれども本来は「秋田家文書」というのが「正式の名称」でした。

たとえば、わたしの昭和薬科大学の在任時代の研究報告は、次の表題です。

「秋田家文書における新発見――一九九〇年八月三日〜十四日の研究調査報告」（上）一九九一（『昭和薬科大学紀要』第二六号）

当然、これが正式の呼び名です。なぜなら「秋田孝季」がこれらの文書の〝直接のリーダー〟である上、彼にこのような「秋田家にまつわる歴史文書」の作製を依頼したのは、三春（福島県）の領主、秋田千季《ゆきすえ》その人だったからです。秋田家が津軽（青森県）を中心として〝支配〟していた時期の「歴史・地理等の諸文書」の集成を孝季に依頼した。孝季はこれに応じ、五所川原の庄屋の息子和田長三郎吉次の協力を得て、書写、収集を行ったのです。

秋田孝季にとって、若き和田長三郎吉次は無二の協力者でしたけれど「主体」はあくまで「秋田家」（三春、福島県）であり、直接の編集者が「秋田孝季」その人であったこと、疑うことはできません。したがってこの文書類の本来の名称は「秋田家文書」なのです。さらにその本源は「安倍家」文書です（別述）。

なぜ、このような「自明の事実」をくりかえして明記するか、といえば、「和田家文書」という、わたし自身の「命名」のために、逆に現在の和田家（和田喜八郎と息子、孝。娘、章子さん等）の人々がこれらの文書を以て、

「和田家の私有物」

であるかに「錯覚」する趣が〝絶無〟とは言えないからです。もちろん明治・大正期を中心として、これらの「秋田家文書」に対する、大量の書写本の作製を志した、和田末吉、和田長作の両氏は、間違いなく「和田喜八郎、孝、章子さんたち」の〝近い祖先〟であるから、これら「明治写本」（明治・大正を中心とする）を「私有物」と見なすことは「あやまり」ではない。しかしさらにすすんで「明治写本」の「元本《もと》」である、

「寛政原本」（A）

をもまた、「和田家の私有物」であるかに見なすならば、全く「ことの道理」と「歴史の真実」に反している、といわざるをえない。

いわんや和田喜八郎氏が生前に「発見」された「東日流内三郡誌」に関しては、先の「東日流外三郡誌」とは〝別系列〟の、

「寛政原本」（B）

でした。これをいち早くわたし（古田）に電話で告げた、和田喜八郎氏の言明を〝疑う〟（喜八郎氏が古田を〝だました〟という）「見地」を〝述べる〟人もあったけれど、その後、竹田侑子さんからわたしに送られてきた「東日流内三郡誌、序巻と第一巻の合冊」の出現によって、喜八郎氏がわたしに告げた言明が真実であったことが立証されました。

と同時に、この「東日流内三郡誌」が、第二巻以降の「膨大な文書群」として実在していることをしめし

たのです（竹田侑子さんの所有本は「和田喜八郎→藤本光幸」というルートをもつものと考えられる）。

これは、喜八郎氏の残した、すばらしい「新発見」であるけれど、その本質が前述の、

「寛政原本」（A）

と同じく、「秋田家文書」という本質をもつ、貴重な文書群であること疑いを入れないのである。すなわち、

これらは決して、本質的には、

「和田家の私有物」

ではありえないのです。

二十一

第五は「真実の所有者」の問題です。

五所川原市の石塔山は、国有地である。もちろん、和田家の「私有地」ではない。けれども、「代々、この石塔山でお祭りが行われてきた」という、和田喜八郎・藤本光幸氏側の「主張」を〝受け入れ〟て、この国有地の中で、定例のお祭りを行うことが「認め」られたのである。その代わり、年に若干（二万円余り）の「奉納金」を〝収める〟ことが条件とされたのです。いわば「大岡裁き」ともいうべき〝仲裁案〟でした。その仲裁の「仲立ち」となったのは、当時の与党（自民党）の実力者、安倍晋太郎氏であった（安倍晋三氏の父親、安倍洋子さんの夫）。

これもまた、右のような「お祭り」に関する「仲裁案」にとどまり、決して地下の歴代の、

「寛政原本」（A）

や、

「寛政原本」（B）

の「所有権」（私有権）を和田家に対して〝認める〟ものではなかったのです。

逆に、和田喜八郎氏は「明治写本」等の「和田家文書」のすべてを東京の安倍家の庭内の「（新築予定の）建物」の中に「収納」してもらう「約束」を晋太郎氏から得て〝躍り上がって〟喜んでおられたのを、わたしはハッキリと認識している（その直後、安倍晋太郎氏の逝去があり、ことは中絶された）。

では、地下の「寛政原本」（A）と「寛政原本」（B）の「真の所有者」は誰か。このように問えば、回答の本筋は明晰です。本質的には貴重なる、

「日本国家の所有物」

です。いいかえれば、

「日本国民の所有物」

です。この事実に疑いはありません。

二十二

第六に「未来への展望」を述べましょう。

先述の「荒吐神要源抄」の冒頭部に次の一文がある。

「天皇記に曰く、一行に記述ありきは、高天原とは雲を抜ける大高峯の神山を国土とし、神なるは日輪を崇し、日蝕、月蝕既覚の民族にして、大麻を衣とし、薬とせし民にして、南藩諸島に住分せし民族なり。」

（『和田家資料1』藤本光幸編、二二五ページ）

他にも、これと同類の「天皇記」からの引文も少なくない。その上、この「天皇記」が大和より関東へ移され、やがて石塔山に秘蔵されるに至った経緯も記されています。

日本の歴史の真実を探る上で、この「秋田家文書」の〝追跡〟は不可欠です。

二十三

和田喜八郎氏は、生前、何回かわたしに語りました。

「偽作説の連中の〝ねらい〟は、九州王朝だよ。」

と。

喜八郎氏にとっては「秋田家文書」すなわち「和田家文書」が「偽作」などとは、論外のことでした。「では、なぜ、これほど執拗に？」という「問い」を発した時、（氏の直感では）「古田の九州王朝説に〝ケチ〟をつけるためなのではないか」という〝答え〟を得られたのでしょう。

それも、一理あります。なぜなら、「偽作説」の〝ねらい〟の一つに、「古田の九州王朝説に対する〝疑惑〟を投ずれば、学界でシンポジウムなどに古田を〝呼ばぬ〟等『相手にせぬ』口実となる」からである。学界にとってはまことに〝有難い〟疑惑という他はないでしょう。

しかし、すでに「学問論」や「日本の生きた歴史」で詳述したように「九州王朝の実在」抜きに、日本の歴史の真実を「知る」ことは全く不可能です。

それと同時に、この貴重なる文書「秋田家文書」の追跡に〝手をゆるめない〟研究者たちは、「真実の出現を恐れる」人々に過ぎないのです。

「寛政原本」（A）のために、己が生命《いのち》を絶った方がある。和田長作氏である。すべての「明治写本」の書写を完成したあと、約一週間、家を留守にされた。そして帰って来られた直後、みずからその決断をとげられたという。わたしは喜八郎氏から二回、孝氏から一回、それも現場でお聞きしました（家の中の土間の入口にて）。

わたしはこの長作さんの志を正確に受け止め、後代の一人ひとりの志ある人に伝えたいと思う。その一事をいつも切願しているのです。

〈補〉

一つのエピソードを加えましょう。

長作さんが亡くなられた直後、息子の元市《もといち》さん（喜八郎氏の父親）は「明治写本」を庭に積んで火を放った。親父の長作さんが「書写」に没頭してばかりいたのを憎んでいたからです。

ところが、長作さんの妻（喜八郎氏の祖母）が重い病臥中を押して、庭に来たり、積み上げられた「明治写本」の上に、身を投げかけ、「おじいちゃんがいのちをこめたものを焼くんなら、わたしを焼き殺してくれ」と叫ばれたという。

元市さんは止むなく、「水を持ってこい」と若き喜八郎氏に命じ、いったんつけた「火」を消させたという。

わたしはこれを喜八郎氏から直接聞きました。わたしの〝手もと〟にある「明治写本」（コピー）には、ところどころに「焼けかけ」の痕が残っています。喜八郎氏の「証言」の事実をハッキリと今に裏付けているのです。

7　和田家文書を真書として認めようとしない理由について

質問　和田家文書（秋田家文書）が偽書でないことが判明しても、なぜ世の人は、古田説を認めようとしないのでしょうか。

回答　真書として認めようとしない人たちには大きく分けて二つのグループがあると思います。

一つはいうまでもなく、安倍・安東及びその系列を特に津軽から追い出した人たちを祖先に持つ人たちです。その人達は現在、特に青森県で重要な地位を占め、活躍しています。そのような人たちにとっては、もし和田家文書が真書であることになると、自分たちの先祖が安倍・安東家に連なる人々をいじめたことを認めることになり、都合が悪いのです。しかし、遠い祖先のことを問題にしはじめると際限がありません。

もう一つのグループは、故和田喜八郎さんが奇しくも指摘したように、九州王朝説です。和田家文書を認めると、記・紀の誤りを認め、天皇記・国記の問題を含めて当然九州王朝説を認めなければならなくなります。このグループには、積極派と黙認派があります。積極派は、邪馬壹国九州説の段階ならともかく、九州王朝説にまで進むと、自分たちが営々として築いてきた説が崩れてしまい、一族郎党のみならず、新聞社や出版社の人たちまで巻き込むことになるからです。学校の先生方も少なからざる影響を受けることになるでしょう。そのために積極的に和田家文書を偽書として攻撃するのです。

こうした人たちの後ろに、無限の黙認派の人達がいます。この人達は積極派が偽書として攻撃するのを黙って眺めているのです。内心では、あるいは九州王朝説が正しいと思う人もいるかも知れませんが、九州王朝説が正しいと認めると、積極派の人と同じように、自分たちの地位がおかしくなります。ここは積極派の人たちが攻めるにまかせ、偽書を真書というような古田の説は当てにならない、要するに古田説は「なかった」ことにするのです。

＊武彦今言

大事なテーマが残されています。

その第一は「安倍家文書」問題です。「和田家文書」の本来は「秋田家文書」である、と述べられていますが、これをさらにさかのぼれば「安倍家文書」です。現在（二〇一四年九月末）の安倍晋三首相の「安倍家」です。八幡太郎義家に敗れ、大島（福岡県）に流された安倍宗任《むねとう》の子孫ですから。

しかも、石塔山周辺は国有地ですから「現首相」「現土地所有」いずれも無二の状況です。現首相の母親の洋子さんはこの文書（寛政原本）を長期間あずかって下さっていました。無二の理解者です。キイ・ポイントは「安倍家文書の国家保存」です。

その第二は現地（青森県五所川原市）の理解者の協力です。現首相の父親、晋太郎氏の時、深い理解を示されたのは現地の田沢吉郎氏（一九一八〜二〇〇一）、久保宇芽《うめ》（山口県。安倍家の乳母役）さん等でした。キイ・ポイントは「未知」の「寛政原本の発見」です。

その第三は「天皇記」「国記」の発見です。「天皇記」からの引用、書写が『東日流三郡誌』には何回となく、存在します。「元本《もと》」ではなく、「書写本」であっても、貴重です。当然、日本の歴史の「深相」が判明する可能性があります。日本古代史上の一大変革をもたらす可能性をもっています。すべては「これから」です。（秋田孝季の「秋田」は在地名（秋田県秋田市）。旧三春藩主の秋田家の「秋田」は姓。自署名記載上に異同あり。）

X　南界を極めた倭人

1　宗教と思想の「バルディビア遺跡の背景」について

質問　わたしが古田先生から学んだと思っていることの一つに、人や文物が単独で入ってくることは少ないという考えがあります。必ず思想や宗教を伴ってくる。遺跡の黒曜石の産地、土器、物、植物、神の分布に相関関係はないのか等テーマは尽きません。

そこでかなり大胆なテーマとして、縄文土器とバルディビア土器に関連性があるとするなら、思想、宗教はどうなのでしょうか。寡聞にしてバルディビア遺跡の背景は知りません。文物のみ調べる考古学では限界が来ます。背景の宗教は大事だと思いますが。

回答　これは大変重要なテーマです。

（A）南米のインディオと日本人（太平洋岸）との間に「ウィルス」や「遺伝子」が共通していることが確認されました。当然、「言語」や「宗教」「思想」にも、〝共通部分〟がないはずはありません。

この「百問百答」でも、述べましたように、日本語の中にも、まちがいなく「縄文語」が遺存しています。この「事情」は、インディオ側でも、本質的には同じはずです。

これらの研究は、全く行われていません。

（B）わたしは魏志倭人伝の中の「裸《ら》国」「黒歯《こくし》国」について、『「邪馬台国」はなかった』では、「中国側の表記」と考えていましたが、その後「倉田卓次氏の提言」を転回点として、「日本側の表記」と考えるに至りました。

つまり、

①「ラ」は〝浦（ウラ）〟の語幹（「ウ」は接頭語）。海岸部を意味する。

②「クシ」は「ク」が「奇し」の「ク」。「シ」は〝人の生き死にするところ〟です。「コ」は「子」。接頭語です。

これは、日本（倭人）側の〝呼び名〟ですが、「日本語」の遺存が、現地（エクアドル等）にないかどうか、この問題です。

これにはもちろん、現地側の研究者の参加が不可欠ですが、これに〝火を付ける〟必要があります。

そしてそのためには、日本側にも、それを本気で追求する若い研究者を育てること、それが重要です。

現地（エクアドル）へ行くチャンスを期待しています。

2　エクアドルについて

質問　二〇〇七年、エクアドルを訪問された時のお話をお願いします。

回答　平成十九年（二〇〇七）二月「南米のエクアドルを中心として、その各地に古代日本語地名を発見したい」という目的で、エクアドルの各地を訪ねました。

結果は大成功でした。「アリカ」「カタカマ」「トリタ・ハマ」「マナビ州」「チチカカ湖」「ツビ」などには古い日本語が残っているのです。しかも、インカより古いアイマラ語の中にです。

詳しい報告は『なかった』第四号・第五号に載っています。ぜひご覧になってください。古い電話帳を送ってもらい、原住民の名前に日本語の残影があるか研究中です。

＊武彦今言

未発展の問題が残されていますね。「求める魂」を求めています。

3　倭人と南米との交流について

質問　倭人と南米の交流について質問したいのですが、倭人がエクアドルやチリに達して、バルディビアなどに土器などが出土していることは理解できるのですが、逆に倭人が南米から持ち帰ったものが日本から出土したとか、あるいは南米の人の骨が出たとかの例はありますか。

回答　その件で九州の話をまず考えますと、九州に南米の遺物が出ているかという問題がありますが、これがそれだという物はむずかしいのです。共通のものは多いのですが。たとえば甕棺であるとか、土面であるとか。そういう物は九州には大変多い訳です。その土面が南米の土面と関係があるかないかということを証明するのは大変であろうと思います。

それと離れて面白いテーマがあるのは、新潟にある、火炎式土器が、南米の北岸部にあって非常に共通した物があります。これから先は少し想像になりますが、火炎式のあの植物のようなものは南米の植物ではないかという一つの考え方があります。調べたいと思っていますが、まだ確認できていません。ということですので、今おっしゃるテーマは否定できないが肯定もできないという現状です。

南米から来た証拠はないかという点につき一つ思い当たる問題がありますが、南米で見ましたのは甕棺の小型のをいくつも重ねてあるわけです。もちろんその間は穴が開いて通じるもので、つまり、中通しになっている。それが、たくさん南米にはあります。日本でもどこかで見たことがあると思っていたら、立岩遺蹟にそれがあるわけです。立岩にあるが、そうあちこちにあるわけではありません。ところが南米は、それがあちこちにあるのです。小型甕棺を重ねて中が通っているのが地中に刺してあります。だから多いのは南米の方で、わずかにあるのが日本の方です。

なんでも日本が原点だという立場になれば、それは立岩だと、口先では言えますが、逆である可能性もあります。つまり向こうで一般的に、子供を対象としたもので、それが、ある。日本でも立岩などに若干あるとすると実は南米からの伝播である、というふうに考えた方が、筋が通るのではないか。そんなことはもちろん今の考古学者は言いませんが。他にも似たものがあると思います。

4 「極南界」について

質問 班固は「日没する処」を『漢書』で書きました。「日出ず（づ）る処」は陳寿が『三国志』で書きました。しかし范曄の書いた『後漢書』では、「極南界」と出てきますが「裸国・黒歯国」の話は出てきません。この辺の関係をご説明ください。

回答 「極南界」の解釈の仕方については本書四六ページに説明しました。

これに補足いたしますと、まず第一点は、班固も陳寿も范曄も、そして後に「日出ず（づ）る処の天子」を称した多利思北孤も、当然『尚書』のことを知っているというわけです。周公を救った倭人、その直系が多利思北孤に続くわけです。

第二点は、『尚書』の段階ではなく、今の倭人伝に言っている裸国・黒歯国を支配領域にしたのは我々倭人だという誇りを、それを当然バックに持っているわけです。それを示すのが、『後漢書』の「建武中元二年、倭奴國奉貢朝賀、使人自稱大夫、倭國之極南界也。光武賜以印綬。」です。「南界を極むる」というのは鹿児島などに当てるのは、とんでもない話で、「極」という言葉は地球の果てのような時にしか使っていないわけです。「極むる」というのは裸国、黒歯国のことを言っているわけです。我々はそれを我々の領域と見ている、という表現なのです。中国の方もそれを了解して、金印をくれているわけです。也はヤという表現で、そういう背景でくれているわけです。そういう歴史を背景にしてあの文章はできているのです。

領域内というのは実は倭人伝に出ているわけです。裸国・黒歯国は倭人の国だということです。だから倭人伝に出ている。倭国ではないが、倭人の国なのです。

それは事実で遺伝子の研究などで現在のインディオから採取した遺伝子と現在の日本の太平洋岸の日本人の遺伝子が一致するわけです。多様な分類がされていますが、多様に分析しても日本列島の太平洋沿岸日本人とインディオの現在の人たちとは同じ類型に属するわけです。現在だけでなく千何百年前のチリのミイラの示す遺伝子とも一致しているわけです。ということは彼等は倭人であるわけです。倭人だから倭人伝に書いているのは法螺《ほら》ではなく本当だったわけです。

また「裸国・黒歯国」というのは日本語なわけです。倭人伝の中の固有名詞は倭人が書いたはずと前に話しましたが、裸国・黒歯国も倭人のつけた倭語になるわけです。コクシでクシはチクシ、ツクシのクシです。クシの国にたいしてあそこはコクシです。福岡県の分国のようなものです。

ラ国のラはウラのラ。ウが接頭語です。三世紀と現代とは全く同じではありません。

大人と下戸との対話の中で大人が何か言うと下戸は噫（い＝岩波文庫ではアイとふりがな）という返事をします。ウィあるいはヰの発音です。現代子供はアイと言い、大人はハイと言います。Hという発音が加わっているだけです。同じ日本語であるが両者に違いがあって、我々が使っているのは三世紀の言葉に、接尾語・接頭語が加わっているということです。

裸国というのも現代のウラと同じです。では浦島太郎と同じかというと、これは無理があります。あれは大陸です。島として書いているのではありません。しかも不思議なことに二カ所、黒歯国と裸国は別の国名です。くっついていたら同じ国名にならなければならないのに別にあるわけです。

実は現在南米で二カ所日本と共通な所があります。一方はエクアドル、一方はチリです。ペルーは違うのです。あそこに天野さんという方がいて、一生懸命働いて、日本人で成功した方ですが、その方と、「ないかないか」と手紙でやりとりしましたが、ペルーにはやはりないのです。ところがエクアドルとチリにはあるのです。それが黒歯国と裸国です。黒歯国の方は甕棺が出てきます。福岡県から出てくるものがまさしくエクアドルから出てくる、という話です。

＊武彦今言

この興味深いテーマに対して、日本側と現地側と、両研究者グループの輩出を望みます。

XI 歴史を実証する考古学

1　「周成王への倭人の朝貢」について

質問　『邪馬一国への道標』では「周成王への倭人の朝貢（鬯艸）」（同書二四ページ）を縄文時代の貢献としていましたが、弥生の発祥時点の繰り上げにともない弥生の貢献と解しますか。その場合、土器先進国の地位ではなく、金属器の後進国としての貢献と解しますか。

回答　いわゆる「縄文水田」の時期が、「BC八〇〇年〜一〇〇〇年」前後であること、かねてわたしの、くりかえし主張してきたところです。

それが今回、「国立歴史民俗博物館」によって、（従来説の測定者たちの名前抜きで）認められたわけです。その際、これを「縄文水田」と呼ぶか「弥生水田」と呼ぶかは、「名前」の問題です。〝実体〟のちがいではありません。

その実体は「土器の時代」です。しかし、たとえば、沿海州ではこの時期、すでに「鉄器」がありますから、日本列島側にもまた、「金属器流入」が（部分的に、でも）あっても、決して不思議ではありません。

要するに、「一線」を画して〝それまで（すべて）縄文〟、〝それ以後は（すべて）弥生〟などということはありませんよね。「縄文・弥生は『時代区分』の手段」なのですから。

今後、この「区分」問題は、もっと深めてゆくべきものと思います。

2　「『前末中初』の絶対年代」について

質問　炭素14年代法で弥生時代がBC一〇〇〇年頃まで遡ることになりました。天孫降臨はBC二〇〇年頃と「前末中初」と良く講演会等で言われます。また『古代史60の証言』でも「弥生前期（BC三世紀～二世紀）まさに日本列島屈指、抜群の水田耕作地帯」で、そこに降臨したとあります。

今回の炭素14年代法によっての変更、遡及はないのでしょうか。お考えをお示しください。

回答　御質問の通り、当然「関係がある」と思います。

昨年（二〇〇五）の大学セミナーハウスでも申したのですが、この「前末中初」が、従来の「BC二〇〇年頃」から、さらに〝遡る〟と、大変「分りやすく」なります。

なぜなら、従来は、

①「咸平草浦里」の「三種の神器」（一九八七年二月二〇日発見）——紀元前二世紀初～前半

（『国立光州博物館學術叢書第一四冊　咸平草浦里遺跡』国立光州博物館　全羅南道　咸平郡、一九八八年、五三ページ）

②「吉武高木」——「弥生中期、初」

（当初は「BC一〇〇年」。紀元前一世紀初。「年輪測定」などで〝約一〇〇年遡らせれば「BC二〇〇年」〟）。したがって、「BC二〇〇年」となれば、右の①と並ぶかに見えますが、従来はやはり、

①前　②後

と考えられてきました。しかし、例の「縄文水田」（弥生初）が、大きく〝引き上げ〟られると、理論上は当然「弥生中期初」も「引き上げられる」可能性大です。

とすれば、順序は〝従来と逆〟になり、

②前　①後

となる可能性が大となります。

これだと、分かりやすいのは、

①草浦里——いわゆる「三種の神器」以外にも、他の儀器類（「双頭鈴」等）多数出土（発掘品の他に「申告

品」多くあり)。

②吉武高木――ほぼ「三種の神器」のみ。

の前後関係が、

①　前　②　後

だと、〝分かりにくい〟のに対し、

②　前　①　後

だと、よほど〝スッキリ〟するのです。

今の所、例の「縄文水田」(「弥生初期水田」)の問題は、「あそこのみにとどめ、その他に論を及ぼさない」方針のようですが、これはあくまで、「学界政治上のかけひき」の結果にすぎません。学問研究の「進歩」がストップさせられているのです。

これも結局、「日本国民の意思」の問題ではないでしょうか。「国立」の、歴史学・民俗学博物館というのも、他の大学や博物館といっても、「わたしたちの税金」で、まかなわれているのですから。

＊武彦今言

例の「男女同一人の背理」〈多利思北孤〈男性〉＝推古天皇〈女性〉〉に依拠した、日本の教科書も、当然「わたしたちの税金」からですよね。

3 「江田船山古墳被葬者」について

質問 「稲荷山古墳出土黄金文字銘鉄剣」銘文に関連して「江田船山古墳出土銀文字銘鉄剣」の銘文が引き合いに出されています（『日本列島の大王たち 古代は輝いていたⅡ』ミネルヴァ書房版、三〇七ページ以下）。前者については「関東の大王」の存在が『関東に大王あり』で示されていますが、後者については「九州王朝」における位がはっきりしません。「九州王朝」の大王なのか、または配下の大王なのか、その時の首都はどこなのか（磐井との関係）ご教示をいただきたいと思います。

回答 次のようです。

①「九州王朝の天子」ではない（理由——銀文字）。

②「九州王朝の大王」の可能性大（理由——右に同じ）。

③「首都」に当るのは九州（熊本県か）と思いますが。——不明

今後、勉強します。

＊武彦今言

「不明」なものは「不明」とするのが学問です。

4 磯城宮（斯鬼宮）があったとされる、大前神社の「森鷗村の碑」について

質問 二〇〇五年十月の筑波大学での発表の後、大前神社に行きました。森鷗村の碑を眺めてきました。森鷗村碑問題について、お願いいたします。

回答　大略の御報告をいたします。

①すでに報告しましたように、栃木県藤岡町（現栃木市）の大前神社に、明治初期造立の石碑があり、そこに「其の先、磯城宮と号す」と書かれています。

②埼玉稲荷山古墳の銘文中の「斯鬼宮」は、遠い近畿の雄略天皇（長谷）の宮などでなく、すぐ隣の、関東の「磯城宮」である。――そう考えました。

③二〇〇三年、高田かつ子、長井敬二、下山昌孝、笠原桂子、小松孝子、安藤哲朗さんのご協力をえて、右の石碑全体の詳細な解読につとめました。その結果、次の諸点が判明しました。

（その一）「下毛野都賀野郡大前神社其先号磯城宮…鷗村士興拝撰」と、五行にわたる長文であること。

（その二）全体の先頭の題字は「大前神社拝殿新築応募諸君姓名抜萃碑」であること。

（その三）末尾には、「明治十二年歳次戊寅三月下浣」と書かれていること。

（その四）その次の筆者名は「鷗村士興」であること。

（その五）右の人物は「森鷗村」であろう。「一八三一～一九〇七」の人。天保二年、現在の栃木県藤岡町に生まれた漢学者です。

（その六）彼は家塾「鷗村学舎」を開き、その門人に岩崎清七（一八六四～一九四六）がいる。東京ガスなど創立。日本実業協会会長でした。

（その七）門人たちの編集・発行した遺稿集に、

㋑『鷗村先生遺稿』昭和十年十二月三十一日

㋺『鷗村先生遺稿続編』昭和十一年十一月二十五日

があります（いずれも、岩崎清七、発行。いずれも、水野孝夫さんによって、インターネットを通じ、入手）。

（その八）「大前神社拝殿…抜萃碑」の全文面（復元）を、右の遺稿集の「文例」と「用語例」等の実例によって、客観的に解読しました。機をえてこれを報告するつもりです。

（その九）なお、鷗村の実弟は、長期藤岡町長を務めていた、とのことです。鷗村は明治四十年、七七歳で死去。名は保定。字は士興です。

（その十）今は亡き高田かつ子さんの、その時のご活躍をしのんでいます。

（その十一）また、現地の藤岡町古文書研究会発行の「藤岡史談、第六号」に、石川善克「大前の地名」が出され、右の「磯城宮」などの地名を以て「後代の造作」としました。これに対し、わたしは逐一その論点を具体的に再批判し、二〇〇三年度の日本思想史学会で「稲荷山鉄剣銘文の新展開について」として発表。右は、その時の報告レジメにもとづくものです。

5　学者があったとしている大極殿について

質問　藤原京、難波京、近江京に大極殿は無いのでしょうか。

回答　藤原京、難波京、近江京には大極殿はありません。藤原京、難波京共にあるべきであろうと思われる位置に、学者が作図して公にされています。藤原京はその位置には鴨公神社があります。大極殿の記録伝承はありません。近江京も当然無いと考えています。

6　「文献と考古学的出土物との関係」について

質問　文献と考古学的出土物との関係はどのように考えますか。

回答　これは、大変重要なテーマです。一方の文献と他方の出土物、この両者の「対応」いかんが、何よりも史実か否かを決定します。

若干の事例をあげてみましょう。

第一、記・紀の「天孫降臨」と福岡市・春日市・前原市の「三種の神器」の五王墓（先述）。

第二、中国側の文献（『後漢書』倭伝）と志賀島の金印の出土。

第三、『古事記』・『日本書紀』の「天皇陵」の記載と、近畿の、いわゆる「天皇陵」の分布との〝全体〟としての対応。

第四、中国の文献（『宋書』倭国伝）と神籠石山城群の分布との対応。

第五、中国の文献（『隋書』俀国伝）と太宰府の遺構（紫宸殿・大裏・大裏岡・朱雀門）。

次は 逆に「対応しない」ことによる「証明」です。

第六、『古事記』・『日本書紀』には、「銅鐸」がないこと。――この二書の「立場」が「自己の王統のみを記し、他の、それは記さない。」という、イデオロギー性の立証。

第七、『古事記』・『日本書紀』の、いわゆる「磐井の乱」の〝特記〟にもかかわらず、九州（筑紫）には、その当時（六世紀前半）における「大変動」の痕跡がない（土器やデザインや神籠石山城等）。

第八、いわゆる「大化の改新」が『日本書紀』に詳記されているのに、果してその痕跡（土器や器物、デザイン等）があるか。――わたしには「見えない」のです。

他にも、とりあげるに〝きり〟のないほど、この関連問題があります。むしろ、必ず〝ためされ〟ねばならぬ、リトマス試験紙なのです。

7 「神籠石の設置の必要性」について

質問 神籠石（皇后石・交合石）はなぜ設置されたのですか。九州王朝に従わない対抗国内勢力との対抗のためですか、国際的な危機に対応してですか。

後者の説明の際、中国の正当な王朝の没落（西晋滅亡）や北朝の成立（南北朝の成立）を講演の際に話されたが、倭国としては漢の武帝による韓半島の侵略と四郡設置こそが最大の衝撃を受けたのではないですか。

回答 「皇后石・交合石」などは、いわゆる「神籠石」を指す、異称です。

わたしは、これを朝鮮半島側の「高句麗」や「新羅」との対立・抗争に基くもの、と考えています。やがてこれは「唐」との対立の時期に至っています（「白村江の戦」までです）。

これに対して、「漢の武帝の四郡制圧」の際に〝遡る〟のではないか、というのが御質問です。

このような立場をとるためには、「神籠石の成立」を、「前漢」まで〝遡らせる〟こと、すなわち「弥生時代の山城」とせねばなりませんが、今のところ、その「痕跡」はありません。もちろん、「弥生の遺物」（銅矛など）はあるようですが、それは「山城の遺物」とは言えません。ですから、今のところ、「否」です。

「漢の武帝による韓半島の侵略と四郡設置」について

もちろん、これが東アジアにおける「重大事件」だったこと、疑いありません。しかし、それが「倭国征服」といった性格をもっていたかどうか、不明です。

「武帝の海上侵略」

というのは、確かに〝鮮烈なイメージ〟ですが、それが「空想」でなく、真に「史的リアリティ」をもっていたかどうか。不明です。

武帝の「四郡」と言われていてもその〝対応〟すべき領域が必ずしも「一定」していないようです。少なくとも、『史記』や『漢書』の示すところ、その「記述」は見ることができません。

むしろ、先述の《III—(26)》「九州年号関連の『年始』問題」や博多湾岸中心の「前漢式鏡」分布の中に、そのような「武帝の波紋」を見ること、それは決して「架空」ではないでしょうが、今後の研究テーマです。

今は不明です。

8　神籠石についての新見解について

質問　神籠石につき、先生が新しい見解を出されていますが、これについてお聞きしたい。
①神籠石は山城であり霊域とされていますがこの二つの選択肢だけで結論を出されるのは、他の目的の選択の余地を初めから除外するものと考えられます。学問の普遍性と整合するものでしょうか。
②神籠石は住民が、居住する平地のすぐそばの低い丘に設置されており、要塞的要素はほとんどないと思われます。遠方から運ばれた上に、極めて精巧に刻まれた石が、平坦に、手をかけて並んでいます。急を要する山城をわざわざこんなに時間と労力をかけて作ることは不合理と思われます。
③神籠石の名称に女山《ぞやま》、おつぼ、つぼねやま、おふくまやま、かげうまなど差別的雰囲気があります。その目的として、二、三世紀の倭国の乱の勝利の際の、被征服先住民女性などの強制収容所があげられると思います。
回答　面白い考えです。これについてはすでに『東京古田会ニュース』（一三九号他）に論文を書いております。「防災目的の山城について」という論文です。古代山城遺跡です（『俾弥呼の真実』一七四ページ以下に詳

しい)。

これは何かと言うと神籠石の第一の目的は、地震と津波に対するものである、と。つまり地震と津波があった時に住民が逃げ込む、そういう、逃げ込みの場所である。だから、兵士が入るよりずっと何倍も広い場所である。水が通って流れるようにしてある。ということは大自然の災害があった時そこに住民全体が逃げ込めるように、そのために作っている。これが第一目的です。

第二目的は敵が侵入してきた時に、敵の侵入に対応するということです。第一目的はあくまで古代防災施設として作られたものです。これはむしろ学問の普遍性に合うものだと思います。神籠石が低い丘に設置されているのもそういう立場からすれば当然なのです。

ではそういう災害がいつ、どう、あったかという質問が出るかもしれないが、これは、わたしには明らかでして、日本列島は常に地震や大津波の連続の中の列島です。その何十年から何百年の間も人間を苦しめています。我々は、人間の歴史の中に何回起こったかという、主客転倒で考えている。大津波や大地震があった方が主です。その間のわずかの何年か、何十年か、何百年の間、人間が住んでいるだけです。

もう一つ瀬戸内海に、縄文海進というのがあります。縄文時代の前半のなかば、つまり六、七千年前に、縄文海進というのがあって、海の底になったと解説されていますが、これは、正確ではない。疾風怒濤の大津波が日本列島を襲ったわけです。二〇一一年の津波よりもっと大きい津波が繰り返しやって来て、その中で瀬戸内海の旧石器の陸地もさらわれて行った。その中でやっと落ち着いたのが今の縄文海進のレベルです。だから、そういう大地震や大津波が、一応落ち着いた姿が今の瀬戸内海です。

ということは瀬戸内海だけがそうであるはずがない。博多湾岸にしても、大津波や大地震の連続の中でやっと止まりかけているように見えているのが博多湾です。だからそれに対応する逃げ城としての山城が作られたというふうにわたしは理解しているわけです。

9　神籠石と防災について

質問　神籠石山城が大津波に対する逃げ城としての性格を持つとの新解釈ですが、築城地域がみな大地震や大津波の襲来地域なのでしょうか。

回答　日本列島全体が大地震と大津波の中にあるわけです。日本列島の中のごく一部が大津波や大地震の危険地帯で、他は全部安全地帯だなどということは全くありえないことです。

日本列島全体が大地震の可能性の中にあります。それが再々、日本列島ができて以来、日本列島を襲っているわけです。大津波も再々起こっている。その間をぬって、細々と人間が生きている。これが客観的な姿であろうとわたしは思います。そういう大津波や大地震が来ることを前提として、日本の歴史や日本人が作ったものを考えていなかった方がおかしいのです。ということで神籠石山城は完全に、そういう性格を持っていたと考えます。いわゆる敷石はきっちりした溶岩でできています。それだけでは地震に弱いですから、それに三メートルぐらいの木柵を、穴を掘って立てている。それは五重塔がなぜ倒れないかという論理で、五重塔は地震に強いわけです。ああいうぶら下がった形になっています。その原理を神籠石も使っている。しかもそれが五重塔と違うところは、二重に木柵が作られている。一重なら人が飛び越えて来られるが、二重であれば飛び越えると谷間に落ちてしまいます。そういうように二重に木柵は作られている。

ということで非常に考え抜かれた防災施設で、かつ今度は敵の襲来にあわせて、対応する施設になっているわけです。単純に作ったものではなく、考え抜かれて、築かれたものが神籠石山城です。関東や東北でもそういう目で見ていなかったが、よく見ればそういうものへの対応であったというものがあるのじゃないでしょうか。

わたしの父母は土佐です。いつでも大津波の話を、子どもに対して絶えず、彼等は語っていました。学校では教えませんが。家庭では大津波の襲来の時どうしたらいいかということをしょっちゅう聞かされていました。それは別に土佐だけではないと思います。

大津波の前には海鳴りがすると言います。その海鳴りの音で分かるのだそうです。二階の上に畳を積み上げて、そのような通路ができているのですが、そこで待つのが典型的なパターンです。海鳴りの音によっては、二階建ての二階の屋根の上に逃げるケース、それでもダメな、ひどい時は山の上に逃げる、というようなことをさんざん父母から聞かされました。

＊武彦今言

「三・一一」の東日本大震災の大津波も、大自然の中では「通例の事件」ですね。「忘れた頃、また」です。

神籠石山城のもつ軍事的意義については、これまでにも何回も論じてきた通りです。最近の研究成果をご覧ください（平成二十六年以降。『多元』『東京古田会ニュース』等）。

10 「『前つ君』と『八咫鏡』など」について

質問　「前つ君」＝ニニギの九州一円征服譚の中で、出発地の筑紫から第一に向かったのは周防のサバです。神夏磯媛は「木の上枝に八握剣、中枝に八咫鏡、下枝に八尺瓊」をかけて船で帰順してきます（『岩波日本書紀』上、二八七ページ）。大そう立派な品々です。ニニギの「降臨」の時に天照から与えられた「八咫鏡」をすでに持っていたということを、どう理解したらよいのでしょうか。

下関市の綾羅木遺跡からは陶塤も出土しています。下関とは大分距離がありますが、弥生前期には相当に繁栄していた地帯だったということでしょうか。

回答　別々にお答えしましょう。

（一）「三種の神器」といえば、何か「特定至上」のシンボルのように思いますね。八世紀以降、現代に至る「観念」です。

しかし、この「三種」の中味は、意外に〝平凡〟です。

なぜなら、

（i）「玉」――これは縄文以来の一種〝普遍的〟なシンボルです。

（ii）「剣」――権力者はいつの時代でも、「剣」をもっています。「石剣」「銅剣」「鉄剣」など、時代によって〝材質〟の「進化」があるだけです。

（iii）弥生時代に、新たに「登場」したもの、それが「銅鏡」です。その宗教的淵源は、日本古来（旧石器・縄文）の「太陽信仰」と「鏡岩・鏡石尊崇」を背景にしていますが、直接的には「新来の、中国銅鏡（日用品）」です。

「八咫（鏡）」というのは、〝大きさ〟であり、いわば〝一般的〟な概念です。

以上を〝組み合わせ〟て、「三種の神器」としたわけです（ただ、「三種の神器」という名称は、後代）。

したがって、九州の周辺各地で、この「シンボル（組合せ）」を〝かかげ〟る豪族がいても、不思議ではありません。要するに、「ニニギたちの勢力に従い、同調する」という〝宣言〟なのです。

（二）綾羅木遺跡の「陶塤」について

綾羅木遺跡の「陶塤」は、「弥生前期」の出土物です。「相当に繁栄していた」ことは、疑いがありません。

ただ、この「陶塤」の分布の中心は、出雲です。松江付近ですから、この領域が「中心文明の地」であったこと、十分に察せられます。すなわち、「出雲古代文明」です（陶塤の由来については別述）。

11　近畿地方にある阿蘇凝灰岩を使った石棺について

質問　四世紀後半から六世紀前半にかけての古墳に阿蘇凝灰岩を使った石棺が近畿地方にたくさんありますが、なぜでしょうか。

回答　四、五、六世紀にかけて近畿地方で阿蘇山凝灰岩を使って古墳の内壁や石棺を作っているのはなぜか、というのは、なかなか難しい質問です。近畿天皇家にとって、九州はあこがれの場所だったのではないでしょうか。自分たちの祖先が九州から来た。『古事記』、『日本書紀』はそこを強調しています。先祖の地である九州の岩を持ってきて古墳や石棺を作ったということができるでしょう。わざわざ九州で凝灰岩を整形し石棺の形にして運んでいる。大変な労働量です。ショウであり見せ場でもあるわけです。目的は我々の先祖は九州から来た神聖な家柄だというPRだったのではないかとわたしは思っています。

阿蘇凝灰岩についてつけくわえますと、例の神籠石の場合も、神籠石というのは岩を直方体に切り取って、それを下地にした山城を作っているわけです。普通の岩石であればあのように直方体に切ることは難しいわけです。ところが阿蘇凝灰岩の場合は火山岩だから、そういうことが割とやりやすいわけです。そういう火山岩をバックにして、今の神籠石が作られています。

天皇家中心主義で言えば九州まで支配下にあった証拠だという解釈をしようとします。そういう解釈ならべつに九州だけが支配下であったわけではなく、東海にも富士山の方へも支配が及んでいるわけですから、そこの凝灰岩を持ってきても良いではないか、近くには兵庫で有名な石切場があって、使われていれば、それを持ってきても良いではないか、なにも九州だけを贔屓にして持ってくる必要はないではないかという問題があるわけです。

それに対して別の解釈では、やはり近畿天皇家にとっては九州はあこがれの場所である。自分たちの先祖が九州から来た。これは『古事記』・『日本書紀』にはっきりそう書いてあります。津田左右吉が勝手に否定しただけで、『古事記』・『日本書紀』が力説しているのはそういうことです。我々は近畿の人間でなくて、九州から来た人間だ。『古事記』・『日本書紀』はそこを力んで書いています。だから死んだ時その辺の近くではなくて、我々の先祖の地である九州の岩を持ってきて古墳を造ったのだ、と。せめて死ぬ時は先祖の地の石で作った石室で、石棺に入れて欲しいのだと。そう考えれば東海や兵庫県ではダメで、やはり九州から持ってくる必要があるわけです。それの方がスムーズに解釈できると思うのですが、いずれにせよ解釈ですから、それ自身から決め手にはできません。

12　「考古学的反応」について

質問　わたしは、日本古代（ふつう、飛鳥・白鳳と呼ばれている）の寺院について、少し勉強しました。そして「参照した図書における、研究者の書き記した文章だけをそのまま引用する」という方針で、わたし自身のことばは一言半句もつけ加えないで、「古代（飛鳥・白鳳期）寺院便覧」を作ってみました。これは、それなりに、便利なものとはなりましたが、実はこの作業を終えてしばらくは、呆然として勉強する意欲も失いました。日本の考古学会の病根がいかに深いかを思い知らされました。寺院の建立時期は瓦の型式によって推定され、瓦の型式は、「最古」の大和地方を「出発点」として整然と編年され、「しっかりと」組み立てられています。

遺跡・遺物というモノを対象とする、当然最も科学的な学問かと思える考古学が、実は、基本的な時間軸の設定において、モノに依拠しないでモノ自らのかたることばに耳を傾けようとしないで、（須恵器や瓦の場合は）書紀の記事に依存し、書紀に支配され、しかもそれを少しも疑っていない！　という有様です。こんなことは、先生が一番よくご存じのことと思います。

先生が『ここに古代王朝ありき』を世間に問われてから、もう長期間が過ぎました。この間の学会の反応はどうだったのでしょうか。表面はともかく、こうした閉塞状況をうち破るような動きが考古学会内部に全くない筈はないと思います。お話ししていただける範囲内で結構ですが、明るいニュースとか、今後の見通しとかについてお聞かせください。

回答　残念ながら、ありません。もちろん、その「内部」には〝ある〟かもしれませんが、聞こえてきません。

是非、皆さんから、くりかえし「聞いて」ほしい、と思います。

たとえば、「神籠石山城」を誰が造ったか。どこを「守る」ためか、など。考古学者にとって「無関心」であっていいものであるはずがありませんから。

たとえば、弥生時代における「考古学的出土物の中心」はどこか。筑紫（福岡県）と出雲（島根県）以外にありうるのか。これも、考古学者の「目」の及ばぬはずはありません。

素人でも、「万人の目」に見えていることを、考古学者は「考えず」にいるのです。ただ、「古田説」についての云々には限りません。

よろしくお願いします。日本の考古学者を「動かし」うるのは、最終的には日本国民以外にはありません。

13　絶対年代の分かる鉄剣について

質問　二〇一〇年七月三日、福岡県の教育委員会から、絶対年代の分かる銘文のある鉄剣（庚寅）が出てきたという発表があり、色々の新聞に出ていましたし、つい最近も、日経新聞の文化欄に一面に大きくそのことを取り上げておりました。

場所をしらべてみたところ福岡市の西区というところですが、元岡・桑原遺跡というところです。ところがこれは西谷正さんを中心に九州大学の教養学部に取ってしまわれて、普通の人間では分からないようになっています。

『志摩町史』というのが一昨年出ました。去年志摩町が前原市、糸島郡二丈町と一緒になって糸島市になって（二〇一〇年一月一日）、志摩町の人は自分たちがつぶれるということで一生懸命『新編志摩町史』を作りました。それによりますと元岡桑原は製鉄の遺跡が一杯あるところで、特に桑原には「かなくそ池」というのがあり、金屎が一杯あった。これだけ大きな製鉄遺跡は軍事基地になっていたところではないだろうか、ということもそこに書いてあります。

地理的に見ますと、少し西に行きますと一の町遺跡というのがあります。可也山《かやさん》（標高三六五メートル）の下で、古田先生のお話では、土地の古老が「神武さんはついこの間まで遊んでいましたよ」というところです。言ってみれば神武天皇の発祥地というか、出たところと、この、元岡・桑原遺跡とは隣同士です。

神社がないかと思って、元岡の神社を見ますと、他にはあまりない、ニニギ尊を祀る神社があります。ニニギ尊を祀る神社は、他所では、あまり聞きません。あれは広い意味の糸島半島ですけれど、元岡・桑原遺跡に残っているということは、神武の発祥とか、ニニギ尊、天孫降臨とかひっくるめて、五七〇年の実年銘がある鉄剣の出たことなど、どうお考えでしょうか。

回答　わたしも前にこの辺の地図を見た覚えがありますが、その時は鉄が出るはずはないと思っていたところに、絶対年代の分かる鉄剣が出て、間違いなくここだということになると、かなり認識が変わって来るので大変なのですが、あの時は、それは結構ですねという形でしか認識しておりませんでした。今おっしゃる糸島郡の近辺、これは九州大学が本拠地を移そうとしている真最中でしょうか。それで発掘するとあちこち色々のものが出ているわけです。それは当然、いわゆる縄文もあるが弥生もあるし、古墳時代もあるし、七、八世紀もあるわけで、あのへんは、ホットポイントみたいな感じで出てきているようです。京都にいて、その後の様子は博多におられる方ほど詳しくは知らないのですが、上城さんとか、博多の人たちが、よくファックスで『西日本新聞』などのニュースを送ってくださって、それで承知しているわけです。ということで糸島市の近辺、九州大学の新しい敷地の近辺は、今後何が出てもおかしくないような、場所のように思っております。

14 「巨大古墳造営」について

質問 『失われた日本』の中の、「分流の天皇陵」に「巨大古墳造営という巨大労働と巨大面積の土地の使用は、新しき征服地においてはじめて可能」(同書、一三九ページ)とあります。大まかに陵墓の所在地を見ますと、

①神武〜開化…明日香近辺
②崇神〜弘文…明日香以遠
③天武〜文武…明日香近辺
④光明〜光仁…奈良近辺
⑤桓武〜昭憲皇太后…京都近辺
⑥それ以降は東京近辺

墳墓は一般人も含めて、亡き人を自分の身近に葬るのが当然と考えられます。したがって②崇神～弘文の明日香以外に造られた「巨大墳墓」は（弘文・天智を除いて）天皇家とは無関係とは言えませんか。もし「巨大墳墓」が「新しき征服地」なら、まず、その場所に宮を作るのが先だと考えられます。①～⑥迄のうち、②だけが宮の所在地から遠方なのは納得できません。この点、ご説明ください。

回答　ここに、①～⑥の表を作る際、ここに用いられた「近辺」とか「以遠」とかの〝概念〟が、よく分りません。

むしろ、その「墳墓」の地が、

㋑彼等の「中心勢力」地であるか、

㋺なんらかの理由で、「重要地域」と見られていたか、

㋩その他か、

などの「理由」を考えるべきだと思います。

もっとも、その場合、

「A天皇の陵墓」と

「A天皇陵」

の関係が〝まちがいない〟かどうかの、基本の検討も欠かせません。

たとえば継体天皇の場合、いわゆる「継体天皇陵」や「今城塚古墳」は、これに当たらないと考えています。

こういう「資料批判」が大切です。

また「亡き人を自分の身近に葬る」という感覚は、わたしたち庶民には、あるいはその通りかもしれませんが、「天皇陵」とは、〝庶民的〟というより、きわめて〝政治的〟なものですから、そのような「政治的配慮」を〝見る〟べきではないでしょうか。

（庶民でも、必ずしも「身近」ではなく、遠い「郷里」に葬る、などというケースもまた、ありますね。）

＊武彦今言

近畿の巨大古墳の「土地」の前身は何だったか。この問題に今興味をもっています。〝水田や畑〟ではなく、「前権力者の「祭祀の場」だったのではないでしょうか（銅鐸中心の権力者の祭祀）。

15 「高松塚古墳、キトラ古墳の被葬者」について

質問 高松塚古墳、キトラ古墳の埋葬者は誰でしょうか。集安の高句麗古墳群の壁画との関連から記・紀には記されていない高句麗系渡来民が飛鳥の地を支配していた考古学的物証にならないですか。

回答 被葬者は不明です。「天皇陵など、周辺の古墳をすべて発掘し、公開され、その上で考えなければ、分からない」と言った学者（北朝鮮側）がありますが、その通りです。そうでなければ、学問ではなく、「当てもの」になってしまいます。

「高句麗系渡来民が飛鳥の地を支配していた考古学的物証」か。――否です。

土器その他のデザインが、〝すべて〟あるいは〝原則的〟に、「高句麗方式」になっていれば、「イエス」ですが、そんなことはありません。

別の例をあげれば、弥生時代の糸島・博多湾岸（福岡市・前原市・春日市等）に、「前漢式鏡・後漢式鏡」等、中国式の器物があふれ出したからといって、

「中国がこの地を支配していた考古学的物証」

と言えましょうか。――否です。

飛鳥の場合は、とても右のケースにまでも至っていません。

バランス感覚を以て、事物を観察する。それが歴史観察に不可欠の視点ではないでしょうか。

また、これら「高松塚・キトラ」を「中国式」と見るか、「高句麗式」と見るか、これも大切な視点の一つでしょう。

中国にも、これと同類のデザインがあることは知られています。むしろ、その「高句麗式」と言われているものが、「中国式」の一分派ではないでしょうか。それとも、これらが「非、中国式」なのかどうか、（いずれと判断するにせよ）冷静にこれを観察し、判断すべきものと思います。

16　「宇木汲田遺跡と三種の神器」について

質問　吉武高木遺跡や三雲南小路遺跡から弥生の「三種の神器」が出土していますが、唐津の宇木汲田《うきくんでん》遺跡も同様に「三種の神器」（弥生期）が出土していると考えてよいでしょうか。本によって違いがありますので、よろしくご教示下さるようお願い申し上げます。

回答　次のようです。
①同遺跡からは、多くの甕棺類の出土があります。その中のメインの一つ「一七号、甕棺」から出ているのは、
「多紐細文鏡（二紐孔）と銅剣二」

です。「管玉・曲玉」はありません。いわば「二種の神器」です。
②右以外の甕棺等からは、「管玉・勾玉」が出ています。
③したがって、〝遺跡の全体〟としては、「三種」と〝言える〟形ですね（この点は、吉野ヶ里遺跡でも、〝同じ〟です。メインの甕棺からは「鏡なし」でしたが、近くの甕棺から、最近「銅鏡」が一個、発見されました）。

④しかし、このような状況について、「合せて、三種」とは、正確には〝言わない〟のがルールです。それぞれの「被葬対象」が〝異なって〟いるのですから。

⑤それより、宇木汲田の場合、吉武高木と同じ「多紐細文鏡」であることが重要です。「福岡市・前原市・春日市」の場合も、

(A)吉武高木――多紐細文鏡

(B)三雲・須玖岡本・井原・平原――漢式鏡

の〝ちがい〟が重要です。ここには、おそらく「前漢の武帝の四郡支配」の「痕跡」もしくは「余波」が現われているという可能性が十分にあります。

ともあれ、「宇木汲田の全体」の性格をじっくり〝見る〟必要がありますね(注=『末盧国』唐津湾周辺遺跡調査委員会編六興出版、一九八二年。なお同書には、問題の宇木汲田遺跡の他、菜畑遺跡、古墳等がくまなく掲載されている)。

17 「前方後円墳の形態」について

質問 前方後円墳はなぜあのような形をしているのですか。

回答 わたしの理解は、次のようです。

①弥生時代の『王墓』(先述の五王墓など)の場合も、円形の盛土の前に、祭りの場(方形)が、必ず存在した。

②その「王墓」の勢力が拡大し、〝より多くの群衆〟の参加が必要とされた時、右の「円形部分」と共に、「祭りの場」(司祭者たちの儀式の場)も、その全体が〝高い位置〟へと〝あげ〟られた。

③その際、見のがしてならぬのは、「鏡」の使用である。中国では「日用の小道具」であった鏡が、日本の「鏡岩・鏡石」のような太陽信仰の「反射体」として、祭儀の場に不可欠のものへと〝昇格〟した。

④これを、右の「祭りの場」で行う時、「太陽光を反射する角度と、その拡大照射」を効果的にするためには、その「祭りの場」が〝高い位置〟にある必要があった。

⑤もちろん、肝心の遺体の存する「円形部分」もまた、〝高い位置〟へとあげられざるをえない。

⑥もう一つのポイント。それは、より多くの「群衆」に対する「示威効果」です。その点からは、もとの九州より、それ以上の「新進出（征服）領域」の近畿で「より発達した」のも当然です。

XII　思想家としての古田武彦

1　「『歎異抄』の中心思想」について

質問　『歎異抄』の中心思想についてお話しください。

回答　このご質問の意味には、二つあります。

第一は、著者の唯円が記録しようとした、「親鸞思想」について。

第二は、唯円がこの本（聞書をふくむ）を著した中心の動機について。

第一は、わたしが「親鸞思想」について書いた論文通りです（著作集、三巻、参照）。

その「中心思想」は、「逆謗闡提」、すなわち自分たち専修念仏者を迫害し、殺したり、流罪にしたりした人々、具体的には、後鳥羽上皇や土御門天皇、そしてその臣下たち、彼等が成仏すること、すなわち永遠の救済にあずかる日、それがアミダ仏の究極の悲願である、という考え方です。

これは、本来の「大乗仏教」ではありません。それをはるかに〝越える〟ものです。なぜなら、親鸞たちにとっての中心経典である、大無量寿経、その四十八願中の「天本願」といわれる第十八順には、その末尾に「唯除逆謗闡提《ゆいじょぎゃくぼうせんだい》」とあります。「闡提」は〝無信の者〟ですから、「五逆」や「謗法」と共に、これらの人は「救済」から除かれる、と明記されているのです。

これを親鸞は「逆転」しました。彼等を救済することこそ、アミダ仏の究極の悲願だ、というのです。

したがってわたしは、次のように考えます。

「親鸞は『超、大乗仏教』の宗教者、そして思想家であった」と。

第二について。

唯円は、親鸞の言説（聞き書き）と共に、親鸞関係の流罪記録を末尾にしめし、これを「大切の証文」と称しました。その記録の中に「法然と親鸞」が師弟であり、同じく流罪の運命にあったこと、それがしめされているからです。

これは当時、法然集団の中で「親鸞は、われわれの〝一味〟ではない」という「風説」、いわば〝流れ〟があったため、それに「反論」すること、それが唯円の「歎異抄、執筆の動機」となっていたのです。これが唯円にとって、この本を書く上で、直接の「中心思想」だった、と言えましょう。

2 「『流罪記録目安後半部切断』説」について

質問 『歎異抄』末尾の流罪記録目安後半部切断を推定され（仮説として提起され）、ついで、そのことを蓮如本の原本に実地にあたって検証され、報告されてからすでに三十八年余が経過していますが、この間、この問題について、学会はどんな反応を示し、どんな風に論議されたのでしょうか。

回答 全くありません。古代史でも、『法華義疏』第一巻の右端下に「旧蔵者」の〝切り取り〟を発見し、それを『古代は沈黙せず』（駸々堂、一九八八年）で詳細に報告していますが、これに対しても、全く「反応なし」です。

日本の歴史学界は、どうなっているのでしょう。

3 「孔子と儒教」及び「親鸞と蓮如」の関係について

質問 孔子の思想と儒教との関係、それはたとえていえば、親鸞と蓮如教＝浄土真宗との関係に似たものですか。それとなぜ、ある思想の創始者とその後を「継いだ」と称するものたちとの間で思想の「ねじれ」

が生じるのですか。親鸞と蓮如との関係を例にとって説明してください。

回答　おっしゃるように、「思想の独創者」と「その流布、一般化（のリーダー）」との間には、大きな〝へだたり〟があります。

一面から見れば、不思議ですが、他面から見ると、「当然」かもしれません。なぜなら（A）「思想の独創者」は、「それ以前の、体制（的思想）」への抵抗であり、反発として生れたのですが、（B）「その流布・一般化」の場合は、そのような「時代の役割」をもってはいないからです。

むしろ、「時代」と「実情況」に〝合わせる〟ことが、自己に与えられた使命となっているからです。それは当然、新たな「独創者の誕生」を待っている。――そういうことなのではないでしょうか。

蓮如自身、若い時は〝貧しい生活〟の中に生き、「書写」によって〝生活〟をたてていたようです。ところが、晩年、「一向一揆」の波に乗ってからは、「南無阿弥陀仏」の文字の名号を書けば、それが〝多大の奉納金〟の代償となったのです。生活の〝貧しさ〟は、ふっ飛んでしまったのです。

同じ「専修念仏」と名づけても、その「支え手」の生活は一変。これで「同じ」実体でありうるはずはありません。

「孔子と儒教」の場合も、同じです。周の中の各国対立し、「礼」の失われた〝乱世〟の中に〝独り立った〟のが、孔子です。「天」の与えた倫理（「礼」）に依拠し、各国の「王」の「無礼」を叱咤したのです。

これに対し、漢代、「国家の中心思想」として用いられた「儒教」は「天子」（漢の高祖とその子孫）に対する「忠節」を第一倫理とした「体制保持のイデオロギー」となったのです。「孔子」を「教祖」としつつも、「孔子の思想」とは〝役割〟を一変させていたのです。

ここで指摘された問題は、日本思想史のみならず、各国の、また各地域の、各民族の思想史にとって、不可欠の根本テーマであると思います。

それは一見「不条理」に見えながらも、人類の歴史の基本を〝おしすすめ〟ている動力です。わたしはそう思います。

4 「『新約聖書』の四福音書」について

質問 『新約聖書』成立にあたって、数々の「伝承」が存在したと思われますが、なぜ、四つの福音書のみが「正統」とされたのですか。その「伝承」は、どのような内容であったのですか。また、マタイ・マルコ・ルカ伝は共通の記事があまりにも多いにもかかわらず、なぜ、一つにまとめられなかったのですか。

回答 次のようです。

(A)この四福音書は「パウロ系の伝承」です。ローマを中心拠点とした、新しい「キリスト教の正統」を〝定めた〟ものです。

ですから、その「視点」から編纂されています。

(イ)イエスの「反、ローマ軍」的な言説は、削られています(『トマスによる福音書』には存在する)。

(ロ)「イエスの処刑」も、ローマ軍の司令官の「意思」ではなく、「ユダヤの大祭司たちの意思」によるもの、としています(ローマ軍の司令官は、〝しぶしぶ了承〟とする)。

(ハ)右のような「関係」は、ローマ軍の占領下において、ありえないことです(日本における、マッカーサーと「天皇と吉田茂たち」との関係)。

(B)他にも、

(ニ)数々の奇跡譚(湖上を歩いたり、病者や障害者を治す、など)がある。

(ホ)イエスの「復活」譚。

（ヘ）「敵に対する愛」の教。

これらはすべて『トマスによる福音書』にはないものです。右以後の「付加」部分と思われます。

（C）「四福音書」を〝統一〟して「一福音書」にしなかったのは、

（ト）イエスの「言葉」や「伝承」を伝える、種々の「伝」があった。

（チ）その「代表的なもの」を四つここに集めた。

そういう「形」をとりたかったのだと思います。すなわち、この（ト）の「形」をとったのは、「イエスの言葉や伝承の、複数、ないし多数の存在」という事実が、地中海周辺に、広く「知られ」ていたからではないでしょうか。この『トマスによる福音書』も、その一つです。

しかし、この「四福音書」には、「パウロ派協会の人々」による、いわば「欽定（お墨付き）」の「言葉と伝承」が〝そろえ〟られているのです。すなわち「加削」による「改ざん」です。

このような「成立と流伝」上の変化は、親鸞の場合も、「大同小異」でした。

5　『トマスによる福音書』について

質問　今先生が研究されている『トマスによる福音書』の話を聞かせてください。

回答　すでに、述べた通りです。要点を記しますと、

（A）一九四五年（敗戦の年）の十二月、エジプトのナイル河河口（テーベの近く）のナグ・ハマデイにおいて、アラブ人の農夫のムハンマド・アリー・アッサーマンによって発見されたのが、「ナグ・ハマデイ写本」と言われるものです。

それは、素焼きの大きな壺に入っていました。羊の皮でカバーされた十三冊のコプト語（古代末期のエジプト語）のパピルス古写本（コーデックス）です。

その中の一つがこの『トマスによる福音書』です（以上、新井献『トマスによる福音書』講談社学術文庫、一九九四年による）。

（B）その内容は、イエスの弟子のディディモ・ユダ・トマス（「トマス」のフル・ネーム）がイエスの言葉を記したものです。有名な、あの〝イエスを裏切った弟子〟として知られる「ユダ」とは、もちろん別人です。

イエスの「生前の言葉」の集録だけですから、いわゆる「復活」譚などは、当然、存在しません。

（C）その内容は、きわめて「独創的」であり、「価値の高い」もの、とわたしは判断しました。

しかし、当の新井献氏をはじめ、ほとんどすべての聖書学者は、「現在の四福音書」を「根本」とする立場です。「マタイ、ルカ伝の共通資料」を「Q資料」と呼び、イエス研究の根本資料と見なす立場も、わたしの判断とは、全く異なります（右の「Q資料」テーマは、現代の聖書学界の「共同見解」です）。

（D）ただ、珍しい「例外」とも言うべき学者がフランスにいます。フィリップ・ド・シュアレという人です。池田大作・後藤隆一著『仏法・西と東』（東洋哲学研究所、一九七六年刊）で、その存在を知りました。雑誌『大白蓮華』の主幹の桐村泰次氏がフランスでこの学者に会い、その報告にもとづいて、右の両者の対談が行われているのです。

この桐村氏に連絡し、この学者の著書をお借りできました。また同氏の「翻訳」（序文）も、手に入れました（インターネットでも、同氏の『トマスによる福音書』フランス語訳も入手。水野孝夫氏による）。

シュアレは、わたしとほぼ同世代の人のようですが、この『トマスによる福音書』を高く評価し、現存の「四福音書」より、〝原型〟に属するもの、と見なしています。この点、わたしと同意見です。

しかし、そのあと、これを東方思想としての「仏教」などからの影響によるもの、と見ておられるようで、この点は、わたしと〝異なる〟立場です。

わたしはむしろ、この『トマスによる福音書』から「仏教」への〝伝播〟の可能性を考えています。

（E）この『トマスによる福音書』自体についての分析は『古田会ニュース』および『多元』に述べました。

以上は、従来からの連載ですが、ミネルヴァ書房から発刊された『なかった——真実の歴史学』の第二号（二〇〇六年一二月刊行）以降に、この『トマスによる福音書』の中核思想、そのハイライトが掲載されています。また『史料批判のまなざし』（二〇一三年刊）にも掲載されています。

6　「『聖書』と仏教の伝播関係」について

質問　『聖書』の中に仏教の影響がみてとれることは、今でも各方面から指摘されており、先生のお考えもまた、的を射ているように思えてなりません。

回答　先述のように、わたしは逆に「『トマスによる福音書』から仏教」への〝伝播〟の可能性を考えています。

この点、また機を改めて「記す」こともあると、存じています（その前に〝調査〟すべきことが多くあるようです）。

7 「なぜ〝親鸞〟だったか」について

質問 古田先生の研究は〝親鸞〟から始まったと言われますが、なぜ〝親鸞〟だったのでしょうか。

回答 この点、何回も書いてきましたが、その要点を記します。

(A) 戦争中、旧制広島高校の「道義」(それまでの「倫理」)の授業で、岡田甫《はじめ》先生から、『歎異抄』の中の親鸞の言葉を聞きました。

(B) 敗戦後、同じ人(学者や教師、そして新聞・雑誌や、一般の大人)が、「戦前」と「戦後」と全く「言説」が一変しました。その姿に、青年(十八歳)として、深い「絶望」を感じました。

(C) 「こんな世の中に、生きていても、しようがない。」――そういう思いでした。

(D) その時、思い出したのは、あの『歎異抄』の中の親鸞の言葉でした。

「たとひ、法然聖人にすかされまひらせて、念仏して地獄に落ちたりとも、さらに後悔すべからずさふらう。」

(E) わたしは考えました。「この人物(親鸞)なら、『時代』が一変しても、自分の言葉を変えなかったのではないか」と。

そして、

「もし、そういう人物が一人でもいたとしたら、この世に生きていても、いいのではないか。」

全くの「青年らしい独断」ですが、そこから、「親鸞その人の本、彼の書いたものを読んでみよう」と思ったのです。

(F) しかも、その際、

「親鸞について書いた本ではなく、親鸞その人の書いたものを読もう。」

と思ったのです。なぜなら、

「親鸞について書いている学者が、一変して、戦前は『念仏より国を愛する念仏者』と言っていたのが、戦後は『民主主義の念仏者』と言いはじめていたのを見て、『絶望』していた。」

からです。
（G）さらに、親鸞の書いた本（『教行信証』など）を見ても、そこに「書き変え」を見たのです。たとえば後序の中のハイライト、
「主上、臣下、背法違義。」

の「主上」が版本から〝カット〟されているのです（戦前の版本）。

したがって、わたしは「版本ではなく、親鸞の自筆本を調べなければならない。」

そう考えたのです。
（H）以上のようにして、わたしの「研究姿勢」の基本が出来上ったのです。

8　「村岡先生とわたしの学問の方法論」について

質問　最近、村岡典嗣の著作集が出ましたが、村岡先生と古田先生の学問の方法論の関係についてお話しください。
回答　うれしい御質問です。
第一、昭和二十年（一九四五）の四月、村岡先生に「取得すべき単位」をお聞きした時、
「自由に、とって下さい。ただ、ギリシャ語だけは、とって下さい。」

とのことでした。これは、

「研究対象は、日本の思想でも、研究方法はソクラテス・プラトンの方法でやること。」

との指針だった、と思います。これがわたしの学問の「方針」を決定したのです。

第二、具体的には、ドイツのアウグスト・ベエク（ベーグ）の「フィロロギィ」の方法が、村岡さんにとっての、「学問の方法」の導き手でした。

「認識されたものの、再認識」これがベエクの立場を、一言で表現したものです。人間のなしたところ、それを〝ありのまま〟に、キャッチする。そういう方法です。

これはわたしの学問研究にとっても、不可欠の基本方針です。

第三、これと同時に、わたしが村岡さんから学んだもの、それは「学問に対する、真摯な姿勢」です。何の迷《まど》いもなく、学問に対して全力をあげて打ちこむ。その姿勢です。その「学問に対する情熱」が、ひしひしと、わたしに伝わってきました。これが、無二の収穫、青年だった、わたしの「魂」を打ち、今も打ちつづけています。

第四、なかでも、印象に残ったのは、村岡さんの敬愛した本居宣長について。

「本居さんは言っています。『師の説に、な、なづみそ。』と。自分の先生の説に〝こだわる〟な、と言うのです。それが学問なんですね。」

という言葉は、くりかえし聞きました。

これが、わたしの村岡さんから学んだ「学問の精神」です。昨年（二〇〇五年）『新・古代学』（新泉社）の第八集（最終号）に載せた「村岡学批判」は、その表現です。

もっとも、「師の意見」（A）と「師に反した自分の意見」（B）と、いずれが是か。それは、後代の研究史が明らかにすることでしょう。

慎重に、心をこめて、これをなすべきこと、それは当然のことです。

第五、わたしが村岡さんに接したのは、昭和十八年（一九四三）の四月上旬から六月上旬まで。わずか〝約五十日間〟です。その五十日が、わたしの一生の運命を決めた。――そう思います。人間と人間の「魂の交流」は、おそるべく、また深いもの。それを痛感しています。

9　「村岡先生以外に学問の方法論で影響を受けた人」について

質問　村岡先生以外にも学問の方法論で影響を受けた人はいますか。
回答　それは京都大学の哲学教授だった山内得立さんです。その経緯は次のようです。
（A）親鸞の教行信証について「信巻別撰論」が提出された。東京大学の結城令聞氏による（一九五二年）。
（B）教行信証には三つの序文がある。「總序」「中序（信巻序）」「後序」だ。これを〝不自然〟とし、結城氏はまず「信巻」が成立し、これを中核として、のちに現在の全体の形がととのえられた。――そう考えたのである。
（C）この結城説は、真宗史研究界に対する一大波紋を投ずることとなった。東西本願寺系の学者等、次々と反論を出し、それが一冊にまとめられた。
慶華文化研究会編『教行信證撰述の研究』（百華苑、一九五四年刊）
（D）その序文を書かれたのが、山内得立氏である。右の両陣営に対して「中立」の立場にあったから、その「序文」執筆を依頼されたようである。
（E）その序文にいわく、
「それにつけても思い起こされるのは、かつてのベルリン大学教授、ヴルネル・イェガー（Werner Jaeger）

が試みた、ギリシヤ古典、就中アリストテレスの哲学についてなしとげた偉大なる学績である。」

従来、行われて、「定説」と化していた、アリストテレスの各著作の編年について、全く新たな「方法」で、イェガーは再検査を試みた。たとえば、アリストテレスの文章の主語に「一人称複数の形」（α）をとっているか、それとも「一人称単数の形」（β）をとっているか、によって「再分類」した。その結果、従来、アリストテレスの著作の最晩年に「編年」されていた「神学篇」（L篇）が、実はもっとも〝初期の作品〟であり、師のプラトンの直接の影響下に成立していた。――その立証が〝実証的〟に行われた。そのため、「アリストテレス研究」は、一変せざるをえなくなったというのである。

（F）山内氏は右のような研究史上の経験を述べたあと、今回の「別撰論、論争」の場合も、「教学理論」的な〝応答〟ではなく、右のような、即物的、実証的な研究と論争こそが望ましい。そのように要望されたのである。

（G）わたしは、この、わずか五ページ弱の「山内序文」にふれて、深刻なショックを与えられた。親鸞研究に対しても、いきなり「思想的」あるいは「理論的」な立論からはいるのではなく、（それらも重要だが）右のような「文体」上の調査・統計や「表現形式」の精密な実証が必要である。その一点を教えられたのである。

（H）なお、この本の中に、親鸞筆跡研究の力作を掲載された、小川貫弌《かんいつ》氏の研究からも、刺激を受け、わたしの筆跡研究は、その後の一大進展に向うこととなったのである。

以上のように、この一冊の本は、若いわたしに甚大な影響を与えました。思えば、古代史でも、たとえば「里単位問題（短里か長里か）」、たとえば「郡評問題」、たとえば「神籠石問題」等々に、こういった形の（「賛・非」両論収録の）「本」が出ていないこと、不思議です。「本」そのものは、昭和二十九年当時より、現在の方が、はるかにたくさんの量の「本」が出版され、いつも書店に並んでいるのですが。――質の低下です。

なお、わたしはこの「お会いしていない、恩師」の山内得立さんに是非お会いしようとしていたところ、突然の訃報に接し、強いショックをうけました。

「もし、行かれるのなら、わたしも御一緒しましょう。この四月には。」

山内さんの弟子（京大時代）だった森田孝君（旧制広島高校の後輩。大阪大学教授）の親切な申し出にふれ、「春まで待った」ための、わたしの深いミスでした。

10　東北大学時代の勉強について

質問　東北大学時代にはどんな勉強をしていたのですか。

回答　思い出す、くさぐさ、次のようです。

（A）昭和二十年、入学して、最初の授業（演習）があった。その時のテキストは「古事記序文」だった。これに対して、二つの立場が紹介されました。

第一は、これを主として「国文」として訓む立場——村岡さんの立場である。

第二は、これを主として「漢文」として訓む立場——山田孝雄氏。

わたしが山田氏の論文から、『尚書正義』（定本）を図書館で見つけて調べてみた。すると、そこに「古事記序文」と共通する「ストーリー」や「語法」が見出されたのである（山田論文では、ふれず）。

（B）そこでこれを村岡先生に報告した。すると、「今度の演習で発表しなさい」との言葉。五月下旬、発表したけれど、「要領」が悪く、半分くらいで、時間（九十分）が来た。

（C）「あとは、次の時間に」との言葉だったが、その次の「時間」はなかった。六月初旬勤労動員で志田村（宮城県、現古川市）へ向ったからです。
（D）この「半公開」に終った経験は、わたしに大切な教訓となりました。
「自説と〝反対〟の側の意見を尊重する。」

「わたしのような、弱年者の意見を尊重する。」

それが、村岡さんのお人柄であり、学問の精神でした。
（E）六月中旬から八月上旬までは、志田村での勤労動員、八月中旬から翌年の四月までは、原爆後の広島。再び仙台へ帰ってくると、先生は既に亡くなっておられた。
そこで「亡師孤独」の時代に入りました。そのため、わたしは「亡き村岡さん」に代る「師」として、これを「アウグスト・ベエク」に求めた。ドイツ語の『フィロロギィ』を読み、そこに「学問の方法論」を学ぼうとしたのです。

そこで「卒業論文」も、このテーマ（「フィロロギィ」による）をとどけました。三年生のはじめ（四月）です。ところが、九月すぎてから、事務局から「呼び出し」があり、

「あれでは駄目。日本の題材にするように。」

との通達でした。

「何で？」

「なぜ、もっと早く。」

と、不満が一杯でしたが、事務局では、

「そう言われていますので。」

の一点張り。「のれんに腕押し」でした。

やむをえず、方針転換。道元の「利他思想」を対象とする「ストーリー」に〝換え〟ました。〝十月から

十二月まで〃くらいでは、とても「まともな研究」は不可能。そう考えたからです。このような大学生活の時代でしたが、特筆すべきことがあります。それは、わたしの学生時代は、すなわち「アルバイト」の時代だったこと。その「アルバイト」は、そのほとんどすべてが肉体労働、それも、いわゆる「土方《どかた》」だけでした。今あるような、〃多彩〃なアルバイトは、一切ありません。土木工事など、若い「力」に頼るものだけ。「家庭教師」などといった〃上品な〃アルバイトは皆無の毎日でした。その〃あいま〃を縫っての「勉強」だったわけです。

11　学問のありかたについて

質問　いつの時代にも、通説に惑わされることなく、常に新しい真理を探究していかれる先生のエネルギーはどこから生まれて来るのでしょうか。

回答　いろいろ要因はあると思いますが、わたしが座右の銘のようにしていますのは、まだ十六歳の学生の頃、岡田甫先生から学んだことです。先生は、本来の授業をそっちのけに、ソクラテスの言葉だと称して、教室の黒板に、「論理の導くところへ行こうではないか、たとえそれがいかなるところへ到ろうとも」と書いて、こつこつと教室を廻ります。そして、「諸君、これで一番大事なところはどこだと思う」と聞かれます。みんな黙っています。そして、またこつこつと黒板に戻ってきて「いかなるところへ到ろうとも」というところを示されて、それ以上の解説をされないのです。それに対してわたしは言い知れぬ印象を受けました。

この言葉が、その後のわたしの人生を完全に左右したと言っても過言ではないと思います。

＊武彦今言

たとえ現在の「公教育」や学界の「通説」に反していようとも、わたしには何の心配も不安もありません。千年後、万年後の「後世」は必ず真実を求めるからです。

あとがき

東京古田会　改訂版編集担当　平松　健

「古田武彦・歴史への探究」シリーズは、第一巻『俾弥呼の真実』からその編集に主体的に関わってまいりました。巻を重ねるごとに古田先生の思想の広さと深さに感歎しておりましたが、本巻に至ってますますその感を深くしております。と申しますのは、古田先生ご自身の広さと深さに加え、古田説を研究しあるいは関心をもつ方々の範囲が一段と広くまた深くなっているからであります。

そうした中で、『古田武彦の古代史百問百答』を改訂編集することはまさに至難の業であります。これには初版を編集された方々の苦労のあとが各所ににじみ出ているところを、改訂者はまず十分に吟味して取りかかる必要がありました。古田先生がその時点でどのように考えられたか、質問者は古田説をどのように理解していたか、そして最も重要なことは古田先生が現在はどのように考えておられるか、ということを正確に知ることが必須の課題です。

初版から現在までの間は表面的には単に八年間です。しかし、先生が、講演会などでもよく話されますように、朝な夕なに新しい発見をされます。些細なこともありますが、古田説を根本から変えてしまうような、ひいては従来学説を根本から覆してしまうような、大発見がしばしば見られます。このような状態の時に、本書に書かれた過去の回答はすべて無視して、過去出された質問に対しては現在の新しい立場で単純に回答して行くのも、改訂の一つの方法ではありますが、その時点からの先生の思考の発展が分からなくなります。何よりも、古田先生が最大のモットーとされる、「論理の導くところに行こうではないか、それがいずこに至ろうとも」（岡田甫氏の話ではプラトンの言葉とされる）という学問の方向と全く矛盾することになります。

世の人はしばしば、古田先生が説を改めることに対して、その論理も根拠も検討せずに、定見性がないとか、信用性がないとか言いますが、われわれが古田先生から学ぶ最大のポイントは、「論理の導くところに行く」〝学問の方法〟ではないかと思います。世の学者や地位のある人々が、古田説を非難し、あるいは「シカト」するのは、要するに彼らが、その地位、生活、業界、学会等とのしがらみから脱却できず、「論理の導くところ」に行けないからです。たとえば、推古天皇が多利思北孤ではないことは、どのような論理を尽くしても覆すことは出来ません。しかし推古天皇が多利思北孤であると言わなければ、彼等は生活の基盤を失い、営々として築いてきた学説全体が崩れ去るのです。

この本が少しでも、今の世の人々や、願わくば後の世の人々にも、古代史の事実や物事を論理的に考えてもらえるようになることの一助にでもなれば、編集委員としてこれに勝る幸せはありません。

二〇一四年十一月

「古田武彦と古代史を研究する会（略称：東京古田会）」会則

名　称：当会は、「古田武彦と古代史を研究する会』（略称：東京古田会）」とする。
目　的：古田武彦氏を中心にして、日本の古代史を市民の立場から学問的に究明する。
催　し：講演会、機関紙の発行、古田説の紹介、遺跡めぐりを中心に実施し、研究会、シンポジウムなどを手掛けるものとする。
会　員：以下に定める会費の納入をもって、会員とする。入会、脱会は自由とする。
会計年度：毎年四月一日から翌年三月三一日をもって、会計年度とする。
ただし、毎年一月一日以降の新規入会者については、その会計年度内の会費は免除する。
会　費：年四〇〇〇円とする。
会の運営費は、会費のほか、寄付金および講演会費の剰余金をもって充当する。収支は全て公開し、総会に報告し承認を得る。
運　営：本会に次の役員を置く。

会　長	一名	副会長	一名
事務局長	一名	役　員	一五名以内
会計監査	一名	顧　問	若干名

役員は総会で選出するほか、会長が任命することができる。
この場合は次の総会で承認を得る。任期は1年とする。ただし、再任を妨げない。
総　会：定期総会は、原則として毎年五月に出席会員をもって開催し、議決は出席会員の過半数をもって決する。
その他：本会則に定めのない事項で必要なものについては、事務局が協議の上決定し、次の総会で承認を得る。

古田武彦・歴史への探究

①俾弥呼の真実　古田武彦 古田武彦と古代史を研究する会 編著　四六判三七八頁 本体三〇〇〇円

②史料批判のまなざし　古田武彦 古田武彦と古代史を研究する会 編著　四六判三七二頁 本体三〇〇〇円

③現代を読み解く歴史観　古田武彦 古田武彦と古代史を研究する会 編著　四六判三六二頁 本体三〇〇〇円

④古田武彦が語る多元史観　古田武彦 古田武彦と古代史を研究する会 多元的古代研究会 編著　四六判五四〇頁 本体四〇〇〇円

⑤古田武彦の古代史百問百答　古田武彦 古田武彦と古代史を研究する会 編著　四六判三八八頁 本体三〇〇〇円

漫画・邪馬台国はなかった　福與篤 著 古田武彦 解説　A5判一七六頁 本体二二〇〇円

中国からみた日本の古代　沈仁安 著 藤田友治 藤田美代子 訳 古田武彦 解説　四六判四三二頁 本体三五〇〇円

九州年号の研究　古田史学の会 編　四六判三六〇頁 本体二八〇〇円

地名が説き明かす古代日本　合田洋一 著　四六判二八八頁 本体二八〇〇円

太宰府は日本の首都だった　内倉武久 著　四六判二七四頁 本体二六〇〇円

法隆寺のものさし　川端俊一郎 著　四六判三五六頁 本体二八〇〇円

ゼロからの古代史事典　藤田友治 伊ケ崎淑彦 いき一郎 編著　四六判四五〇頁 本体三八〇〇円

ミネルヴァ書房

古田武彦・古代史コレクション

既刊は本体二八〇〇～三五〇〇円

〈既刊〉

①「邪馬台国」はなかった
②失われた九州王朝
③盗まれた神話
④邪馬壹国の論理
⑤ここに古代王朝ありき
⑥倭人伝を徹底して読む
⑦よみがえる卑弥呼
⑧古代史を疑う
⑨古代は沈黙せず
⑩真実の東北王朝
⑪人麿の運命
⑫古代史の十字路
⑬壬申大乱
⑭多元的古代の成立（上）
⑮多元的古代の成立（下）
⑯九州王朝の歴史学
⑰失われた日本
⑱よみがえる九州王朝
⑲古代は輝いていたⅠ
⑳古代は輝いていたⅡ
㉑古代は輝いていたⅢ
㉒古代の霧の中から
㉓古代史をひらく

〈続刊予定〉

㉔古代史をゆるがす
㉕邪馬一国への道標
㉖邪馬一国の証明
㉗古代通史

卑弥呼——鬼道に事え、見る有る者少なし　古田武彦著
四六判四四八頁
本体二八〇〇円

真実に悔いなし——親鸞から卑弥呼へ　日本史の謎を解読して　古田武彦著
四六判四〇八頁
本体三〇〇〇円

●ミネルヴァ書房

刊行のことば——「古田武彦・古代史コレクション」に寄せて

いま、なぜ古田武彦なのか——

古田武彦の古代史探究への歩みは、論文「邪馬壹国」（『史学雑誌』七八巻九号、一九六九年）から始まった。その後の『「邪馬台国」はなかった』（一九七一年）『失われた九州王朝』（一九七三年）『盗まれた神話』（一九七五年）の初期三部作と併せ、当時の「邪馬台国論争」に大きな一石を投じた。〈今まで「邪馬台国」という言葉を聞いてきた人よ。この本を読んだあとは、「邪馬一国」と書いてほしい。しゃべってほしい。…〉（『「邪馬台国」はなかった』文庫版によせて）という言葉が象徴するように、氏の理論の眼目「邪馬一国論」はそれまでの定説を根底からくつがえすものであった。

しかも、女王の都するところ「博多湾岸と周辺部」という、近畿説・九州説いずれの立場にもなかった所在地は、学界のみならず、一般の多くの古代史ファンにも新鮮な驚きと強烈な衝撃を与えたのである。

こうして古田説の登場によって、それまでの邪馬台国論争は、新たな段階に入ったかに思われた。

古田説とは、(1)従来の古代史学の方法論のあやうさへの問い、(2)定説をめぐるタブーへのあくなき挑戦、(3)真実に対する真摯な取り組み、(4)大胆な仮説とその論証の手堅さ、を中核とし、我田引水と牽強付会に終始する従来の学説と無縁であることは、今日まで続々と発表されてきた諸著作をひもとけば明らかであろう。古田氏によって、邪馬台国「論争」は乗り越えられたのである。しかし、氏の提起する根元的な問いかけの数々に、学界はまともに応えてきたとはいいがたい。

われわれは、改めて問う。古田氏を抜きにして、論争は成立しうるのか。今までの、古田説があたかも存在しないかのような学界のあり方や論争の進め方は、科学としての古代史を標榜する限り公正ではなかろう。

ここにわれわれは、古田史学のこれまでの諸成果を「古田武彦・古代史コレクション」として順次復刊刊行し、大方の読者にその正否をゆだねたいと思う。そして名実ともに大いなる「論争」が起こりきたらんことを切望する次第である。

二〇一〇年一月

ミネルヴァ書房

《著者紹介》

古田武彦（ふるた・たけひこ）

1926年　福島県生まれ。

旧制広島高校を経て，東北大学法文学部日本思想史科において村岡典嗣に学ぶ。

長野県立松本深志高校教諭，神戸森高校講師，神戸市立湊川高校，京都市立洛陽高校教諭を経て，

1980年　龍谷大学講師。

1984〜96年　昭和薬科大学教授。

著　作　『「邪馬台国」はなかった――解読された倭人伝の謎』朝日新聞社，1971年（朝日文庫，1992年）。

『失われた九州王朝――天皇家以前の古代史』朝日新聞社，1973年（朝日文庫，1993年）。

『盗まれた神話――記・紀の秘密』朝日新聞社，1975年（朝日文庫，1993年）。

『古田武彦著作集　親鸞・思想史研究編』全３巻，明石書店，2002年。

シリーズ「古田武彦・古代史コレクション」ミネルヴァ書房，2010年〜。

『俾弥呼――鬼道に事え，見る有る者少なし』ミネルヴァ書房，2011年。

『真実に悔いなし――親鸞から俾弥呼へ 日本史の謎を解読して』ミネルヴァ書房，2013年，ほか多数。

古田武彦・歴史への探究⑤
古田武彦の古代史百問百答

2015年４月20日　初版第１刷発行　〈検印省略〉

定価はカバーに
表示しています

著　者　古　田　武　彦
編　者　古田武彦と古代史を研究する会
発行者　杉　田　啓　三
印刷者　江　戸　宏　介

発行所　株式会社　ミネルヴァ書房
607-8494 京都市山科区日ノ岡堤谷町１
電話代表（075)581-5191
振替口座 01020-0-8076

共同印刷工業・兼文堂

ISBN978-4-623-06935-4
Printed in Japan

《編者紹介》

古田武彦と古代史を研究する会（略称：東京古田会）

1982年　発足。初代会長西谷日出夫（1982～83年），二代会長山本真之助（1984～93年），三代会長藤沢徹（1993年～現在）。

主な活動　会報隔月発行（1985年に第１号，2014年９月現在第158号）。
研究会・読書会（月１回）・研修旅行（年２回程度）。
ホームページ：http://tokyo-furutakai.jp/

書籍発行等　『まぼろしの祝詞誕生』編集（新泉社，1988年）。

十周年記念論文集『神武歌謡は生きかえった』編集（新泉社，1992年）。

『古田武彦と「百問百答」』編集・発行（2006年）。

「古田武彦・歴史への探究」（①『俾弥呼の真実』，②『史料批判のまなざし』，③『現代を読み解く歴史観』，④『古田武彦が語る多元史観』）（いずれもミネルヴァ書房，2013～14年）。

『東京古田会ニュース』第１号から第125号まで DVD として収録頒布（2009年）。

《編集委員》

東京古田会会　長　　藤沢　徹
　同　　事務局長　橘高　修
　同　　幹　事　　田中　巌
　同　　〃　　　　平松　健（編集事務）

人名索引

あ 行

か 行

さ　行

た　行

な　行

は　行

ま　行

や　行

ら・わ 行

事項索引

あ 行

か 行

さ 行

た　行

な　行

は　行

ま　行

や　行

ら・わ　行

地名索引

あ 行

か 行

さ　行

た　行

な　行

は　行

ま　行

や　行

ら・わ　行